日本侵华战争罪犯实录

金阳 编

黑龍江大學出版社
HEILONGJIANG UNIVERSITY PRESS

图书在版编目（CIP）数据

日本侵华战争罪犯实录 / 金阳编. -- 哈尔滨 : 黑龙江大学出版社, 2017.2
ISBN 978-7-5686-0071-2

Ⅰ. ①日… Ⅱ. ①金… Ⅲ. ①侵华—史料—日本 Ⅳ. ①K265.606

中国版本图书馆 CIP 数据核字 (2016) 第 271769 号

日本侵华战争罪犯实录
RIBEN QINHUA ZHANZHENG ZUIFAN SHILU
金　阳　编

责任编辑　于　丹
出版发行　黑龙江大学出版社
地　　址　哈尔滨市南岗区学府三道街 36 号
印　　刷　哈尔滨市石桥印务有限公司
开　　本　787×1092　1/16
印　　张　20.5
字　　数　312 千
版　　次　2017 年 2 月第 1 版
印　　次　2017 年 2 月第 1 次印刷
书　　号　ISBN 978-7-5686-0071-2
定　　价　39.80 元

谨以此书表达：

对第二次世界大战中死难同胞的沉痛哀悼！

对日本法西斯侵略者的满腔义愤！

对中国人民抗日战争暨世界反法西斯战争胜利70周年的诚挚祝贺！

对世界爱好和平的人民的衷心祝福！

前 言

世界反法西斯战争已胜利70周年了,但是战争带来的创伤和阴影依然时时萦绕在人们的眼前。爱好和平的人们在向前看的同时,不时回过头来总结、反思那场战争产生的原因和给人们带来的灾难,目的是从那段悲壮的历史中吸取伟大的精神力量和深刻的教训、启示,让战争远离现实社会,远离人们。

在反法西斯战争的东方战场上,中国牵制了日本陆军半数以上兵力,有力地配合了反法西斯同盟国在其他战场的作战,彻底粉碎了法西斯企图称霸世界的野心,对赢得第二次世界大战的胜利做出了突出贡献。在关乎民族存亡的抗战过程中,伟大的中国人民以自强不息的抗争精神,不畏牺牲、不畏困难、不畏强敌,坚持进行艰苦卓绝的斗争,最终赢得中华民族屹立不倒,迎来了抗日战争和世界反法西斯战争的伟大胜利。

在东方的法西斯侵略战争中,日本倾注了全部国力和主要兵力,将陆、海、空军,尤其是陆军的主力投入到中国战场上,陆军的主要将领都进入中国,参加了中国的战争。这些人在对中国的侵略中,扮演了重要角色。他们或为统兵大将,执掌兵符,攻掠杀伐;或为军事幕僚,鼓唇摇舌,谋国图城;或为财阀政客,招摇撞骗,巧取豪夺;或为间谍特务,软硬兼施,威逼利诱。日本的目的只有一个,就是不遗余力地对中国实行殖民统治,掠夺中国的财富资源,屠杀中国人民,最大化满足日本军国主义的利益需求。

应该说,这些侵略者并不都是先天的好战分子,是后天的军国主义思想把他们“造就”成为杀人如麻的刽子手,充当了日本军国主义的马前卒、急先锋,成为战争罪犯。法西斯军国主义不仅给被侵略国家带来了灾难,也使日本人民饱受战争创伤。在世界反法西斯战争中和结束后,这些侵略者走上了不同的道路,他们或阵亡,或自杀,或被判刑,或被释放,其中一些人经过教育、改造,最终认识到自己的错误,但还有一部分人无视被侵略国家和人民的苦难,仍顽固坚持法西斯立场,走街串巷鼓吹侵略思想,宣扬侵略有功。70 年后的今日,更有日本政客无视战后的新秩序,拒不承认错误,为法西斯分子招魂引幡,甚至参拜供奉战犯的靖国神社,直接伤害了被侵略国家人民的感情。

给中国和世界其他人民带来灾难的日本战争罪犯很多,仅甲级战犯就有二十几位,这些战争罪犯与中国近现代史上的许多重大事件都有密切的联系,并产生过重要影响,在中国现代史特别是民国史上有着特殊的位置。了解一下这些战争罪犯的经历,有助于我们加深对日本法西斯侵华战争史、中华民族抗日战争史的认识,对日本法西斯军国主义的了解。前事不忘,后事之师。

本书选取的罪犯只是到过中国并给中国人民造成深重灾难的侵华日本罪犯中的一小部分,是侵华罪犯中与历史事件有联系的一部分代表人物,还有很多战争罪犯并没有收录。本书旨在通过点、线、面的介绍反映侵华日军的罪行。

纪念世界反法西斯战争胜利 70 周年的和平钟声即将敲响,为了世界的安宁,为了千千万万的人不再流离失所,使父母亲不再失去儿女、妻女不再遭受凌辱,让我们牢记过去的苦难岁月,珍惜今日的和平时光,高举反法西斯的大旗,迎接充满阳光和笑脸的明天!

本书在编写过程中,曾参阅大量有关书籍,在此谨向有关作者致以诚挚的谢意。由于编者水平有限,此书难免有疏漏和不当之处,敬请有关专家和广大读者提出宝贵意见。

2015 年 5 月 10 日于哈尔滨市

目　　录

“剃刀将军”东条英机

东条英机，日本陆军大将，是日本军国主义的代表人物，日本国第四十任首相，二战甲级战犯，与希特勒、墨索里尼并称三大法西斯头目，是侵略中国和发动太平洋战争的重要罪犯之一。日本投降后，东条英机自杀未遂，被捕入狱，最终被远东国际军事法庭判处绞刑。

一

东条英机，1884 年 12 月 30 日出生于日本岩手县的一个武士家庭。东条英机是家中的长男，东条英机的名字是祖父取的，据说“英机”在日语读音中有驱灾避祸、使孩子健康成长的意思。

东条英机的父亲东条英教是日本陆军大学第 1 期毕业生，是德国教官梅克尔少校的得意门生。东条英教参加过甲午战争和日俄战争，被授予中将军衔，是日本屈指可数的战术专家，因受军界排挤，能力得不到发挥，不得志而死。东条英教为了培养儿子的武士道精神，在东条英机很小的时候，专门请人传授他“神刀流剑舞”。东条英机虽然读书不很用功，却热衷剑舞，刻苦练习，进步很快。

东条英机出生在一个军人世家，受家庭氛围熏陶，从小就在灵魂深处埋下了军国主义思想的种子，渴望像父亲那样成为一个军人，效忠于天皇，驰骋于疆场之上，飞黄腾达，成为人上人。少年时代的东条英机曾先后就读于东京四谷小学、城北中学，但是学习成绩一般。练了剑舞之后的东条英机更是不爱学习，经常与人打架，从不肯认输，有“打架王”的绰号。他的老师深井鉴一郎回忆当时的东条英机时曾说:“东条君可真是属于好打架这一窝的。要论成绩，是排不到前一二名的,可是论顽强和不服输,那确实是属第一的。”

1899 年,东条英机进入东京陆军幼年学校第 3 期学习,与土肥原贤二是同期同学。进入军校后,东条英机刻苦学习训练,立志做天皇的合格军人。1902 年 9 月,18 岁的东条英机进入陆军中央幼年学校学习。当时正值八国联军侵略中国,清政府被迫签订《辛丑条约》,通过战争获取利益刺激了日本军国主义对外扩张的野心。1904 年,日俄战争爆发,日本为打赢这场战争举国动员,与沙俄大战一场。为此,各级军事学校相应地实施“战时教育方针”,一方面缩短了学制并加紧教育和训练,一方面极力向学员灌输军国主义侵略思想。恰在这时,东条英机由陆军中央幼年学校升入陆军士官学校。

二

1905 年 3 月,东条英机于陆军士官学校第 17 期毕业。毕业前夕,300 名身穿陆军少尉军服、腰佩长剑的学员来到了皇宫,接受走上战场前的最后一次军国主义教育。毕业后,东条英机先被分到陆军第 3 师团,而后被临时抽调到新编第 15 师团。第 15 师团是一支即将开赴日俄战争前线的部队,东条英机发誓要建功立业。然而,日俄战争已胜负分明,俄国战败。东条英机返回日本后,又回到陆军第 3 师团。1915 年,东条英机从日本陆军大学毕业,就任近卫步兵第 3 联队中队长,随后进入了陆军省实习。

1919 年 8 月,东条英机以武官身份单身赴任瑞士,接着任日本驻德国大使馆武官。其间,正好裕仁皇太子游历欧洲,接见驻欧洲各地日本武官,以永田铁山为首的青年军官向皇太子宣誓效忠,要清除政党势力对皇权的干涉。随后永田铁山、小畑敏四郎和冈村宁次(人称“三羽乌”)在德国的巴登巴登拟定了行动纲领。作为第四个人的东条英机,负责在蒸汽浴室门口放哨。东条英机回国后又先后任过陆军大学教官、陆军省军务局课员等职,1929 年 8 月,任步兵第 1 联队联队长,1931 年 8 月,任参谋本部整备局动员课课长。九一八事变后,东条英机马上对政党及民主进步人士发表的不利于侵略的言行进行了“调查”,指控他们“挑拨军民关系”,残酷镇压反战士兵和进步人士。

1933 年 3 月，东条英机晋升为陆军少将，同年 11 月任军事调查部部长。而当时的军务局长正是永田铁山。永田铁山在日本陆军以其聪明、智慧及超强政治能力被誉为军中第一大脑，颇有影响。永田铁山评价东条英机说：东条是将来肩负日本陆军的人物。如此高的评价，影响了东条英机一生。然而，日本陆军内部对东条英机的看法可谓毁誉参半，有相当一部分人对其能力并不买账，最具代表性的人物就是他的死对头，被誉为日本第一军事家的石原莞尔。石原莞尔认为，东条英机无德无能无才，多次公开指责东条英机，甚至曾当面称已经晋升为陆军中将的东条英机为“东条上等兵”。

三

1935 年 9 月，东条英机的校友、陆军省人事局局长后宫淳，力荐东条英机出任关东军宪兵司令官。尽管关东军宪兵司令官并不是举足轻重的角色，但对东条英机来说无疑是很重要的。他牢牢地抓住了这一机会，告诫自己：“不鸣则已，一鸣必惊人！”必须让陆军高层注意到自己的存在，让天皇陛下知道陆军还有一个名叫东条英机的“实干家”。

九一八事变后，关东军实际上掌控了伪满洲国的政治、经济、军事以及外交大权，关东军宪兵司令官也就成了“太上皇”。关东军宪兵司令官一职，按照规定同时兼任“日本驻满行政事务局局长”的要职。东条英机到任后，第一件事就是建立自己的队伍，先后从日本本土、中国台湾以及朝鲜等地迅速调集了一批得力干将，并为他们在宪兵队里安排要职，培植了一批对其忠心耿耿的亲信。在不到一年的时间内，仅有 200 人编制的不起眼的关东军宪兵队猛增到 1 000 多人，并在东北各地下设了宪兵队、分队和派出所，编织了一张大网，很快就控制了整个伪满洲国。与此同时，东条英机还通过实施“警宪统一”，将警察置于宪兵司令部的指挥之下，扩大了宪兵队的势力范围。为进一步树立威信，加强对宪兵队的控制，东条英机向全体宪兵发出“要忠于职守”的训示，还特意将自己的肖像贴在训示上。一时间，东条英机的肖像贴遍了伪满宪兵队各地驻所的墙壁。

东条英机控制了宪兵队后，决定对抗日武装力量进行“讨伐”。经过激烈战斗,“剿灭”和击溃了部分抗日武装,抗日联军进入了艰苦时期。镇压中国东北人民抗日武装的“战果”,清除异己的铁腕手段,以及效忠天皇的表现,震动了关东军内部高层人物,也大大提高了他在关东军中的“威望”,他被称为“剃刀将军”,同时,也赢得了日军本部高层的赏识。1936 年 12 月,东条英机晋升为陆军中将,1937 年 3 月,被任命为关东军参谋长,成为侵华日军的核心成员。东条英机为参谋长的关东军还在东北实施“归屯并户”,制造无人区,残害中国人民。东条英机还积极支持在东北建立细菌部队,在中国战区实施细菌战。

东条英机担任关东军参谋长后,积极支持全面侵华,他以中国军队进入察哈尔①将对伪满洲国构成威胁为借口,强烈要求参谋本部批准关东军向华北发动进攻。在关东军召开的会议上,东条英机公然声称:此次进攻,一是可以改变中国的排日政策,二是防止共产党势力进一步壮大,三是有助于开发华北的经济。如不能达到此三点目的,帝国安全即无保障。未等大本营本部批准,东条英机就预先派出了一支部队向察哈尔方向挺进,并不断制造虚假事件,以影响大本营决策。

与此同时,关东军独自拟定了《对时局处理纲要》,提出发动武装力量打击南京国民政府,歼灭北上的国民党中央军,并提出:“至少要使察哈尔、河北、山东各省彻底独立。”进而提出利用此次中日冲突,在华北地区建立亲日傀儡政权,借以分割中国的统一领导,防止各地的抗日力量结成统一战线,形成力量,对伪满洲国和日本构成威胁。在此情况之下,日本参谋本部同意了关东军提出的对察哈尔作战的请求。

1937 年 7 月 7 日,日军蓄意挑起七七事变。事变后,关东军迅速占领了北平②和天津等地。为巩固日本在“满蒙”的权益,扩大在华北的势力,日本决定进占察哈尔省和山西省。这次作战由东条英机亲自指挥,所以这个兵团也叫“东条兵团”。8 月 19 日,东条英机在张北设立了混成旅团司令部,随后,采取惯用的“闪电战术”,指挥部队沿平绥线依次进攻南口、居庸关和张家口等军事要地。区

---

① 旧省名,在中国北部,1914 年设察哈尔特别区,1928 年改设省,辖今河北省西北部及内蒙古自治区锡林郭勒盟,1949 年改辖今河北省西北部及山西省北部。省会张家口市。1952 年撤销。

② 1928 年改北京为北平,1949 年 10 月 1 日中华人民共和国成立后此地复称北京。

区几千人的“东条兵团”，凭恃机械化装备疯狂地向驻守这一地区的3万余人的中国军队发起进攻。中国军队由于准备不足，军心涣散，没有斗志，节节败退。

8月下旬，张家口失守。张家口失守，使得在南口一线抗击日军的中国军队汤恩伯部面临着腹背受敌的危险。中国守军只得放弃南口，收缩防线。随着张家口和南口阻击战的失败，察南地区再无屏障，日军以区区几千人打败了几万人的中国军队，轻松地控制了察哈尔全省。同时，日军网罗汉奸、地痞和亲日分子，建立伪察南自治政权。在张家口战役结束后，日军还迅速编写了一首为侵略军和东条英机歌功颂德的军歌：热河①狂风卷尘砂，蒙古高原牧草芳，挥师进军下张北，夜袭长城无阻挡，堑壕凋零夜来香。八角台下水魁旁，汤浅十川两旅团，披荆斩棘直向前，神速攻占张家口。木樨郁香葡萄甜，察南自治已创建。

此后，作为侵华日军的急先锋，东条英机又率领“蒙疆兵团”，继续向中国西北进攻。1937年9月13日，关东军击溃了中国军队，攻占大同，随后相继攻占集宁、包头等地。东条英机指挥的这一系列战役，成为“关东军闪击战”的典型战例，在日本陆军作战史上开了先河。就连东条英机的死对头石原莞尔都不得不对其表示佩服，陆军省次官梅津美治郎说：“关东军的功勋，得力于东条参谋长。”战争给东条英机带来了声誉，日本国军部高度认可，向东条英机颁发了七七事变后日本侵华战争中的第一枚二级“金鵄勋章”。东条英机成为日本法西斯阵营中的名人。

四

1938年，板垣征四郎取代杉山元任陆相②，东条英机也取代梅津美治郎担任陆军次官。升任陆军次官的东条英机“任劳任怨”，为日本对外侵略出谋划策，甚至连假日都不肯休息。东条英机早在关东军时期就已经开始酝酿，此时，更顽固

① 旧省名。辖今河北省东北部、辽宁省西部及内蒙古自治区赤峰市。1914年设热河特别区，1928年改设省，省会承德市。1955年撤销。

② 陆相即陆军大臣。

主张“对苏、中两国同时正面作战”。他认为，若想彻底解决中国问题，实现日本长期霸占中国的野心，就必须先扫清苏联这个障碍。1938 年 11 月 28 日，他在军人会馆召开的“陆军管理事业主恳谈会”上大放厥词，竟然宣称日本要对苏、中两国同时作战，同时也准备同英、美、法开战。此言一出，立即引起日本国内巨大震动，不仅对日本经济产生了强烈冲击，致使东京的股票大跌，同时也令军部感到无法接受。压力之下，东条英机改任航空总监。随着日本在诺门罕战役失败，日本不得不暂时放弃了“北进”的野心，失败也给东条英机以巨大打击。

1940 年 7 月，近卫文麿再次组阁，东条英机被任命为陆相，主管陆军全面事务。为了配合不断升级的侵略战争，日本内阁在国内极力煽动狂热战争情绪，东条英机则大肆鼓吹武士道精神和皇国史观，号召人们参加“圣战”。1941 年初，东条英机签发了《战阵训》，鼓动全军和全体“皇国臣民”向天皇效忠，每个人都要“献身奉公”，以实现“大东亚新秩序”。同年，东条英机作为陆军大臣代表日本与德国、意大利同盟签约，成为轴心国。

1941 年 7 月，东条英机在御前会议上极力煽动，最终确定了《适应形势演变的帝国国策纲要》，准备为“南进”不惜与英、美开战。东条英机认为，“如果完全屈从于美国的主张，中国事变的成果就将毁于一旦，满洲也将难保，朝鲜的统治也将陷于危机”。首相近卫文麿比较冷静，也没有直接与美国冲突的勇气，要求东条英机对重大决策“谨慎”行事。但东条英机就是要拿日本帝国赌一把，他满不在乎地说：“有些时候，我们也要有勇气去做点非凡的事情——像从清水寺的平台上往下跳一样，两眼一闭就行了。”东条英机还叫嚣：“关于撤军，我半点让步也不做！”如果撤军就意味着“美国把日本打败了——这是日本帝国历史上的耻辱”。

迫于东条英机的压力，1941 年 10 月 16 日，近卫文麿内阁宣布总辞职。1941 年 10 月 17 日，天皇召见东条英机，晋升其为大将，命他以现役军官身份担任首相出面组阁，并身兼陆相。1941 年 10 月 18 日，东条英机内阁正式成立，这是一个以战争为目的的高度集权“内阁”，东条英机一人身兼陆相、内相①，以后又兼任文部

① 内相即内务大臣。

相、商工相、军需相[①]等职，集各种大权于一身。在就职演说中，东条英机叫嚣“完成中国事变，确立大东亚共荣圈”，“皇威之下，举国一致，为完成圣业而迈进”。

11月，东条英机在临时议会发表战争演说，他情绪激昂，强烈谴责英、美阻碍日本进行侵略扩张，号召国民节衣缩食，叫嚣为了圣战，“一亿国民齐上阵”。临时议会按照东条英机的要求，追加临时军费预算38亿日元。1941年12月7日，在东条英机授意下，日军联合舰队偷袭美国海军基地珍珠港，重创美国太平洋舰队，并向美国宣战。次日，美、英、荷等国对日宣战，太平洋战争爆发。与此同时，日军开始向东南亚诸国及岛屿发动进攻，全面实施蓄谋已久的“南进”计划。

五

如此大规模的战争使资源本来就十分贫乏的日本雪上加霜。刚上台时，东条英机实行了恐怖的宪兵政治，镇压舆论和人民的不满。由于各种利益得不到保证，上层势力也开始纷纷倒戈，抛弃东条英机。无可奈何的东条英机秘密访问了老对头——退役中将石原莞尔，进行说教，并寻求解决之道。石原莞尔从心里瞧不起东条英机，毫不客气地说：“从一开始就知道你不具备指导战争的能力，这样下去日本会亡国的，所以请你尽早辞去内阁总理的位置。”东条英机不甘心失败，仍一意孤行，提出自己兼任参谋总长，由亲信海相[②]岛田繁太郎兼任军令部长，实施海陆军一元化领导，改变海军和陆军脱节的现象。天皇同意了他的请求，东条英机成了日本国权力中心，被政敌称为幕府将军。

为了摆脱被动局面，继续实施战争，1944年1月，东条英机孤注一掷地实施“一号作战计划”，命令在华日军打通纵贯大陆的平汉、粤汉和湘桂铁路交通线，企图摆脱美国海军的封锁，为被困于南洋的日军提供补给。4月开始作战，历时8个月，日军击溃国民党正规部队50多万人，攻陷140多座城市。虽然打通了大陆交通线，但日军已无力防守和巩固这条线路。

---

① 文部相即文部大臣，商工相即商工大臣，军需相即军需大臣。

② 海相即海军大臣。

7月,美军占领军事要地塞班岛,美军轰炸机群开始直接空袭日本本土,日军从此进入不可遏止的败退之势。战场上的连续失败和国内经济的崩溃,使国民处于水深火热之中,加剧了国内反对势力的倒阁声浪。7月18日,失去了天皇信任的东条英机召开了最后一次内阁会议,随后,递交了辞职书。同日,他辞去参谋总长职务,并陆续辞去陆相、内相、军需相职务。22日,他正式宣布辞去首相的职务。

六

1945年8月,日本宣布无条件投降,东条英机被美、英等国列为日本头号战犯。东条英机预感到罪责难逃,让私人医生用炭笔在自己胸口的心脏部位画了一个酒杯大小的圆圈。平日,他手枪、军刀不离左右,又在烟斗里嵌入了氰化钾,准备万一刀枪自杀不成,就服毒自尽。1945年9月,当看到盟军来逮捕他时,他举起当年希特勒赠送给他的手枪向心脏开枪,由于他是“左撇子”且心脏畸形,因此子弹打偏,没有击中心脏,只洞穿了肺部。美军冲入室内,将东条英机送进医院,救活了他。3个月后,东条英机伤愈出院,被直接送入日本东京巢鸭监狱。

1946年,对东条英机的审判开始了。这个气焰嚣张、不可一世的战争狂人,在接受审判的过程中,却表现得极其怯懦怕死。在狱中,其他甲级战犯都瞧不起这个昔日的独裁者,不和他来往,他只能一个人专心写自己的口供和辩护词。

1947年12月26日下午,在例行的宣誓后,东条英机开始朗读他的供词。供词长达220页,共朗读了3天。供书宣称:日本并没有预先蓄意对英、美等国发动战争,发动太平洋战争是迫不得已的情况下进行的自卫。建立“大东亚共荣圈”是亚洲各国民族的意愿,日本发动的不是侵略战争,而是解放各国的战争。战争必须掠夺别国资源,虐待被侵略国家的人民。日本不存在“军阀”统治,天皇没有开战责任。日本没有违反国际法进行战争,更没想到战胜者会对其进行审判。

站在审判台上的东条英机仍不甘心日本法西斯的失败,丧心病狂地为其侵略罪行百般辩护,甚至还蛊惑与煽动日本人民要耐心等待,积蓄力量,以图东山再起。他说:“日本曾是亚洲唯一的反共堡垒,现在满洲已成为使亚洲共产化的基地。美国人还使朝鲜一分为二,这样将来必定产生大乱子。”很显然,东条英机这个屠杀了千百万人生命的法西斯分子,在走到他人生末路的时候,仍然对他的帝国梦心存幻想。

经审判,远东国际军事法庭最终认定,东条英机参与的所有战争中,他都是主谋和策划者之一,法庭判定他有罪。1948 年 11 月 12 日,东条英机被远东国际军事法庭以犯有发动战争、侵略别国等罪行判处死刑。1948 年 12 月 23 日,东条英机被执行绞刑,结束了罪恶的一生。

东条英机这个战争狂人,在法庭上一直保持镇定,当签字时,他用颤抖的手拿起笔。签名完毕,法师高诵经文。东条英机朝着花山叩头称谢,并高呼“天皇万岁”“大日本万岁”等口号。尸体焚烧后,焚尸负责人并未将东条英机骨灰全部装入箱子,美国兵只将其部分骨灰抛入大海,另一部分骨灰由焚尸负责人交给伊丹夫妇,伊丹夫妇将其秘密保管起来。1978 年,东条英机灵位被供奉在日本靖国神社内。

东条英机有 3 个儿子:长子东条英隆,次子东条辉雄,三子东条敏夫。东条辉雄毕业于东京大学军工专业,致力研制战争武器。他大学毕业后进入三菱公司,参与了二战日本王牌战机“零式战斗机”的研制。东条辉雄不满父亲被绞死,每年 12 月 23 日,即甲级战犯被绞死的那一天,他都要到靖国神社去参拜亡灵。他一直认为,美军选择 12 月 23 日当时的皇太子(明仁天皇)的生日来执行甲级战犯绞刑,是故意给日本人难堪。

东条英机的孙女,出生于韩国首尔的东条由布子,信奉并极力宣扬皇国史观,立场极其反动且顽固不化,极力为其祖父发动的侵略战争进行辩护。她把二战时期的罪犯描绘成拯救世界的“英雄”,否定甲级战犯的侵略行为。她更宣称日本在二战时期发动的不是侵略战争,而是“自卫战争”,并认为祖父被判定为甲级战犯不公平,还呼吁日本首相不要理会中、韩反对,继续参拜靖国神社。东条由布子的丈夫岩浪弘康十分反对东条由布子的言行,曾说:“我不许你再用岩浪的姓氏去搞拥护东条家的活动。”岩浪由布子遂更名为东条由布子。

“无罪”司令冈村宁次

冈村宁次，日本陆军大将，曾任关东军副参谋长、第11军司令官、华北方面军司令、中国派遣军总司令等职。1945年9月9日，代表侵华日军在南京签署投降书。1949年1月，被国民政府军事法庭“无罪释放”，后被蒋介石聘为高级教官。回国后，任右翼势力“日本战友会”副会长。1966年病死于东京。

一

冈村宁次，1884年5月15日出生于日本东京四名坂町街区的一个武士家庭，父亲冈村宁永。冈村宁次是家中的第二个儿子，在给这个孩子起名时，冈村宁永用了一个表示顺序的“次”字，就是冈村宁次。

在冈村宁次很小的时候，冈村宁永就教他认读汉字，并严格规定每日作息时间和识字进度。1890年3月，冈村宁次入坂町小学。冈村宁次小学毕业，考进了著名的东京专门学校(后来的早稻田大学)的附设中学部。但一心想当兵的冈村宁次并不满足，仅仅在此读了一年多，就转入东京陆军中央幼年学校。

1904年，冈村宁次以优异的成绩从陆军士官学校毕业。此时，日俄战争爆发，他被分配到步兵联队担任补充部队小队副，但冈村宁次求战心切，不愿留在补充部队，恨不得马上奔赴疆场。在冈村宁次的一再请战下，上司批准了他的请求，1905年4月，冈村宁次从补充部队转到步兵第49联队，作为一名小队长参加库页岛的战役。1907年至1910年的3年间，任日本陆军士官学校中国留学生队中尉区队长，带过3期150多名中国留学生，其中不少人日后成为中国著名的军事人物，如阎锡山、孙传芳、李烈钧、何应钦等。1910年12月，冈村宁次被推荐进入日本陆军大学，在陆军大学接受过大正天皇奖励并以优异成绩毕业。1914 年 8 月，被调到参谋本部外国战史处工作。同年，第一次世界大战在欧洲爆发，日本乘机夺取了德国在华势力范围——山东青岛。

二

1915 年 2 月，冈村宁次等人被日军参谋本部派赴青岛搜集德军资料，冈村宁次第一次踏上了中国的土地并卖力工作。不久，冈村宁次被时任中华民国大总统黎元洪的顾问——日本陆军中将青木宣纯调至北京做参谋人员，主要负责对外联络、文书档案类工作。

1919 年 7 月，冈村宁次调任日本陆军军事调查部新闻班少佐班员，主要负责处理军方和国民之间的沟通和宣传事务。冈村宁次在新的职位上，全身心投入到工作中，不遗余力地为争取陆军在日本国民中的地位以及所谓的“生存权”和“发展权”摇旗呐喊。

1921 年，冈村宁次作为巡回武官赴欧美考察，参拜了在欧洲考察的皇太子裕仁，并替裕仁搜罗驻外武官作为党羽。1921 年 10 月底，在德国一个叫巴登巴登的小镇上，永田铁山、小畑敏四郎、冈村宁次 3 名日本陆军中的骄子（被称为“三羽乌”）拟定了行动纲领。东条英机作为第 4 个人在蒸汽浴室门口放哨。除了这 4 人之外，他们又从才华出众的同事中挑选出梅津美治郎、山下奉文、中村小太郎、中岛今朝吾、下村定、松井石根、矶谷廉介结为同盟。这 11 人就是日本发动第二次世界大战昭和军阀的核心骨干。

1923 年 9 月，经过频频活动后，冈村宁次调任驻上海武官。1925 年 5 月，上海日本纱厂工人为抗议资方无理开除工人再度罢工，引起日本资本家高度恐慌，为镇压工人抗议竟下令开枪打死工人中的共产党员顾正红，打伤 10 余名工人。此事激起上海工人、学生、市民等各界的强烈愤怒，打倒日本帝国主义、抵制日货的浪潮一浪高过一浪，日本资本家无计可施。冈村宁次面对复杂的形势，巧妙地鼓动英帝国主义分子抢先打头阵，制造五卅惨案，屠杀中国民众，使中国民众的反帝矛头一下子集中于英帝国主义。1925 年度日本对华出口总额非但没有受反帝爱国运动的影响跌落,反而较上一年增长了12%。

由于工作颇有“成效”,表现出非同一般的情报、谋略及协调能力,冈村宁次给参谋本部和外务省高层留下了深刻的印象,得到大家的赏识。1925年,冈村宁次受聘给他的学生——军阀孙传芳当军事顾问,混乱之际,他窃取了孙传芳的江浙和华中中部地区军用地图上交参谋本部,得到一笔丰厚奖金。1927年8月,冈村宁次任日本陆军步兵第3师团第6联队联队长,在山东济南惨案时奉命率部支援暂驻青岛,后回国任参谋本部国内战史课课长,而后,冈村宁次调任陆军省人事局补任课课长。

三

1932年,日本出兵中国上海。2月26日,冈村宁次因熟悉上海情况,被任命为上海派遣军副参谋长。3月6日,冈村宁次抵达上海,但淞沪战事已基本结束。4月1日,他转任为临时军事调查委员长,同时晋升为陆军少将。5月5日,在中国给了日军驻上海的种种特权后,中日双方达成停战协定,但冈村宁次还是对签订这样的协定并不完全满意,认为对中国“让步”太多,没有达到目的。

冈村宁次还是声名狼藉的慰安妇制度的始作俑者。1932年上海事变时,曾发生两三起日军士兵强奸案,为了解决军队士兵的性饥渴,以利战争,作为派遣军副参谋长的冈村宁次就仿效当地海军做法,请求长崎县知事招募“慰安妇团”。其他日本军队马上效仿,很快几乎各兵团都有“慰安妇团”随行。慰安妇制度不仅牺牲了被占领国妇女的尊严甚至生命,也牺牲日本国妇女的自尊,可见冈村宁次的残酷无情。

1932年8月19日,冈村宁次奉命转任关东军副参谋长。此时,东北各地的“反满抗日”活动风起云涌,严重打击了伪满洲国,动摇了日本在东北的统治。因而冈村宁次将“治安”问题列为首要任务。他一方面给军部打报告,要求增派驻军;另一方面全力加强伪满洲国武装力量,通过收买土匪、地痞和汉奸,网罗清朝遗老遗少,组成伪军部队,打击、镇压抗联义勇军和反日反满活动。

1932年9月,在日本人的指使下,伪满洲国发布了由冈村宁次等人参与炮制的《治安警察法》《暂行惩治叛徒法》《暂行惩治盗匪法》等,把抗日义勇军污蔑为"叛徒""盗匪",可以格杀勿论。随后,关东军向义勇军发动了规模空前的大"扫荡"。在关东军的疯狂"围剿"下,东三省的义勇军,除少数坚持斗争外,绝大部分先后被剿垮,无数义勇军志士为反抗日本侵略献出了宝贵生命。

1933 年 5 月 30 日,冈村宁次作为日本关东军代表与国民党北平军分会代理委员长何应钦派去的代表在塘沽举行停战谈判。之前,虽然何应钦集中了几十万大军,但秉承南京政府"一面抗日一面交涉"的国策,和蒋介石"有言抗日者杀无赦"的密令,不做真正的抵抗,竟被一两万日军击败,退到北平附近。5 月 31 日,冈村宁次与何应钦的代表签订《塘沽协定》。冈村宁次将事先拟好的侵略条件强加于中国,强迫中国接受。冈村宁次拿到了满意的《塘沽协定》,《塘沽协定》强迫中国方面承认长城一线为日军占领线,这等于认可华北平津地区是第二个"伪满洲国",为日军进一步扩大侵略打开了通路。1935 年,冈村宁次转任陆军参谋本部第 2 部部长,成为日军大本营发动侵略战争的核心人物之一。翌年 3 月,冈村宁次晋升陆军中将,后出任第 2 师团师团长。

四

1938 年,冈村宁次接到军部命令,组建第 11 军,并任该军司令官,指挥第 11 军 5 个半师团沿长江两岸主攻武汉。为了进行武汉作战,日军大本营在华中地区集中 14 个师团的兵力,以求与中国军队进行决战。直接参加武汉作战的是日军第 2 军和第 11 军共 9 个师团约 25 万人的兵力,以及海军第 3 舰队、航空兵团等。参加武汉保卫战的中国部队总兵力约 110 万人。

8 月,在先期作战的基础上,冈村宁次向部队下达了进攻命令,以第 6 师团沿长江北岸攻击武汉,集中 2 个师团准备沿南浔线西进大迂回至岳阳,合围陈诚第六战区的部队。但是战事的发展并非如他所预料,先是第 101 师团在西部山地和中国军队打起了消耗战,被拖了 1 个月之久。接着孤军深入的第 106 师团被中国军队包围,伤亡惨重,师团长松浦淳六郎已经做好了焚烧军旗、剖腹自杀的准备。最后,该师团只有几百人逃出,几乎被全歼。

这使冈村宁次大感震惊，干脆一不做二不休，他下令日军毫无限制地大量使用毒气进攻中国军队，给中国军队造成巨大伤亡。纵然如此，日军仍然无法攻克德安，也无法顺利沿着长江南岸向武昌进攻。日军用尽一切的手段，就是无法突破中国军队阵地，反而造成进攻日军近乎毁灭性的损伤。无奈之下，冈村宁次不得不改用第6、第9、第27共3个师团的强大兵力沿江而上，又由第36旅旅团长牛岛满率领快速纵队长途奔袭，并期望能在武汉以北和第2军会师。在海、空军的支援下，日军最终突破国民党军队防线，占领武汉。

此战，日军虽然最终占领了武汉，但有生力量大大消耗，无法继续向前推进，日本妄想迫使中国屈服、早日结束战争的计划成为梦想。武汉保卫战成为中国抗日战争的重要转折点，从此，中国抗日战争开始进入战略相持阶段。武汉保卫战导致日本侵华政策根本转变：由军事打击为主、政治诱降为辅，改为以政治诱降为主、军事打击为辅；由以主要兵力进行正面战场的作战，改为转移兵力进行敌后战场的"治安"作战。

1939年3月底，日军发动了南昌会战。面对国民党军队罗卓英集团的20万大军和横在进军途中的3条宽阔的河流，冈村宁次违抗参谋总长闲院宫载仁亲王元帅的命令，改变了以往将野战重炮兵和战车配属各师团分割使用的方法，改由军集中使用、统一指挥，改变了以往将战车分布在步兵战斗队形之前，掩护和引导步兵攻击的传统战术，将战车编为战车集团，在航空兵支援下，突破守军防线，为部队开路。以101、106两个吃败仗、元气大伤的师团做主力先锋，在12公里进攻面上施放了1.5万枚毒气弹(筒)，在3公里宽的突破口上集中了250多门重炮和130辆坦克及装甲车，不到10天就占领了南昌。此战震惊了中日两国朝野，也使冈村宁次进入了日军名将序列。

武汉会战后，冈村宁次的11军处于中国第五战区、第九战区的包围之中。为了确保对武汉的占领，冈村宁次决定攻击随县和枣阳，以期消灭该地区的中国军队。5月1日，冈村宁次指挥3个师团、1个骑兵旅团共计12万人，向第五战区发起进攻。在攻陷随县、枣阳后，将第五战区两个集团军割裂开来。幸好第五战区查明了日军企图，及时将主力向北转移，又有效组织了游击战和反击战，加之日军兵力分散、疲惫迎战，才避免被动遭袭，但日军仍占领了随县等地。

冈村宁次占领了湘北广大地区和赣西北后,兵锋直指长沙。8 月中旬,制定了《江南作战指导大纲》,以 4 个师团、约 10 万人,在海、空军及化学兵队配合下向第九战区薛岳指挥的 52 个师发起进攻。薛岳抱定誓与长沙共存亡之心,拒不执行蒋介石弃守长沙再图反攻的命令,准备在长沙外围与日军决战,蒋介石最终批准了薛岳的计划。冈村宁次正在为大举推进庆幸时,却接到报告:中国军队正向长沙方向退却集结,而日军主攻部队的后勤补给线几乎全被切断。他这时才明白,他的对手薛岳并非抵挡不住日军的进攻,而是想以长沙城为中心,摆开一个口袋阵,张开了大口等着他。中国军队突然发起反攻,给日军以大量杀伤。孤军深入的日军,没能消灭中国军队的有生力量,反而因后援不继而陷入被动。日军遭到中国军队的顽强抵抗,损失较大,以失败告终。冈村宁次眼望着长沙,却无法进入这座城市,只好无可奈何地下达了撤退命令。

冈村宁次不同于其他日本军官,乐于思考军事以外的问题,他盲目地认为,中国军队抵抗之中坚力量既不在于中国 4 亿民众,亦不在于政府要人之意志,更不在于包括若干地方杂牌军在内之 200 万抗日敌军,而“只在于以蒋介石为中心、以黄埔军官学校系统的青年军官为主体的中央直系军队的抗日意志”。因此,除了军事进攻以外,冈村宁次还十分重视利用政治手段分化瓦解中国军队。1939 年夏季,冈村宁次制定了对中国第五、第九两战区谋略指导大纲。其核心是:以政治、军事和派遣特务等各种手段,策反地方杂牌军,孤立以黄埔军校少壮派为主的中央军,然后歼灭中央军。其计划要领是:在第五战区,重点策动广西、四川军队反叛,借此使全战区走向崩溃,对该战区中央军及其旁系军队加以影响,不失良机进行工作,使其军心涣散。在第九战区,重点对四川军及游击旁系军队施以怀柔政策,对其他军队(中央军以外)进行积极策反宣传,使其丧失战争意志,走向投降、逃亡……具体任务分担是:第 6 师团执行对杨森军的策反工作,第 33 师团执行对王陵基军的策反工作,军特务部执行对第五战区四川军的策反工作。

五

1941 年,冈村宁次被授予陆军大将军衔。不久,被天皇钦点出任华北方面军司令。当时,华北方面军有 20 多万人、740 多门重炮、8 000 多辆汽车,是日本最大的战略集团之一。冈村宁次到任后,仔细分析了前任失误的原因,认为:华北方面军不利的原因是高度分散部署兵力,人员不集中,处于被动的防御状态。因此,他的策略是主动进攻,划分地域,限定时间巩固治安地区,有计划地以剩余的兵力向非治安地区挺进,使之向准治安区发展,最终目标是把华北 1 亿民众拉到日方。冈村宁次提出深挖封锁沟、高筑封锁墙、强化堡垒政策。他计划用 3 年时间把日军实际控制地区由 10% 提升到 70% 。他判断治安区好坏的标准很简单,就是从中国姑娘的眼神看当地的治安情况的好坏:第一,绝对见不到姑娘的踪影,系惧怕日本兵的佐证,为"治安不好"。第二,对日军的汽车感到稀奇而远远地从窗口眺望,说明"治安稍好"。第三,中国姑娘走出家门口眺望或神态自若地走在有日本兵往来的街道上,为"治安良好"。

日本人,尤其是冈村宁次的部下,对他佩服有加,极力吹捧,说他"在统率及作战方面都是罕见的名将",是"兼备明智、卓见、果断、意志坚强等优秀品质"的人才。冈村宁次在指挥上确实有创新,敢出奇招,而且胆子很大,有魄力。他任华北方面军总司令官时,曾主张进攻西安和延安,企图摧毁中国抗日中坚共产党的总部。他任中国派遣军总司令官时,又提出进攻中国中央政府所在地重庆,妄想一举以武力解决中国问题。他在给部下训示时,特别提出的一条就是"大胆果敢,确信必胜"。他甚至认为在对华作战中,过于慎重、不敢冒险的指挥官不会有多大战果。而另一方面,冈村宁次却又十分谨慎小心,并注意深入一线,接触实际,掌握前线情况。他说:"到任后或大战前后,都要首先巡视第一线兵团。"仅到一线兵团还不行,冈村宁次还一定要找下级军官甚至士兵谈话,他一向主张每次访问前线部队,一定要听取军官、下士官以及士兵的实战经验。

1941 年,冈村宁次开始在华北推行"保甲制度",发动"自首运动",发放"良民证",强制老百姓挂门牌、携证件,不从者就烧房杀人。他们还化装成老百姓侦查,遇到可疑人就抓捕拷问,杀害了大量的可疑者。实施烧光、杀光、抢光"三光"政策,把无数的城市和农村变成了废墟,无数的财产被洗劫一空,无数的生灵惨遭涂炭,连儿童和老人也饱受战争之苦。但他在回忆录中却写道,他提出的口号是"戒烧、戒淫、戒杀"的三戒政策,其实"三戒"比"三光"更毒辣,就是要软化华北军民的抗日决心，达到长期占领中国的目的。压力和怀柔之下，数十万抗日信心不足的国民党军队投降日本。

冈村宁次千方百计“围剿”共产党和共产党领导的八路军，咬牙切齿地说“八路军如附骨之疽，药劲儿一过便又迅速生长”，因此决不放松对八路军的打压，集中兵力反复进行“围剿”。1941 年到 1942 年的两年内，日军对华北抗日根据地出动千人以上的扫荡就达 100 多次，较前两年增加了近 1 倍。

1941 年 8 月，日军集中大批兵力对晋察冀边区的北岳区和平西区进行扫荡，时间长达两个月之久，所到之处，疯狂实施“三光”政策。11 月，日军又对晋冀鲁豫边区的太行山区进行扫荡。在北岳区，日军惨无人道地残杀 4 500 余人，烧房 15 万余间，抢走或烧毁粮食 5 800 万斤，抢走牲畜 1 万余头。

日军在河南内黄县枣林村，用机枪屠杀手无寸铁的男女老幼 1 300 余人，并把一些尸体分别填入七八口水井中，还倒入 1 米多厚的生石灰，全村人几乎被杀绝。日军第 35 师团的士兵富田曾于 1944 年揭露说：当时在机枪的射击下，老头、老太太、孩子都纷纷倒地。过了 15 分钟，中队长命令把尸体抛到井里，那些没有断气的活人也被抛到井里。中队长又下令把剩下的百余间房子烧尽。

日军进一步推行“治安强化”运动，将冀南、冀东、冀中、晋冀豫地区作为重点地区，同时对其他抗日根据地进行“蚕食”和“扫荡”。对抗日根据地反复进行“清乡”，采用了“囚笼政策”“铁壁合围”“蚕食政策”等战术手段，打压共产党领导的八路军。日军采取挖沟、筑墙、开河、修路、建碉堡、制造无人区等野蛮手段，企图隔离共产党领导的八路军与人民群众之间的联系，切断根据地与敌占区、根据地与根据地、根据地山区与平原之间的联系；修筑适当的隔离壕沟或小堡垒，阻止八路军的渗透。

日军还煞费苦心，在山西与河北省交界处的县与县、乡与乡之间，以及日军据点周围、铁路和公路沿线挖了封锁沟，有的沟深、宽各两丈，部分封锁沟还引入河水。在冀中区先后修筑碉堡 1 635 个，修公路、沟墙 4 860 公里，根据地被分割成 2 670小块。冈村宁次就任 1 年多后向东京大本营报告称，日军累计新挖、完善以及修复封锁沟 11 860 公里，封锁沟长是山海关经张家口至宁夏万里长城的 6 倍，相当于地球周长的 1/4。

冈村宁次既有以攻为守的战略，又有以守为攻的战略，可谓攻守兼而有之。日军突袭八路军前方总指挥部，参谋长左权战死。共产党领导的抗日军民进入艰苦阶段，一半抗日根据地和人口丧失，总兵力由40万减至30万。时任八路军前方总指挥的彭德怀后来曾深有感触地说：冈村宁次是一个比多田骏（前任华北方面军司令）更为毒辣、更为老练的对手。

六

1944年4月，日军为挽救南洋败局，计划打通大陆南北交通线，首先实施豫中会战。当时驻河南的中国第一战区有蒋鼎文和汤恩伯所属军队40万人，而华北日军只能动用12万多人。冈村宁次针对汤恩伯喜欢打运动战的习惯，秘密命令内蒙古的战车第3师团南下，部署在整个战线后方，在汤恩伯反攻的时候给予迎击。结果战场形势发展和他的设计完全一致，汤恩伯在自以为胜利的反攻中被彻底打垮。此战日军占领了郑州、洛阳、许昌等中原重镇，不仅打通了平汉线，而且控制了河南境内的陇海线。

8月，冈村宁次调任新组建的第6方面军任司令官。9月，冈村宁次指挥第11、第23军、第2飞行团（飞机约150架）和第2遣华舰队一部，共约16万人，在南方军一部配合下，以打通桂越（南）公路为目标，发起向桂林、柳州的进攻。中国第四战区共约20万人，另有黔桂湘边区总司令部的3个军相配合，以分区防御抗击日军。日军第11军突破桂林、荔浦方面军的防御阵地，主力直接进抵桂林城郊，向桂林城发起总攻。防守桂林城区的中国军队士气低落，抵挡不住日军进攻，被迫撤退，桂林陷落。

11月8日，日军进至柳州以北6公里处和柳江东岸，第23军的第104师团先头第161联队进至柳州南约18公里的四方塘。9日，日军第13师团、第3师团分由柳州以北、以东和东南发动总攻。10日凌晨，日军第3师团第34联队与第104师团第161联队攻占柳州机场，美国陆军航空队30架支援战机及机场遭日军击毁。坚守柳州城区的中国第26军伤亡过半，奉命撤离，柳州失守。随后，日军分别向西北、西南进攻，攻占南宁。日军南方军第21军的一部分兵力从越南突入中国,一路快速推进,与第23军各一部在绥渌会合。至此,日军完成了打通大陆交通线任务。

此次会战,由于飞扬跋扈的第11军司令官横山勇违抗命令,为争功抢先占领了柳州,导致冈村宁次精心制订的围歼国民党军队主力的计划破产,作为前任第11军司令的冈村宁次把第11军从军长到师团长一个不留,全部撤换,显示了他的雷霆手段。

1944年11月,冈村宁次升任为日本中国派遣军总司令官。1945年1月29日,为解除中国空军(老河口机场驻中美第3联合空军部队)的威胁,冈村宁次命令第12军执行攻占老河口作战任务,同时命令第39师团配合作战。此时,日军已经疲惫不堪,军心涣散。第12军布置作战任务时,几个中将师团长讨价还价,互相推诿,与司令官内山英太郎讲条件、提要求。这在日军高级军事会议上是破天荒的,内山英太郎非常气愤地说道:"按你们的种种说法,这仗根本不用打了。军队的最高使命是作战,至于天气如何,道路如何,是不用考虑的。"3月,日军发动老河口战役,经过激烈战斗,以伤亡1.5万人的惨重代价击退了国民党军队,占领了南阳等地,控制了老河口空军基地。

1945年4月,日军发起了旨在摧毁芷江机场,伺机消灭驻洞口、武冈间中国军队主力的芷江战役。岗村宁次觉得这次会战也是威逼贵阳、四川,迂回重庆的好机会,命令日本第6方面军第20军分左、中、右三路向芷江挺进。面对日军咄咄逼人的气势,经过整训的中国第4方面军并没有被吓倒,在王耀武指挥下组织了顽强抵抗,各部队相互配合,在飞机、大炮的掩护下发起全线反攻,不仅守住了芷江,还打残了日军多个联队,日军濒临全军覆灭。在遭遇中国军队沉重打击之后,第116师团和第47师团联合给冈村宁次发电报,请求中止芷江作战。面对败局,冈村宁次不得不下达撤退的命令。日军各部乘中国军队提前结束战役,准备祝捷之际,全线退回芷江作战之前地域。长达55个昼夜的芷江作战以日军失败告终,此战标志着中国抗日战场拉开了反攻序幕。

由于冈村宁次在侵华战争中,为大日本帝国立下赫赫"战功",大本营几次打破常规为其加官晋爵。按日军规定,晋级中将后,1年内不得担任师团长,而冈村宁次晋升为中将后,马上就被任命为师团长。1942年3月30日,专程前往中国为冈村宁次授一级军功勋章的日军人事局长富永解释说:“按照规定,一级军功只能授予大将,此次鉴于攻占武汉前后的功绩,特予颁发。”冈村宁次是以中将身份受此“殊荣”的第一人。

冈村宁次带领80万侵华日军垂死挣扎、疲于奔命,一心准备要进行“玉碎”决战。1945年8月12日,冈村宁次收到了东京大本营密电,密电的核心就是通知他天皇准备投降。冈村宁次看了这封电报后,非常震惊,反复思量和研究之后,他立即给国内的陆军大臣和参谋总长发了电报,请求国内拒绝《波茨坦公告》,“坚定不移”地继续进行侵略战争。8月15日,冈村宁次接到东京发来的关于“天皇陛下已决定接受《波茨坦公告》”的密电。他明白了战败投降已成定局,除谨遵皇命接受投降外,已没有其他选择。11时过后,他无可奈何地组织中国派遣军总司令部两千余名日军官兵,按平时遥拜天皇的队形,在南京市鼓楼广场东面集合,聆听天皇亲自播讲投降诏书。

七

日本正式宣布投降后,中国政府迅即做出反应,电令冈村宁次及其率领的日军中国派遣军投降。电文于当日通过中央广播电台、政治部军中播音电台电讯总队等用中日两国语言向全国广播,随后又由8架军用飞机将印成中、日文的百万份传单向沦陷区散发,命令必须立即向中国国民政府主席、军事委员会委员长蒋介石及其代表投降,冈村宁次表示绝对服从。同时,冈村宁次拒绝遵从中国共产党和八路军的命令,不与八路军和新四军接洽受降事宜,导致中国共产党所领导的部队接收时伤亡严重。

1945年9月9日,中国战区日军投降签字仪式在南京黄埔路陆军总司令部大礼堂举行。500多米长的黄埔路两旁,每隔10米左右,就树立一面盟国的旗帜,在旗帜之间肃立着荷枪实弹的警戒卫兵。冈村宁次等通过“和平永奠”“胜利和平”的牌楼进入会场,进场后被解除佩刀。会场悬挂中、美、英、苏四国国旗和大大的“和平”两字。受降席居中首位是陆军总司令何应钦,左为海军上将陈绍宽、空军上校张廷孟,右为陆军二级上将顾祝同、陆军中将萧毅肃。投降席上首位是日本中国派遣军总司令冈村宁次，还有驻华日军总参谋长小林浅三郎、副总参谋长今井武夫等人。参加受降仪式的还有中国将领汤恩伯、王懋功、李明扬、郑洞国等，盟军将领美军麦克鲁中将、柏德勒少将，英军海斯中将，等等。

上午9时整，受降签字仪式正式开始，何应钦将日军降书交付冈村宁次阅读签字。冈村宁次阅读后，代表日本中国派遣军和驻中国台湾、越南北部的日军代表在投降书上签字。签字时，冈村宁次表情木然，手微微颤抖，签字盖章毕，又低头俯视降书达50秒钟。9时6分，何应钦将中字第1号命令交参谋长转送冈村宁次，冈村宁次再于受领证上签字盖章。9时10分，中国战区日本受降仪式完毕，日本代表退出会场。

这是自甲午战争开始，半个世纪以来，日军代表首次坐在战败者的席位上听候中方的命令。对于这样历史性的一幕，现场的上千名嘉宾、中外记者没有一个愿意错过，不仅室内站满了人，连走廊里也满是探头张望者。受降消息通过电波传遍华夏大地，整个中国都沸腾了，全国汇成一片欢乐的海洋，中华民族历史上的最大民族灾难终于结束了！

10日，中国陆军总司令何应钦率一些高级将领会见冈村宁次，双方就善后及反共合作问题进行了密谈。何应钦等人声称：“日军并非战败，中国军亦非胜利。尽管如此，我等应停止一切争议，让既往之事付诸东流，而致力于中日之合作。”何应钦随后提出：“对日战事结束了，国共战争就要开始，我们对共产党作战困难不少，蒋主席说要请贵军协助。”冈村宁次点头赞同，并表示：“我既受天皇之命向中国投降，就应该忠实地为中国政府效劳。”

1945年12月18日，蒋介石来到南京，仅5天后，就迫不及待地会见了冈村宁次。1945年9月至1948年3月底，冈村宁次先后作为“中国战区日本官兵善后总联络部长官”和“联络班长”居住在中国南京，除协助遣返日军、日侨，办理一切善后事宜外，还充当国民党军事当局的秘密军事顾问，为国民党出谋划策，帮助国民党军队打内战，抵抗共产党领导的人民军队。冈村宁次卖力地发挥他所谓的“军事天才”，把此前对八路军作战编纂的《剿共指南》译成中文后大量印刷，分发给国民党军各级指挥官，为他们对付人民军队提供经验。

1948年3月，鉴于整个日本战犯审理工作即将结束，国际军事法庭即将解散,远东国际军事法庭派人到南京,要把冈村宁次带回日本,交由国际军事法庭进行审判。国民党认为冈村宁次还有利用的价值,决定对外称冈村宁次因肺病暂时在南京被监视居住,待病好再送其回国,然后出具了冈村宁次的病历证明,打发了来人。6月,国民党当局以"冈村并未参加日本侵华的中央系统组织,其行为仅与在中国战场上发生的事实有关,因此不须送往东京处理"为由,决定在国内由中国审判冈村宁次。7月7日上午,冈村宁次接到中国国防部军事法庭发来的传票,传票明确由中国政府对他进行审判。

8月9日,石美瑜庭长提出"冈村宁次应扣押于战犯监狱,于该处就医"的申请,经国防部请示终获批准,至此,抗战胜利结束整整3年后,日本侵华最高战犯冈村宁次才真正成为中国政府的囚犯,被送进上海高境庙战犯监狱。但不久后就以"保外就医"名义被监视居住于上海黄渡路一处秘密住所。

冈村宁次入狱后,典狱长孙介君奉命前来"慰问",并带话安慰道:"先生前在《塘沽协定》时和在停战投降时,均未采取对中国不利的措施,中国有识之士均甚嘉许。蒋总统本无意使先生受审。但绝不会处以极刑。至于无期也好,10年也好,结果都一样,请安心受审。"并顺便点拨他"在受审时,对中国民众所受灾难,要以表示痛心为宜"。冈村宁次心领神会,安下心来,表示理解国民党政府的苦衷,一切听从国民党政府安排。

案件审理过程中,国民党政府突然通知庭长石美瑜,冈村宁次案子暂缓审理判决。于是,这个案子就无限期地拖了下去,就连冈村宁次也心神不宁。其间,汤恩伯等人曾多次面见蒋介石,力保冈村宁次,反复强调其在停战时有功,应对其判无罪,蒋介石同意汤恩伯等人的意见。蒋介石对无罪释放冈村宁次本来存有一些顾虑,国民党内部对此也颇多争议,共产党和其他民主党派及爱国人士一致反对。但经过汤恩伯的劝说,蒋介石反复权衡后,终于下决心释放冈村宁次。

1949年1月26日,军事法庭在搁置6个月后,对冈村宁次的案子再次进行审理。最后石美瑜根据由蒋介石署名的电令:"据淞沪警备司令汤恩伯呈请,将冈村宁次宣判无罪,应予照准。"中华民国政府军事法庭宣布冈村宁次"依法应予谕知无罪"。5位法官只有3位在判决书上签字,庭长石美瑜拒绝在判决书上签字。

冈村宁次被宣判无罪后,全国上下群情激愤,一片谴责之声,有个民间武术团体甚至声称要“手刃战犯冈村”。1 月 28 日,中共中央发表声明,向南京国民党政府提出强烈抗议,谴责其对冈村宁次的判决不公正,没有反映出日占时期受苦受难民众的意见,要求重新逮捕、宣判冈村宁次。代总统李宗仁为争取国共和谈,下令重新逮捕冈村宁次,但淞沪警备司令汤恩伯却将命令扣压不发,并于当晚即派副官到冈村宁次临时寓所,通知他于次日晨到战犯监狱集合,与狱中其他在押日本战犯回国。

1949 年 1 月 30 日上午 10 时,冈村宁次与其他在押日本战犯搭乘“维克斯”号美国轮船驶离上海,回到日本。驻日美军在他住地升起日本国旗,表示既往不咎。

1950 年前后,一批战前日军官兵酝酿成立了“战友会”,冈村宁次被邀请为该会的副会长。在战友会的资助下,冈村宁次到各地巡回演讲,千方百计地扩大右翼势力的影响。

蒋介石退守台湾后,为了重整旗鼓,培养所谓“中坚干部”对付共产党,在台北市郊阳明山成立了“革命实践研究院”,并亲自兼任院长。该院不仅培训党政干部,还设有军官训练团,培训各级军事干部,冈村宁次等一批原日军将佐被聘为“革命实践研究院”高级军事教官,他本人还成为该院的“顾问”。冈村宁次对国民党一直感恩戴德,先后组织百余位原日军将佐到台湾帮助训练国民党军队,而且非常卖力。

进入冷战时期后,冈村宁次等一批二战法西斯分子的生活境遇也跟着发生很大的改善,并搬进了新居。1962 年 4 月,他当时唯一的儿子忠正暴死,时年仅 49 岁。忠正之死,对冈村宁次的打击很大。

1963 年初,日本防卫厅战史室请冈村宁次整理自己的日记和撰写个人回忆录,以“启示”自卫队青年干部。为了宣扬“日本精神”和以自己的立场“说清历史事实”,冈村宁次用了两年的时间撰写回忆录。1966 年 9 月,冈村宁次突发心脏病死去,时年 82 岁。

南京大屠杀制造者松井石根

松井石根，日本陆军大将，大亚细亚主义的鼓吹者，曾任日本驻台湾军司令、上海派遣军司令、华中方面军司令等职。1937 年，他指挥日本突破国民党军队的防守，攻陷上海和南京，随后开始震惊世界的大屠杀。二战后作为甲级战犯被判处绞刑。

一

松井石根，1878 年 7 月 27 日出生于日本爱知县爱知镇，其父松井武国是旧名古屋武士，祖上世代为将。继承武士精神、光宗耀祖成为他日后从军的重要原因。松井石根生来身材矮小，而且体弱多病，但性格倔强，从不服输。松井石根幼年时代，日本处于社会大转变时期，家里经常连武士俸禄都领不到，生活非常拮据。

1890 年，松井石根进入了由一些旧士族在东京开办的专门培养军人的成城学校。父亲送松井石根去军校的原因有二：一是不用交学费，日本当时规定军校不收学费，一切费用均由国家负担，目的就是选拔并为日本帝国培养最优秀的军事人才；二是严格的校纪、艰苦的训练，可以培养和锻炼儿子的意志和体魄。1893 年，松井石根进入陆军中央幼年学校，3 年后进陆军士官学校第 9 期。1898 年，他以学科第二名的成绩毕业于日本陆军士官学校第 9 期，获得天皇赐予的银质表，被授予少尉军衔，接着以学科第一名的成绩进入日本陆军大学。在学校期间，除了学习军事外，他悉心研究中国问题，并学习中国文化与书法。通过学习，松井石根对中国政治、人情、经济、地理、历史等都有很深的了解，尤其精通中国的古诗文、书法，被日本军界公认为数一数二的“中国通”。

1904年,日俄战争爆发,松井石根也和其他同学一样中断学业,编入部队,随日军进入中国东北地区,参加对俄军作战。首山堡一战,俄军几乎全歼松井石根所在的中队,松井石根的大腿被枪弹洞穿,他经医治活了下来。他因在战争中表现突出而获两枚勋章,成为日俄战中的英雄。1906年,松井石根以第一名的成绩毕业,并获天皇赐予的军刀。陆军大学的毕业生一般先在日本陆军参谋本部服役,其后部分优秀人员被派往世界各国使馆任武官,其中大多数人都希望去欧美发达国家,去不了欧美才到亚洲等地。松井石根毕业后被分配到参谋本部中国班,但松井石根却主动要求去中国担任武官,鉴于他的坚持,参谋本部遂派他到中国任武官。

1908年,松井石根的老朋友——中国同盟会成员陈其美从日本回国,准备在上海组织发动反清暴动。两人见面,非常高兴,陈其美还把他的结拜小兄弟蒋介石介绍给松井石根。蒋介石后来去日本留学,松井石根不但充当了蒋介石的保证人,还曾让蒋介石寄宿在自己家中,二人成为好朋友。清朝被推翻后,松井石根再次到中国,任日本国驻中国上海武官。在此期间他支持孙中山所领导的反袁护法与国民革命运动,与孙中山、汪精卫、宋子文、胡汉民、何应钦、张群等革命党人有广泛接触。

1919年,松井石根任日军步兵第39联队联队长。1921年,日本出兵干涉俄国革命,松井石根任海参崴派遣军情报参谋,后调任哈尔滨日军特务机关长。他四处布置间谍,网罗汉奸,勾结清朝遗老,收集情报,制造事端,挑拨中国内部矛盾。1923年松井石根晋升为陆军少将,随后任步兵第35旅团旅团长,1925年,又被调任为参谋本部第2部(情报)部长,“得以专心从事于平生最为关注的中国问题”。1927年,松井石根晋升陆军中将。同年,松井石根出席了日本首相田中义一在东京召开的著名的东方会议,并在会上做了关于中国政治形势的报告,会上制定了对中国的方针政策。

1927年,蒋介石宣布下野,跑到日本寻求帮助。经松井石根穿针引线,蒋介石拜会了日本首相田中义一并进行了会谈。日本方面建议蒋介石全面控制住扬子江以南地区,并采取措施全力防止共产主义势力发展,不要急于北伐,蒋介石赞同日方意见。日本方面同时表示在经济和军事上支持蒋介石集团,但希望以中国东北作为交换条件,要求蒋介石承认日本在中国东北的权益,蒋介石亦有所动。蒋介石回到上海后召开记者招待会,明确指出:我们不能无视日本在“满洲”的政治与经济的权益。1928年,日本关东军蓄意制造皇姑屯事件,炸死奉系军阀张作霖。松井石根获知后,曾主张严惩关东军的河本大作,以摆脱舆论给关东军造成的不利局面。8月,松井石根任日军第11师团师团长。

1931年10月,松井石根调任参谋本部部附,协调对外事宜。同年12月至次年8月,松井石根担任日本出席日内瓦裁军会议的全权代表。会上,他对白人充当裁判、“调解”中日双方激烈争论非常不满,由此更加坚定了他“大亚细亚主义”的决心:“日华间的问题要在日华间解决;要将白人统治下的亚细亚重新变为亚细亚人的亚细亚。”松井石根回国后,立即发起成立“大亚细亚协会”,到处鼓吹“大亚细亚主义”。1933年3月,松井石根就任军事参议官,随后调任驻台湾军司令官,10月,晋升为陆军大将。1935年8月,因涉嫌军务局长永田铁山遇刺案,松井石根被迫引咎辞职,脱离现役,转入预备役。

二

松井石根退出军界后,转入政界。九一八事变后,日本扶持清退位皇帝溥仪登基,建立亲日傀儡政权,成立伪满洲国,但并没有得到中国国内和国际社会承认。为此,松井石根于1936年2月,以私人身份开始了中国华南、华中之行,宣扬他的“大亚细亚主义”,为伪满洲国进行游说。2月底,他来到两广,会见了国民党右派胡汉民和桂系头面人物李宗仁、白崇禧以及陈济棠等人。此行名义上是游说这些人再次支持蒋介石,实际是游说中国各政治势力认同“满蒙”现状。松井石根发现中国所有的政治力量,不约而同地都把救国抗日作为自己的政治诉求。

3月,松井石根到达南京,短暂休息后,他试图说服蒋介石承认伪满洲国的既成事实,蒋介石对此不置可否。24日,松井拜访了蒋介石,提出国民政府应承认伪满洲国,蒋介石当即断然拒绝。松井石根见蒋介石态度坚决,又说,你们不公开发表声明,事实上承认就行了,蒋介石同样予以否定。至此,松井石根的中国之行以失败告终,但这并没有打破他征服中国的野心,他蛮横地说,要教训一下中国政府，必须举起铁锤，给南京政府一击，让他们猛醒，让他们反省。

卢沟桥事变爆发后，蒋介石代表中央政府发表了抗日演讲，表达了中国人民抗战到底的决心。1个多月后，即8月13日，日军在上海八字桥一带向中国军队发起进攻，中国军队迎头回击，淞沪抗战全面爆发。为了支援作战不利的驻上海海军陆战队，日本大本营决定组成上海派遣军前往中国。日本政府重新起用公认的“中国通”后备役将军松井石根，由他担任上海派遣军司令，组织会战。

松井石根在离开东京前，要求拨给上海派遣军5个师团，出发时，又对前来送行的首相近卫文麿和陆相杉山元等人宣称：“此番无论如何也要打到南京去！”9月6日，日本国内按照松井石根的要求，又增派第9、第13、第101这3个师团及台湾守备队编入上海派遣军，日军总兵力约30万。还有海军第三和第四舰队的舰艇30余艘，其中航母3艘参战，另外参加淞沪会战的日军飞机约390架，其中陆航210架、海航180架。

此时，为了打好这一战，蒋介石把原第三战区司令长官冯玉祥派到新成立的第六战区当司令长官，由本人亲自兼任第三战区司令长官职务。中国在上海集中75万精锐大军，此外，中国空军的第2至第9大队等8个大队和1个暂编大队，约200架飞机参战；中国海军第1、第2舰队和1个练习舰队、1个鱼雷快艇大队及江阴等地要塞部队，约40艘舰艇参战。中国军队自持德国顾问指挥建立的“塞克特防线”，以逸待劳，做好了迎敌准备。

日军参谋本部估计突破“塞克特防线”需要2个月，松井石根凭借精兵锐器只用了2天就突破了“塞克特防线”，又用两个星期突破了中国军队的最后防御中心——大场镇，强渡苏州河。日军陆、海、空结合猛烈攻击，中国军队殊死抵抗，常常是日军白天占领阵地，夜晚中国军队又将其夺回，战斗异常激烈，双方均死伤惨重。8月14日，年轻的中国空军首次击落多架日本战机，让日军大吃一惊。蒋介石以最高统帅的名义通令嘉奖空军，并下令将8月14日定为“空军节”。谢晋元中校率领数百名士兵于1937年10月27日下午至10月30日在四行仓库与敌激战4天4夜，毙敌200余名。女童子军杨惠敏在10月28日午夜躲过日军枪弹，冒险夜渡苏州河，送了一面中华民国国旗给坚守士兵。29日清晨，这面国旗高高飘扬在四行仓库的楼顶上，军民的行为显示了中国军队和民众不屈不挠、抵抗日本侵略的决心。

随后日军又增添兵力，日本陆军在海军舰队护送下，在杭州湾金山卫附近的漕泾镇、全公亭、金丝娘桥等处突然登陆并迅速推进，几天后日军形成对中国军队包围网。上海的中国守军面对被合围的危险，军心不稳，前线部队大乱，防线开始崩溃，部分部队为避免被围被歼开始自行组织撤退。11 月，蒋介石无奈之下不得不下令，所有中国军队撤离上海，上海随即陷落。

日军大批部队经过 3 个月的苦战，精疲力竭，最终占领上海。中国以损失 60% 精锐部队的代价打破了日军 3 个月灭亡中国的狂语，显示了中国军队的实力与抗战决心。日军久战才胜，死伤惨重，民众中则出现了怀疑与困惑。毋庸置疑，日本无法在短期内结束与中国的战争，无法在中国战场上速战速决，那么最后的溃败，也就成为日本军国主义无法避免的命运。

三

出发前，日本大本营向松井石根下达任务："扫荡上海附近之敌军，占领其四方要地，保护上海侨民之生命。"命令明确地将上海派遣军的作战范围限定在上海周围地区。在攻陷上海之前，大本营将上海派遣军与第 10 军合编为华中方面军，由松井石根担任司令官；同时，大本营制定了苏州—嘉兴一线的战略限制线，命令该军不能超过该限制线。如今，上海已陷，南京近在咫尺，松井石根一直叫嚣要直捣南京，当然不肯就此罢休。松井石根对大本营明确表示："吾意已决，非打下南京来给你们看看！"

淞沪会战后，按照松井石根的命令，日军未经充分休整补充就马不停蹄地向西进击，其后勤保障严重不足。松井石根深知部队面临的困难，但他仍然指挥部队疲劳奔袭。11 月 20 日，日军参谋总长闲院宫载仁亲王向第 10 军发出指令："部队为求得补给，应尽量利用现地物资。"在当时的环境下发出这样的命令，无异于指使日军进行公开抢劫。松井石根作为派遣军最高指挥官，没有制止日军各部队的胡作非为，整个部队开始大规模地掠夺强抢。

根据蒋介石的命令，中国军队原计划撤到吴福线、锡澄线、乍嘉线和海嘉线一带，依托现有国防工事做持久抵抗，阻止日军继续向内地推进。但当部队进入工事后，才发现工事根本就不能用，工事质量极差，很多部分还没完工，墙上的混凝土用手可以捏碎，机枪射口大如门窗，碉堡间无交通壕连接，已修建的300多个机枪掩体有一半不能用，甚至有的部队找不到钥匙和工事图纸，进不了工事。凭借这样的工事，已无抵抗能力，部队纷纷撤退，国民政府首都南京门户大开。

各路日军尾随撤退的中国军队，于11月19日纷纷抵达战略限制线。第10军不等命令，首先突破限制线，继续向前追击。松井石根不但未加制止，反而再次向大本营上报“向南京追击有利”的意见，敦促大本营下令进攻南京。24日，日军大本营批准取消原限制线，又下达了向前至西无锡—湖州的新限制线。松井石根见违令成功，没有受处罚，气焰更为嚣张，决定12月上旬进攻南京。他直接命令部队再次越过限制线，同时再次向大本营提出继续作战的建议。恰在此时，日本内阁对华政策发生了重大变化，在经过激烈辩论后，大本营最终决定全面对华开战。

12月1日，日本大本营正式发布“华中方面军司令官须与海军协同攻占敌国首都南京”的命令。任命松井石根为华中方面军司令，率第10军（含第6、第18、第114师团及国崎支队等）、上海派遣军（含第9、第11、第13、第16师团及第3师团先遣队、太谷支队等）合力围攻南京。松井石根在日记中写道：“近日予热烈之主见终获成功，不甚欣喜之至。”

松井石根在接到大本营的命令后，立即组成上海派遣军和第10军两路人马，分别沿太湖北侧，经苏州、无锡、常州、丹阳、镇江向南京进攻，沿太湖南侧，经嘉兴、湖州、长兴向南京进攻，而后又分为四路，从东、北、西、南几方面向南京逼近，推进速度极快。12月5日起，中日双方军队在南京外围开始激战。由于中国军队已丧失了战斗力，无力抵抗，日军于3天后突破南京外围防线，完成了对南京城的最后包围。

12月7日，松井石根将方面军司令部从上海移至苏州。同日，他下达了《南京城攻略要领》，训令各部队：南京乃中国之首都，攻克之乃世界性事件。故须认真研究，愈益发挥日本之名誉，增强中国民众之信赖。虽为敌军，然已丧失抗战意志者及一般官民，应予以宣抚爱护，持宽容慈悲之态度。

松井石根下令空投《劝降书》,规劝南京卫戍司令唐生智说:“百万日军已席卷江南,南京城处于包围之中,由战局大势观之,今后交战有百害而无一利。”“日军对抵抗者虽极为峻烈而弗宽恕,然于无辜民众及无敌意之中国军队,则以宽大处之,不加侵害。”“贵军苟欲继续交战,南京则必难免于战祸,是使千载文化尽为灰烬,十年经营终成泡沫。故本司令官代表日军奉劝贵军,当和平开放南京城。”当即遭唐生智拒绝。

四

12 月上旬,日军在陆空猛烈炮火掩护下,连续攻占龙潭、汤山、江宁、淳化、板桥等南京外围阵地,逼近城垣。12 月 8 日,中国守军由秣陵关阵地退守牛首山。10 日,松井石根下达了向南京城发动总攻的命令,叫嚣:“降魔的利剑现在已经出鞘,发挥它的神威吧!”12 日,雨花台失守,军民动摇,全城各要点相继陷落。日军第 6 师团在师团长谷寿夫率领下先后从光华门、中华门等突入城内。唐生智接到蒋介石电令“如情势不能久持时,可相机撤退”,随即召集师以上将领开会,传达了蒋介石的指令,宣布放弃南京,实行突围。10 多万中国守军除部分突围出去,大部分都溃散了。日军临时攻城总指挥官上海派遣军司令朝香宫鸠彦王亲自签署了“杀掉全部俘获人员”的密令。日军在南京城进行搜查,凡是中国青壮年老百姓额头上疑似有军帽帽箍痕迹、手上有老茧、肩上有老皮的,一律抓起来,日本军队以搜寻败兵为名在中国首都南京杀人放火,无恶不作。日军第 16 师团第 30 旅团旅团长佐佐木到一在日记中写道,南京城内国民政府、军官学校,以及其他军事设施炸得体无完肤,“民房被烧成一片废墟,有的火势至今不减,仍在熊熊燃烧着,看不到一个居民,只有丧家犬盲目地游荡着”。南京城“如今已成为过眼云烟,任何人目睹首都被破坏的惨状,都会感慨万分的”。

12 月 17 日,日军举行了声势浩大的入城式,朝香宫鸠彦王中将、柳川平助中将两位军司令官及方面军和各军的幕僚骑马跟随松井石根大将入城。松井石根骑在高头大马上,面带征服者的微笑,感慨万千,十分激动,在嘹亮的军号声中,接受各部队的致敬,在军乐队演奏的《君之代》乐曲声中向飘扬在门楼上的日本国旗敬礼。全体人员屏住呼吸,三呼大元帅陛下万岁。松井石根只喊了一声“万岁”,第二声就喊不出来了。

第二天,松井石根又主持了“慰灵祭”。在“慰灵祭”即将结束时,他突然流着泪,训斥部下说:“你们奋力苦战,使皇威增辉,然某些士兵之暴行,又使皇威一举扫地。”如此训斥,表明身为日军最高指挥官的松井石根对日军的暴行十分清楚,虽表面上采取了防范措施,但并未严加制止。随后,嗜杀成性的第16师团师团长中岛今朝吾被任命为南京地区警备司令,“维持城市治安”,大屠杀愈加惨烈。可以说,大屠杀在松井石根入城后并没有停止,而是一直持续到第二年2月中旬。

远东国际军事法庭调查认定,在南京大屠杀中,在为期6周的时间里,南京城及附近地区进行了一场惨绝人寰的大屠杀,20万以上中国军民惨遭杀害。同时指出,这个数字没有包括被日军烧毁的尸体,以及投入长江或被以其他方法处死的人数。而中国官方统计有30万同胞被屠杀,其中平民占四分之一以上,共有2万多名妇女被强奸。市区的三分之一被焚毁,所有值钱的东西都装进了日本人的腰包和陆军仓库。直至1年之后,南京城的状况逐渐恢复过来。

日军占领南京后,还对中国的图书等等进行大肆掠夺。日军花费1个月时间,挑选、整理了88万册图书,每天用十几辆汽车搬运并运往日本,图书总量超过了当时日本最大的图书馆东京上野帝国图书馆85万册的图书数量。同时,日军汽车直接驶入各大公司和商场,将各种货物搬运一空;进入银行和市民家庭抢掠各种财物。

日军在南京的暴行震惊了世界,德国当时派驻南京的代表向其本国政府报告时,愤怒地说,这不是个人的而是整个陆军即日军本身的残暴和犯罪行为,日军为自己竖立了耻辱的纪念碑。1个月后,日本天皇在东京接见了松井石根、朝香宫鸠彦王和柳川平助3名攻占南京“有功”人员,赏给他们每人一对银质花瓶,以示嘉奖。但迫于国际舆论的巨大压力,1938年3月,日本政府召回松井石根及其部下约80人。同年7月20日,松井石根出任内阁参议官,至1940年辞职。

五

1940 年 2 月，松井石根在伊豆山烧制了一尊合十观音立像，烧制立像使用的泥土是从南京大场镇带回的红土。他给这座观音像起名为“兴亚观音”。松井石根还解释说：此像容目温和，面向南京，体现了以此功德永远怨亲平等、祈仰东亚之大光明之本意。在距观音像不远处还另建了一座观音堂，堂内祭坛正中供奉观音坐像和观音立像各一尊，观音像前的木匣内摆放着松井石根战死部下 23 104 人的名册，两侧还立着两个牌位，写着“支那事变日本战殁者灵位”和“支那事变中华战殁者灵位”，以此表示对中日双方战死者的祭奠。次年，松井石根任法西斯组织大日本兴亚同盟副总裁，1942 年 4 月，日本天皇授松井石根一级金鵄勋章。1943 年，任兴亚同盟总裁，继续在日本各地宣扬大亚细亚主义，为配合日本对外侵略战争积极活动。

日本投降后，1945 年 9 月 19 日，驻日盟军将甲级战犯疑犯松井石根逮捕入狱。远东国际军事法庭对松井石根进行了多次审讯，松井石根辩称自己当时不知下属的暴行，因生病又未能阻止部属施暴。法庭驳斥道：“疾病既没有阻碍他指挥军队的作战行动，又没有阻碍他在发生这类暴行时访问该市数日之久。他知道实施这类暴行的军队属于他指挥。他既有义务也有权力管束他的军队和保护南京的无辜市民。由于他没有履行这些义务，不能不认为他负有犯罪责任。”松井石根在法庭上竟然厚颜无耻、若无其事地说中日战争的性质，就像一家内，当哥哥的实在无法忍受弟弟的乱暴而打了他，这是因为太爱他而促使他反省的手段。

1948 年 11 月 12 日，远东国际军事法庭最后判定松井石根犯有严重罪行，处以绞刑。12 月 23 日零时，松井石根同其他死刑犯被送上绞刑架。临刑前，松井石根对教诲师说：我一个人得到这样的结果，如果能使当时的军人们，哪怕多一个人能进行深刻的反省，我也感到非常高兴，好不容易这样了，我想就这样往生吧。1978 年，松井石根牌位与其他甲级战犯牌位一同迁入靖国神社合祀。

“石头人”梅津美治郎

梅津美治郎，日本陆军大将，曾任中国驻屯军司令官、陆军次官以及关东军总司令、参谋总长等职，是日本侵华战争中的重要人物。1948 年 11 月，被判处无期徒刑。后死于东京巢鸭监狱。

一

梅津美治郎，1882 年 1 月 4 日出生于大分县的农民家庭。梅津美治郎年幼丧父，随母亲改嫁，家庭的动荡使他形成偏执怪异的性格。梅津美治郎一生中没有写过任何东西，甚至连一张便签都没有。在他的妻子因病去世后他终身未再娶，在一般人眼里看来简直就是一个十足的不解风情的人。石原莞尔曾经评价梅津美治郎：“他简直就是一块石头。在为人上他谨小慎微到无以复加的地步。”

1898 年 9 月，梅津美治郎以第一名的成绩考入熊本陆军地方幼年学校，3 年之后又以第一名的成绩毕业，青年时期接受日本军国主义思想教育。1903 年 11 月，梅津美治郎从陆军士官学校毕业，随后被任命为少尉，1905 年 6 月，晋升为中尉，在此期间参加日俄战争。

梅津美治郎职业军人气味浓厚，他非常崇拜军人的尚武精神，作战勇敢，在旅顺身负重伤。因作战有功于 1906 年 4 月得到一枚五级金鵄勋章。1908 年，梅津美治郎考入陆军大学，并于 3 年后力压有奇才之称的永田铁山，以首席的身份毕业于陆大 23 期。1912 年 3 月，梅津美治郎晋升为大尉，任第 1 联队中队长，同年 6 月，调任参谋本部部员。

1913 年 4 月，梅津美治郎调任驻德国使馆武官，两年之后，改任驻丹麦使馆武官。1917 年 5 月,回国任参谋本部部员,1919 年,第二次前往欧洲。两次欧洲任职期间,正值第一次世界大战,梅津美治郎虽然未直接参加这次战争,但身在欧洲,体会到了战争的残酷,这为他研究军事、提高军事素养提供了极好的机会。1921 年 6 月,又回到参谋本部任职。

1922 年 2 月,梅津美治郎晋升为中佐,调入陆军省任军务局军事课高级课员,并兼任陆军大学教官。1924 年 12 月,梅津美治郎晋升为陆军大佐,任第 3 步兵联队联队长。1928 年 8 月,调任陆军省军备局军事课长。1930 年 8 月晋升为少将,调任第 1 旅团旅团长。

1931 年 8 月,梅津美治郎出任参谋本部总务部长,负责拟定陆军编制和主管参谋人事工作。当时东条英机在梅津美治郎领导之下担任动员课课长。从此时起,两个法西斯分子便开始了合作。九一八事变前,梅津美治郎就已经秘密制定了一份《满蒙问题解决方策大纲》,为日本占领东北进而入侵全中国奠定了基础。

任职一个半月后,关东军突然发动九一八事变,并逐步占领东三省。梅津美治郎对关东军发动事变的谋略非常不满,认为这违背了日本军部《满蒙问题解决方策大纲》中"约以一年时间做好准备,于明春以后实行"的侵略方针。日军侵占东北后,军事压力陡增,梅津美治郎与军务局长小矶国昭及第 1 课长东条英机、军事课长永田铁山协商,不得不提前制定军备改革方案,并马上实施,以缓解军事压力。

1933 年 3 月,日军占领热河后进攻长城各关口,进入关内。无奈之下,中国军队代表熊斌和关东军代表冈村宁次在塘沽签署了《塘沽协定》。《塘沽协定》签订后,日本军队不满足仅将河北省东北部划为非军事地区,为巩固伪满洲国,分裂华北,排挤东北军和国民政府驻华北的军队,遂于 1934 年 3 月,派梅津美治郎到天津任中国驻屯军司令官。

二

梅津美治郎到任后,率兵侵略中国华北,在华北实施"自治运动",残害华北人民。1934 年 9 月,梅津美治郎晋升为中将。1935 年,日本侵略者为了进一步控制华北地区,天津驻屯军参谋长酒井竟以中国允许东北义勇军孙永勤部进入滦东“非武装区域”为借口,向国民党正式提出抗议,并从东北调遣日军进入关内,以武力相威胁,迫使国民党政府进行谈判。

中国代表何应钦在秘密同日方协商后,于6月10日答应日军的无理要求,并同梅津美治郎签订《何梅协定》。主要内容是:一、取消河北境内国民党党政机关;二、撤退国民党中央军和东北军在河北的一切驻军;三、解散国民党军分会政治训练处及蓝衣社、励志社;四、罢免河北省主席于学忠;五、取缔一切反日团体,禁止一切抗日活动。该协定使中国丧失了河北的全部主权,并把中国华北完全置于日本军队的监视之下,为日军向华北地区发动全面进攻打开了方便之门。

1935年8月1日,梅津美治郎调任仙台第2师团师团长。1936年2月26日,日本“少壮派”军官发动军事政变。事变发生后,梅津美治郎在仙台立即给陆军省发去电报,强烈要求对叛乱实施镇压,并表示本师团已经做好随时出发讨伐叛军的准备。梅津美治郎的明确态度,对陆军中央处理二二六事件起了很大的促进作用。同时,梅津美治郎也由此深受陆军省的赏识,被任命为陆军次官。

梅津美治郎出任陆军次官以后,扩大了次官的权力,下边呈报的文件,如果不经梅津美治郎的同意,就不能上报到大臣的手中。他同新上任的陆军大臣寺内寿一及半年后就任的教育总监杉山元组成陆军的核心,成为陆军的实力人物。

日本帝国主义为了独占中国,把中国变成它的殖民地,于1937年7月7日发动蓄谋已久的全面侵华战争。事变发生后,日本内部出现所谓的“扩大派”与“不扩大派”之争。梅津美治郎与杉山元陆军大臣是“扩大派”的中坚力量。1937年7月16日,梅津美治郎在陆军省课长会议上说:“为解决时局问题,必须举国一致、全力以赴。”7月27日,梅津美治郎等主张进兵的意见压倒作战部长石原莞尔的先将兵力撤至山海关再进行日中谈判的意见,日本内阁会议批准出兵3个师团,向华北派遣约21万人的兵力。

近卫文麿改组内阁,解除宣称“三个月解决中国事变”的杉山元的职务,启用板垣征四郎接任陆军大臣。陆军次官梅津美治郎不愿屈居板垣征四郎之下,立即辞职,并推荐老部下东条英机接任。1938年5月,梅津美治郎被任命为日军第1军司令官,接替对战争不积极的香月清司中将。梅津美治郎率日军侵占山西,在

1 年多的时间里,以太原为中心多次组织指挥日本侵略军残酷镇压、清剿中国的抗日武装,屠杀中国军民。

这种作战目的在于“扫荡”各地的抗日武装,扩大治安圈,开发利用华北蒙疆的资源,以支持持久战。随后,展开晋南肃正作战,重创中国部队,使中央军主力败退黄河南岸。接着进攻以五台山为根据地的八路军和山西西部的山西军,扩大治安区。其后实施晋东作战,对同蒲、京汉两铁路沿线地区进行了打击,扩大了潞安周围的治安区。一系列战役之后,他吹嘘自己为华北局势的明朗化起了飞跃作用。但在中国抗日军队的打击下,至 1939 年 9 月前,日军第 1 军伤亡 2.1 万人。

三

1939 年 9 月,日军大本营令梅津美治郎接替植田谦吉出任关东军司令官,并兼任驻伪满洲国特命全权大使,任务是重建和加强关东军,推进对苏作战准备,并进一步“开发”伪满洲国资源,提供战争物资。梅津美治郎向天皇及军部表示:“今后将愈加粉身碎骨以报皇恩于万一。”1940 年 8 月,梅津美治郎晋升为大将。

诺门罕战役中,关东军损失很大,必须从人力、物力上加以补充,同时加速对苏联的作战准备。1941 年 6 月 22 日,苏德战争爆发。梅津美治郎认为苏德开战以后,苏联势必成为日本的现实敌人,日本应该优先解决北方问题,然后再解决南方问题。7 月 2 日,御前会议批准了优先解决北方问题,然后再解决南方问题的《形势的发展及帝国国策纲要》。纲要指出,“帝国要致力于解决日中战争问题,并视形势的变化解决北方问题”。为解决北方问题,陆军进行了前所未有的动员和集中,并将此行动称为“关东军特种演习”。

梅津美治郎是这次“关东军特种演习”的具体指挥官。这次对苏作战准备,除动员关东军和朝鲜派遣军之外,还动员了驻内地的部队。1942 年 7 月 14 日,关东军进行整编,新建立了第 1 方面军和第 2 方面军,之后关东军司令部升格为总司令部,梅津美治郎也升为关东军总司令官。

此后,梅津美治郎全力以赴,加紧督促部队训练。他频繁前往第一线部队进行视察,慰问第一线士兵,为他们鼓气。1942 年下半年至 1943 年上半年,关东军处于全盛时期,关东军的总兵力最多时达 100 万人。后来随着日军在其他战场的失利,从 1943 年夏季起,关东军的兵力不断被调往其他战场,起到日军战略预备队的作用。

梅津美治郎于 1940 年视察了臭名昭著的 731 部队,签署了扩建 731 部队 4 个支队及有关驻地的秘密命令。据不完全统计,731 部队实验方法竟多达几十种。据被俘的 731 部队成员供认,以 1939 年到 1945 年,短短的几年中,就以细菌试验的方法残杀了 3 000 多人。

1938 年 8 月,日本关东军向伪满洲国提出创建神庙,供奉“天照大神”,但由于种种原因,筹建一事一度搁浅。梅津美治郎上任后通过溥仪的顾问吉冈向溥仪摊牌:由于日满亲善,精神如一体,所以伪满洲国的宗教也应该与日本人一致,应当把日本的皇族祖先“天照大神”迎来立为国教。他还强迫溥仪颁布了“天照大神”为祖教和国教的《国本奠定诏书》和《对于建国神庙及其摄庙之不敬罪处罚法》,强迫所有东北人民天天参拜,日日祈祷,东北人民蒙受了亡族亡种的欺凌。

为了殖民统治的需要,梅津美治郎指示伪满洲国有组织、有计划、有步骤地大力推行奴化教育,使教育更大程度地为其统治服务。他们以“不唯不适合我国之国情,抑亦不合时代之趋势”为由,对东北原有学制进行改革。由日本人编写各级各类学校所用的教材,出版了一整套“中国日本化”的奴化教育课本。这些教材竭力宣传“中日亲善”“日满一体”等亲日思想。在课程设置上首先把日语订为必修的“国语”科之一,而将原有的国语改称汉语,并正式规定日语为伪满洲国的“国语”。把日语和日本文化的教授与普及视为灌输“日本精神”、亲日思想的重要手段,以使东北的青少年从小在心理上、习惯上与日本民族接近,并在不知不觉中接受甚至认同日本的侵略。

为了战争,梅津美治郎下令在中国东北修筑了许多堡垒,又与满洲铁道株式会社合作,修通了伪满新京(今长春)至朝鲜平壤间的战略铁路,一方面将从东北和朝鲜掠夺的物资源源不断地运送到日战的前线,另一方面用于东北和朝鲜的作战人员和物资的调配。

为了对付苏联潜在的威胁,梅津美治郎命令关东军在东北的“满苏边界”修建防御工事。为了确保安全,不泄露防御工事的机密,在强迫中国劳工修完防御工事后，就将劳工集中关押，用机枪扫射，杀人灭口，成千上万的中国人在修筑防御工事过程中或完工后被屠杀。梅津美治郎在任期间命令军队残酷镇压和围剿东北抗日联军，使得中国人民的抗日斗争在1939—1944年期间变得异常艰苦。

四

1944年，战局发展对日本越来越不利，东条英机陷于四面楚歌的境地。1944年7月18日，东条英机内阁被迫辞职，小矶国昭任首相，组成新内阁。根据东条英机的提议，梅津美治郎接替东条英机担任参谋总长，负责全面的侵略战争。梅津美治郎竭力想挽回败局，拟订日本陆海军作战的指导大纲，制定“以帝国本土为核心圈，确保作为资源要域的南方圈，以及联络两者的要域，彻底完成有组织的战争，向使敌屈服迈进”的根本方针。

1945年6、7月间，日军大本营统帅部发出“决号作战准备”（即本土作战方案）的指令。7月26日，美、英、中三国发表促令日本投降的《波茨坦公告》。8月9日，苏联对日本宣战。同时，美国在日本广岛和长崎先后投下两颗原子弹。面对败局，梅津美治郎与陆军大臣阿南惟几、海军参谋总长丰田等仍不甘心失败，要求“死中求生”，顽抗到底，他还宣称：“加强防空就能避免原子弹轰炸。我们依然有实力，将来肯定会反攻。”被日本天皇拒绝。1945年8月15日，日本被迫宣告无条件投降。

日本投降以后，日本政府派重光葵外务大臣作为文官代表，派梅津美治郎参谋总长作为军部代表参加日本无条件投降书的签字仪式。9月2日上午，在美国“密苏里”号军舰上举行签字仪式。外务大臣重光葵、参谋总长梅津美治郎代表日本天皇、政府和参谋本部在投降书上签字。

1946年1月，驻日盟军最高司令部宣布成立远东国际军事法庭，审判及惩处犯有破坏和平罪、破坏战争法规罪和违反人道罪的日本首要战犯。梅津美治郎虽然长期身居军队要职，罪恶多端，但是美国方面却没有把梅津美治郎列入战犯名单之内。苏联检察团根据梅津美治郎担任关东军司令官达5年之久的事实，提议将其作为重大战争罪嫌疑犯加以逮捕。在1946年4月29日，梅津美治郎以及外务大臣重光葵被逮捕,关进巢鸭监狱。

在审判期间,梅津美治郎始终坚持顽固立场,拒不认罪,自诩为“忠实的军人”,必须“忠实于自己的信念”,并以此为由推卸一切罪责。他声称人世间任何法庭都不会对他做出恰当的评价,只有上帝才会对他做出公正的裁决。远东国际军事法庭于 1948 年 11 月 20 日判处梅津美治郎无期徒刑。1948 年 2 月,梅津美治郎因患直肠癌住进医院,1949 年 1 月 8 日病死。1978 年,梅津美治郎的灵位被供奉到靖国神社中。

“满洲国之父”本庄繁

本庄繁，日本陆军大将，曾任关东军司令、军事保护院总裁、枢密顾问等职。他极力主张武力征服“满蒙”，主持并策划了九一八事变，炮制伪满洲国。日本投降后，被远东国际军事法庭指控为甲级战犯嫌疑人，随后畏罪自杀。

一

本庄繁，1876 年出生在日本兵库县一农民家庭，曾就读于兵库县凤鸣义塾中学。1897 年，本庄繁毕业于陆军士官学校第 9 期步兵科，和同学真崎甚三郎、阿部信行、荒木贞夫、松井石根并称 9 期五员大将。1904 年 2 月，本庄繁在陆军大学第 19 期学习中中途停学，参加日俄战争。战争期间，任步兵第 20 联队中队长。1906 年 3 月，复校上课，1907 年 11 月 30 日，毕业于陆军大学第 19 期。1908 年 9 月任参谋本部附，12 月任参谋本部部员，在北京、上海从事情报活动。

1913 年 1 月，本庄繁回国任参谋本部中国班班长、“满蒙”班长，后兼陆军大学兵法教官。1918 年，本庄繁晋升大佐，任参谋本部中国课课长，专门研究对中国的战略。1919 年 4 月，本庄繁任步兵第 11 联队联队长，1921 年以参谋本部附的身份成为东北王张作霖的军事顾问。1922 年 8 月，本庄繁晋升陆军少将。其间，作为顾问参与了张作霖对吴佩孚的第一次直奉战争的组织与协调，并掌握了张作霖以及直系军阀的各方面情况。1924 年 8 月，任步兵第 4 旅团旅团长，1925 年 5 月，任驻中国公使馆武官。

二

1926年3月,冯玉祥组成国民军联军,与张作霖的军队在平津一带不断作战。奉系军队属下的渤海舰队企图掩护陆军在天津登陆,被国民军联军击退。张作霖想到了本庄繁,请求日本军队给予支持,本庄繁凭军人的直觉,意识到这是一个进军渤海、直指华北的好机会,两人一拍即合。当晚,本庄繁急电日本参谋本部,请求日本军舰掩护奉系军舰驶进天津大沽口。日军参谋本部很快给予回复,表示全力支持。日军派遣军舰,联合张作霖的军舰驶抵天津大沽口,炮击国民联军阵地,却遭到反击。被击溃后,日本政府以国民联军击伤日本军舰为借口,纠合美、英等八国列强,向中国北洋军阀执政政府提出撤除大沽口国防设备等无理要求,于是大沽口事件爆发。由于一手制造了“大沽口事件”,本庄繁受到军部首脑的赏识,1927年3月,本庄繁晋级为陆军中将,1928年2月,被任命为第10师团师团长。

三

日本作为一个岛国,资源贫乏,因而很早就企图以武力侵占中国。田中义一组阁上台后,于1927年7月7日抛出《对华政策纲领》,按照这一纲领,日本军政界首先开始策划把“满蒙”从中国肢解出去的一系列阴谋。

关东军一手扶植的张作霖羽翼丰满之后,却越来越不“听话”。1928年6月4日,在土肥原贤二的策划下,关东军高级参谋河本大作大佐制造了炸死张作霖的“皇姑屯事件”。张作霖的儿子张学良临危受命,在其父亲的一些老友支持下继任东北保安司令。张学良一面控制住东北局势,一面不顾日本人的再三反对,毅然于1928年12月29日宣布东三省“易帜”,挂起了青天白日旗,服从南京国民政府。国民政府任命张学良为东北边防军总司令。日本通过威逼利诱手段控制东北、肢解中国的企图遂告失败。

日本陆军省和参谋本部并不甘心失败,反复争论后形成了所谓的《满蒙问题解决方策大纲》。大纲明确，日本将“约以一年为期”对中国东北采取军事行动。陆军省命令关东军参谋长三宅光治，将《满蒙问题解决方策大纲》及指令秘密下达给关东军。关东军跃跃欲试，一面进行“军事演习”，一面偷偷配备攻城的装备。不仅如此，关东军还派力主拿下“满蒙”的板垣征四郎返回东京，四处游说、演讲，鼓动侵略战争。

1931 年 8 月 1 日，曾任张作霖军事顾问的本庄繁被任命为关东军司令，同时，任命有“中国通”之称的大间谍土肥原贤二为沈阳特务机关长。当天，本庄繁与关东军高级参谋板垣征四郎大佐、石原莞尔中佐等人到叶山夏宫拜谒了天皇。在频频与日本政、军两界高官接触后，本庄繁才同前任关东军司令菱刈隆办理交接手续，动身前往中国东北。

8 月 20 日，本庄繁到达关东军司令部所在地旅顺。8 月 29 日，本庄繁向三宅光治参谋长和板垣征四郎高级参谋传达了东京方面处理“满蒙”时局的根本方针。9 月 1 日，本庄繁详细听取了高级参谋石原莞尔的作战计划，并对此非常满意。

本庄繁作为一个以“效忠天皇”为最高荣誉，以“大日本帝国利益”为最高利益的军国主义思想浓厚的法西斯军官，一心要把中国东北这块资源丰富的肥沃土地献给大日本帝国。他训示部属说：“近来满蒙的形势渐告紧迫，不容一日偷安，我关东军的责任真可谓既重且大。本职深深有所期待，信赖我精锐之将士，望同心协力，以忘我精神应付局面，共同为伸张国运做出贡献。”

9 月 2 日至 5 日，本庄繁命令关东军进行一系列的军事演习。从 9 月 7 日起，本庄繁由板垣征四郎、石原莞尔等人陪同，到公主岭、长春、沈阳、辽阳等地，对关东军各部队以及铁路警备队进行了视察检阅。9 月 14 日，按照本庄繁的命令，关东军驻沈阳独立守备队在沈阳北郊中国东北军北大营附近进行军事演习。日军以演习为名，不断向北大营猛烈射击，疯狂挑衅，企图引诱北大营东北军还击，为侵略制造借口。东北军官兵对这种侮辱性的挑衅行为义愤填膺，纷纷要求予以还击。但为了避免与日军发生武装冲突，张学良严令守军官兵忍辱负重，不予还击，不准士兵出入北大营，不给日军可乘之机，日军最终没有达到目的。

9 月 18 日，他又向独立守备队、第 2 师团师团长训令：“当发生突然事件之际，各部队宜断然采取积极之行动，包括模拟包围东北兵工厂和沈阳演习、巷战演习、夜战演习、拂晓战演习等。”这一番话已经是再明确不过的战前动员令了。本庄繁取消了9月18日的计划，忽然坐火车返回旅顺关东军司令部，将板垣征四郎留在沈阳。

板垣征四郎和石原莞尔等人修改了原来的计划，将突袭时间由原9月28日提前到9月18日实行。9月18日晚10时20分，按预定计划，关东军独立守备队部分人员进入靠近中国军队北大营附近的柳条湖，河本中尉引爆了事先埋在铁路线上的炸药，炸毁沈阳北郊的一段路轨。与此同时，早已准备就绪的日军听到爆炸声后，立即以中国军队炸毁南满铁路为由发起攻击，东北军北大营枪炮声大作，一片混乱。板垣征四郎接到偷袭成功的消息后，一面将消息转告给留守关东军司令部的石原莞尔，请他按计划进行，一面擅自命令部分日军占领北大营，并向沈阳发起突然袭击。

晚11点多，驻沈阳特务机关辅助官花谷正以沈阳特务机关长土肥原贤二的名义向关东军参谋长三宅光治和东京陆相南次郎拍发急电，谎称：“18日午后10时半左右，在沈阳北面的北大营西侧，暴虐的中国军队破坏我南满铁路，袭击我守备队，与赶赴现场的我守备队某部发生了冲突。”时隔不久又发出第二封电报：“北大营的中国军队炸毁我南满铁路，其兵力有三四个连，现已陆续逃回营房。我部石台中队于11时许，在与北大营之敌军五六百人作战中，已将该营之一角占领，而敌军仍在不断增加机关枪和步炮，我部目前在苦战中。”

日本侵略者以“贼喊捉贼”的惯用伎俩，自导自演一出闹剧，自己炸毁铁路，反而诬陷是中国军队所为，还无中生有地诬称中国军队袭击了日本守备队。以此为借口，日本关东军发起对中国守军北大营和沈阳城的进攻，一手制造了震惊中外的九一八事变。9月18日晚11时50分，正在洗澡的关东军司令本庄繁收到板垣征四郎的急电，报告说沈阳日中军队发生冲突，来不及请求许可，已命令独立守备队“反击”了。本庄繁知道板垣征四郎终于冒险一试，而且点燃了战火。他心想，现在绝无退路，必须一举拿下东北，造成既成事实。

本庄繁一面立即命令参谋长三宅光治等人到司令部召开紧急会议，一面让石原莞尔打电话命令驻辽阳的第2师团紧急支援。本庄繁一到，石原莞尔马上汇报道："我们处于以寡敌众的极大劣势。我们唯一的防御就是进攻，我希望您允许板垣按已准备好的计划进行。"按照日军刑法，未经许可擅自向外国开战是死罪。本庄繁在没有接到东京命令的情况下，对是否扩大进攻犹豫不决，但在参谋们的反复说服下，他同意了石原莞尔的请求。本庄繁说道："好吧！就由我自己来承担这事的责任。"随即命令关东军各部全线同时出动，除第2师团已奉命进攻沈阳外，又命令第3旅团第4联队及骑兵第2联队进攻长春，独立守备队第3大队、第4大队分别进攻营口、凤凰城和安东。

为了扩大战果，本庄繁又电告日本驻朝鲜军司令官林铣十郎大将，请他迅速率部"越境作战"，支援关东军。当时，驻朝日军也早已做好出发准备，在中朝边境的新义州车站等候，命令一到，马上登车前往中国增援。随后，本庄繁向参谋本部报告了关东军的情况，并表示，日军主力将扫荡"满铁"沿线之中国军队。凌晨，本庄繁率领三宅光治、石原莞尔等，与驻旅顺步兵旅团一起，乘专列直奔沈阳。

9月19日上午，本庄繁等人到达奉天时，中国军队在张学良"不抵抗"政策下，均主动弃营撤退，板垣征四郎已指挥日军以极小的损失占领了北大营和沈阳城。占领沈阳后，本庄繁将关东军司令部也迁往沈阳，以便坐镇指挥。为了稳定局势，本庄繁任命第2师团师团长多门二郎中将为沈阳卫戍司令，任命特务机关长土肥原贤二为沈阳市临时市长，由他们负责维持市内治安，尽快恢复秩序。

19日上午，日本军部接到报告后，立即召开紧急会议，讨论"满蒙"局势以及应对方针。与会的陆军省和参谋本部首脑一致认为"关东军此行动是完全适当的"，并一致同意向内阁提出增兵案。10时，内阁紧急会议专门讨论了关东军的报告，考虑到外交上的反应，决定了"不扩大"方针，并责成陆相和参谋总长发电训示关东军。

由于担心国际社会的干涉，日本内阁决定暂不向东北北部推进。9月22日，日本参谋总长电令关东军不得出兵长春以北地区，进攻哈尔滨必须得到内阁的同意。同日，日本内阁也做出决定：即使哈尔滨方面告急，也不得以出兵的方式保护哈尔滨地区日本侨民。9月24日，日本参谋本部再次电令本庄繁：即便情况发生紧急变化，也不得向哈尔滨方面前进。

但是，参谋本部在传达内阁的"不扩大"方针的同时，还赞扬关东军司令部的果敢和"提高了日军的威望"。当天,桥本欣五郎也给关东军发了一份电报说:"参谋本部关于制止军事行动的命令是应付内阁的表面文章,其本意并非要你们停止行动。"

本庄繁得到参谋本部的默许和支持后更加肆无忌惮,继续调兵遣将。21日,驻朝鲜日军4 000多人越过鸭绿江,支援关东军。本庄繁将关东军主力集中到长春,准备进攻吉林和黑龙江省。21日上午,本庄繁以保护日侨为借口,命令第2师团乘装甲列车前往吉林。在日军的诱降下,吉林省代主席、军务署参谋长熙洽宣布"独立",叛国降日。日军不费吹灰之力便占领了吉林,在不到6天时间里,吉林省大部分被日军侵占。随后,日军继续向北推进,又侵占了黑龙江省。张学良手下的军阀们根本无心抵抗,纷纷附逆投降。在不到5个月的时间里,日军占领了东三省,整个东北地区的大好河山、3 000万同胞陷于日寇的铁蹄之下。日军几十年来觊觎我东北领土的野心,通过本庄繁之手得以实现,从此对东北长达14年之久的殖民统治开始了。

四

在武力侵略得手后,本庄繁、板垣征四郎、石原莞尔、土肥原贤二等人按照事先的计划立即着手制造傀儡政权。1931年12月15日,本庄繁命令关东军司令部机关内成立关东军统治部,以驹井德三为部长,统治部下设行政、产业、财务、交通、交涉五个课。统治部不仅是关东军督促伪满洲国建立的机构,而且是伪满洲国成立之前的"影子政权"。为提高工作力度,1932年1月9日,统治部又改为特务部,专门实施对东北地区的管理。本庄繁也从一个单纯日军驻军司令官转为同时具有殖民统治者和军事占领者双重身份的幕后主子。

1931年,刚卸任的原日本陆相南次郎来中国东北,与日本关东军司令本庄繁和特务机关长土肥原贤二进行会谈,代表日本内阁及军部共同商讨事变进展。经过与吉林省代理长官熙洽秘密会谈及反复磋商,最终确立了迎接清退位皇帝溥仪至东北复国的方案。南次郎返回日本后向日本天皇做了《满洲近况》的报告,建议在中国东北建立"新国家"。报告赤裸裸地指出,日本通过控制这个"新国家",

可以获得使日本永久自给自足的资源,还可以通过向中国东北移民解决日本人多地少的问题,甚至还可以方便日本今后进攻苏联,“向北发展”。

为实现《满蒙问题解决方策大纲》所确立的目标,关东军按照日本军部指令,一方面准备向嫩江、齐齐哈尔北部推进,一方面想尽一切办法,积极策划溥仪出逃。关东军起草并上报了《满蒙自由国建立方案大纲》,该大纲提出:绝不能满足于只建立亲日政权,必须建立“满蒙国”,仅建立一个亲日政权,不能按帝国的意图行事。大纲还更露骨地指出“将满蒙作为我领土之一部,实属长策”,但为了缓和国际压力,“鉴于历史的渊源,目前急于付诸实施,有可能遭到国际的妄议,恐非贤明之举”。

1931 年 9 月 22 日,关东军在土肥原贤二提出的成立以日本为“盟主”的满蒙五族共和国方案的基础上,形成了《满蒙问题解决方案》并上报日本国内,该方案明确规定:建立受日本支持的以宣统帝为首的统辖东北四省和蒙古的新政权;受新政权委托,日本掌管国防和外交,并管理交通、通信等主要设施;起用中国人熙洽、张海鹏、汤玉麟、于芷山、张景惠等为镇守使。为确保《满蒙问题解决方案》的顺利实施,日本关东军当天午后还通知日军驻天津部队,尽快把溥仪“保护”起来。

关东军占领锦州以后,觉得拼凑傀儡政权的时机已经成熟,开始筹划建立“满蒙中央政权”,实行中央集权制,脱离中国中央政府,成为一个名副其实的“独立”国家。当时,日本陆军省和参谋本部也已制定了《时局处理要纲》,其基本精神与关东军完全一致。于是,日本政府和军部开始促进傀儡政权及早成立,明确提出:“鉴于满蒙已从中国本土独立,形成统治支配一定地域的一个政权的现状,今后应诱导它具备一个国家的实质。”“目前满蒙的治安主要由帝国来维持,可适当增加帝国驻满陆军之兵力,如有必要亦应增设海军设施。”1932 年 1 月 22 日,关东军司令部召开“建国幕僚会议”,讨论建立“新国家”的有关条款和纲领。

日本关东军一方面制定建立傀儡政权的方案,另一方面积极物色充当傀儡的汉奸。日本人明白借汉奸之手建立傀儡政权可以欺骗国际舆论,减轻压力,又可以“以华制华”,既减轻中国人民的反日和抵触情绪,又可以弥补自己人力和物力的不足,同时,还可以分化和瓦解旧关东政权的抵抗势力,使其为自己所用。关东军拼凑的各级傀儡机构都有一个共同特点，即不管傀儡机构级别的高低，都忘不了配备日本顾问。1931年11月，土肥原贤二策划了清废帝溥仪的“出逃”，将溥仪从天津住所秘密带出，然后乘船，经大沽口、营口到达旅顺，进入东北。

1932年2月16日，日本人扶持的东北各省的“领袖”张景惠、熙洽、马占山、臧式毅、谢介石、于冲汉、赵欣伯、袁金铠等人在沈阳大和旅馆召开“东北政务会议”，会议由关东军一手操办，关东军司令本庄繁主持，会议决定溥仪为“满洲国”执政，并分配了其他人在“新政权”中的职务。板垣征四郎任沈阳特务机关长、“满洲国”军政部最高顾问。2月18日，发布《独立宣言》：“从即日起宣布满蒙地区同中国中央政府脱离关系，根据满蒙居民的自由选择与呼吁，满蒙地区从此实行完全独立，成立完全独立自主之政府。”2月23日，“满洲国”军政部最高顾问板垣征四郎在抚顺会见了溥仪，告知由其为“满洲国”执政。

1932年3月1日，在日本策划和操纵下伪满洲国“建国”，溥仪为伪满洲国执政，年号为“大同”，“首都”设在长春（改名为“新京”）。中国中央政府断然否认“满洲国”独立，并向日本策动东北独立并建立伪满洲国提出强烈抗议。1932年3月8日，溥仪在“新京”正式宣布为“满洲国”执政，同时任命了各“府”“院”“部”的负责官员。1934年3月1日，溥仪又在长春南郊杏花村举行“登基典礼”“称帝”，改称“满洲帝国”，年号为“康德”。

伪满洲国的成立，达到了日本一直妄图分裂中国，并在东北建立亲日本的伪政权，进而长期占领中国东北的目的。日本几十年来对中国东北领土的野心，终于经本庄繁之手得以实现，日本朝野上下称本庄繁为伪满洲国“建国之父”。本庄繁是发动九一八事变、指挥日军侵占东北、炮制伪满傀儡政权的主要决策者之一。

1932年7月，本庄繁回国任军事参议官，与他一起调离的还有板垣征四郎、石原莞尔。1933年4月6日，本庄繁任日本天皇裕仁的侍从武官长，6月19日，晋升为陆军大将。1934年4月29日，获勋一等旭日大绶章、功一级金鵄勋章，1935年12月26日，被列为华族，授予男爵。

在日本陆军中，仗打赢了，参谋和主官一起加官晋爵。仗要是打输了，主官肯定要倒霉，而参谋一般没什么事。这次“满洲事变”他们很幸运，关东军司令本庄繁与板垣征四郎、石原莞尔等成了“满洲英雄”，这几个本来触犯了陆军刑法的忤逆军人一下成了大功臣，均得到加官晋爵。

五

1936 年，日本发生了二二六事件，“皇道派”[①]要求“清君侧”，罢免那些妨碍天皇亲政的腐败高官，刺杀了部分大臣。裕仁天皇得知后非常恼火，说“杀了多年来为我服务的股肱之臣，不可饶恕”。本庄繁的女婿山口太一郎大尉也卷进了叛乱活动，于是本庄繁频频在裕仁天皇面前为“皇道派”说情，遭到天皇严厉斥责。同年 4 月 22 日，本庄繁迫于压力转入了预备役。退出军界后曾任伤兵保护院总裁、军事保护院总裁、枢密院顾问官等。

1936 年 11 月，本庄繁开始为溥仪之弟溥杰在日本公卿华族出身的女子中择偶，不顾溥仪的反对，终于促成了这桩政治谋略婚姻。然后，不到 1 个月，日本殖民当局便迫不及待地炮制出可由帝弟之子继帝位的“帝位继承法”，其用心正如溥仪所言：“关东军要的是一个日本血统的皇帝。”1942 年，伪满洲国“建国”十周年时，本庄繁以“满洲会”会长身份来长春参加所谓的庆祝活动。由于本庄繁执行日本帝国主义的血腥扩张侵略政策有功，先后获得全部八个等级的“旭日”勋章和最高的“瑞云”勋章。

日本战败后，本庄繁第二批被定为甲级战犯嫌疑人。在发出逮捕令的第二天，本庄繁跑到陆军大学的一间空屋里切腹，畏罪自杀。死后，留下两份遗书，大意就是说自己多年担任要职，导致国家败到这个境地，应该负责；“满洲事变”中关东军是自卫，没有天皇和政府的命令，全部责任由自己一人承担；最后谨祝国家复兴、天皇万岁等等。

---

① 皇道派又称少壮派。

特务头子土肥原贤二

土肥原贤二，日本陆军大将，曾任沈阳特务机关长、第7方面军司令、教育总监、第1总军司令等职，是建立伪满洲国和策划“华北自治”的幕后人物，被远东国际军事法庭判处死刑，经抽签第一个被处以绞刑。

一

土肥原贤二，1883年8月8日出生于冈山县的一个武士家庭。其父土肥原良永是日本陆军军人，其兄土肥原鉴曾任日本陆军少将。土肥原贤二少年时期先后就读于仙台陆军地方幼年学校、东京陆军中央幼年学校，后入日本陆军士官学校学习，与冈村宁次、板垣征四郎及中国的阎锡山等为同学，关系很好。1904年10月，土肥原贤二毕业于日本陆军士官学校第16期步兵科，毕业后被授予陆军步兵少尉军衔，分配到步兵第15联队，参加了日俄战争。

1912年11月，土肥原贤二毕业于陆军大学24期，后调到参谋本部任职。1913年7月，土肥原贤二以参谋本部部员的身份派到中国北京，担任日本驻中国使馆武官坂西利八郎的副官达5年之久。坂西利八郎是日本驻中国第二代特务头子，他非常欣赏土肥原贤二，悉心对其进行培养，从此，开始了土肥原贤二在中国近30年的间谍特务生涯。土肥原贤二能说一口流利的北京话，还能讲几种中国地方方言，对中国的政治、文化、历史及风土人情非常了解。他还善于交际，不拘小节，没有私欲，会收买人心，重信义，尚承诺，和中国许多军阀及政要建立起了微妙的个人关系。土肥原贤二熟读《三国演义》和《水浒传》等中国名著，了解中国民族性，为他从事谍报工作提供了十分便利的条件。

1918 年 11 月,土肥原贤二调往东北齐齐哈尔,就任黑龙江督军顾问,实际上仍从事情报工作。1920 年 8 月,土肥原贤二调任第 25 步兵联队任大队长。1919—1920 年,土肥原贤二利用与山西军阀阎锡山的同学关系,曾两次协调日本驻中国驻屯军司令官与阎锡山会晤,建立所谓“日阎亲善友好关系”,为进一步拉拢阎锡山奠定了基础。1920 年,直皖战争爆发后,美、英支持的直系军阀占了上风,登上了北京政坛,日本支持的皖系军阀失势,日本在中国的利益受到威胁。他及时利用士官学校的同学、浙江省督军参谋长陈乐山做稳定皖系的工作,并奔走于中国南北各地,企图促使皖、奉、孙(中山)三者联合统一中国,并以此控制中国。

1921 年 5 月,土肥原贤二赴欧美考察军事,重点考察情报工作。1922 年 12 月,土肥原贤二重回坂西利八郎身边工作。1927 年 7 月,土肥原贤二晋升为日本陆军大佐,此时,他已从陆军大学毕业 15 年了。日本人对陆军大学毕业生有个形象的说法,叫“十年人事”,即只要不犯错误,工作勤恳,一般毕业 10 年就可以升到大佐,但土肥原贤二因为在中国待的时间太长,不被重视,用了 15 年才升到这个职位。

二

1928 年 3 月,土肥原贤二奉命应聘奉系军阀张作霖的军事顾问。日本陆军向其下达了控制奉军、搜集奉军情报等任务。具体任务是:指导奉军以日军为模式进行日常训练,以便一旦情况有变,奉军能为日军所用;与关东军及奉系军阀所辖范围内的帝国官宦、陆军武官和奉系官僚及军官等保持密切联系;大力搜集奉军所辖范围内的有关军事、政治、交通、财经及资源等情报,随时掌握奉军的动向。

土肥原贤二早在坂西利八郎身边工作时,就与张作霖有密切的联系。在中国第二次直奉战争期间,土肥原贤二竭尽全力援助奉系军阀,想方设法扰乱直系军阀的金融系统,采取停止银行兑换等手段,使其所发行的纸币成为废纸,导致直系军阀金融混乱,加速了直系军阀垮台。又乘冯玉祥 1924 年 10 月调转枪口发动北京政变、吴佩孚仓皇逃往汉口之际,游说各方,促成张作霖成为掌握北京政府的最高统治者。

1925 年 11 月，奉系将领郭松龄起兵倒戈，退至关外，直接向奉天[①]进攻。当时奉军主力正在关内作战，来不及回防，奉天形势危急。土肥原贤二乘张作霖之危，企图以保护张作霖换来其俯首帖耳，使其完全听命于关东军，直接向日军参谋本部建议调遣驻朝鲜的日本军队出兵奉天，阻击郭松龄，挽救奉天危机，日军随即出兵，结果，郭松龄兵败被杀。然而，张作霖明白日本人在利用他，他也在利用日本人，并不甘心听命于日本人，做一个傀儡。于是，张作霖对日本不断提出的各种“权益要求”，要么设法推诿搪塞，要么就干脆搁置不办。1927 年，张作霖就任“中华民国陆海军大元帅”，并建立“安国军政府”后，更是虚与委蛇，并想方设法力图摆脱日本人控制。张作霖的做法使土肥原贤二颜面扫地，前期的工作几乎为零，为此，他十分忌恨张作霖。

当国民革命军北伐时，土肥原贤二意识到奉军绝非革命军的对手，他担心如果北伐军继续向北推进，一旦迫近平津地区，战乱很就会波及伪满洲国，影响日本在伪满洲国的利益。于是，土肥原贤二一面急电日本参谋本部派兵阻止北伐军，使其不能北上，一面对张作霖施加压力，逼迫其放弃北京，尽早返回奉天，脱离中央，关起门来搞独立。可张作霖仍妄想一统天下，对土肥原贤二的建议置若罔闻，不置可否，暂时不愿离开北京。至此，土肥原贤二终于下定了决心，放弃支持奉系，并与关东军高级参谋河本大作密谋除去张作霖。1928 年 6 月，张作霖迫于国内外各方压力，宣布“退出京师”。6 月 4 日清晨 5 时 23 分，张作霖的专列被炸，张作霖被炸伤，运回家中后，经抢救无效死亡。

但是，东北并未因张作霖被炸死而混乱，也未给日本出兵干预、肢解东北提供借口。相反，由于张作相的鼎力支持，张作霖的儿子张学良继任东北保安总司令，并迅速站稳了脚跟，稳定了局势。张学良一面控制住东北局势，一面不顾日本人的再三反对，并因家仇而决定“易帜”，挂起了青天白日旗，拥护南京国民政府。日本通过威逼利诱手段控制东北、肢解中国的企图遂告失败。日本内阁对河本大作等人的擅自行动非常不满，天皇亦震怒。河本大作被开除军籍，因土肥原贤二

---

① 奉天即为沈阳，1923 年设奉天市，1929 年改称沈阳市。

没有直接参与此案，在军部的保护下得以侥幸逃脱惩罚，但被解除顾问职务。

三

1931年3月，日军为了扩大在华北的势力，在天津设立了情报特务机构，任命土肥原贤二为天津特务机关长，全面负责华北地区谋略工作。土肥原贤二往返于中国旧北洋军阀派系之间，拉拢他们拼凑成立所谓“北洋派大同盟”，制造政治障碍，以对抗蒋介石与张学良的联合。他策划军阀石友三与阎锡山、韩复榘结成同盟，反对蒋介石，排斥张学良，企图一举解决“满洲”和华北问题，虽然并没有成功，但给张学良造成巨大压力，张学良不得不抽调大量部队进入关内，减少了东北的驻军，造成东北防务空虚。而后，土肥原贤二调任沈阳特务机关长，极力煽动战争，制造所谓的中村事件，为日本出兵制造借口。土肥原贤二还借回国述职之机，在日本内阁会议上声称：“沈阳政府即便是承认这个事实，但如不表示诚意，或者玩弄拖延谈判手段时，我们准备采取最大限度的报复手段。”

九一八事变3天后，土肥原贤二即从东京紧急返回沈阳。根据板垣征四郎的建议，关东军任命土肥原贤二为沈阳市长。土肥原贤二上任后立即建立“沈阳地方自治维持会”等组织，着手“整顿”沈阳城的社会治安，并派出4 000多名巡警上岗巡逻，查处“不稳定”情况。沈阳城暂时恢复平静后，土肥原贤二辞去沈阳市长的职务。

关于在东北实施什么形式的殖民统治，日本国内和关东军内部争论不休，胆大的板垣征四郎主张以此为契机，派兵直接占领东北，将东北作为日本国的领地由日本人进行统治，一举彻底解决“满洲”问题。细心的石原莞尔则主张，目前不宜采取极端做法，应充分考虑到中国的民心以及国内外形势，待时机成熟后，再予实施。双方意见相持不下。

1931年9月22日，关东军参谋长三宅光治召开专门会议，研究东北下一步的走向问题。会上，土肥原贤二综合各方意见，提出了一个折中方案，即成立一个由日本控制、脱离中国中央政府的“满蒙五族共和国”，“要一口气解决满蒙问题，只有建立一个以日本为盟主的满蒙五族共和国”。此意见一出，立即获得与会者一致赞成,他还提出邀请废居天津的清宣统帝溥仪担任这个国家的首脑,以博得部分中国人的拥戴。当年溥仪被冯玉祥赶出宫的时候,是他亲自把溥仪接到天津日本使馆保护起来的,溥仪对他是有好感的;同时,土肥原贤二还考虑到,让溥仪来统治大清的发祥地"满洲",更为名正言顺。当日本军部批准关东军建立伪满洲国的方案后,关东军司令本庄繁召见土肥原贤二,正式授予他全权处理迎接溥仪事宜。

1931 年 10 月底,土肥原贤二前往天津,在初步沟通之后,亲自与蛰居于静园的溥仪会面,寒暄之后,提出邀请溥仪出任"满洲国"元首,作为这个"国家"的元首,可以独立自主地行使权力来管理这个"国家"。土肥原贤二"深情"地说,"满洲"3 000 万人民民不聊生,日本人的权益和生命财产也得不到任何保障,日本为了东北的安宁和侨民的安全,才不得已而出兵。关东军绝无占领"满洲"的野心,只是诚心诚意地帮助"满洲"人民建立自己的新国家,并且保证这个新国家的主权、领土将受到日本的保护。最后,他又抓住年轻的溥仪一心想复辟、恢复帝业的心理,力劝溥仪不要错过这个好机会,回到祖先的发祥地,光复帝业,再创辉煌。

11 月 8 日,经土肥原贤二策划,在驻津日军的配合支持下,汉奸李际春等人纠集流氓、兵痞组成的便衣队 1 000 余人不断向中国军警发动武装挑衅,造成动乱假象。驻津日军司令部立即下令断绝日租界和外界的交通,并将溥仪驻地静园封锁起来。乘天津发生骚乱、人们无暇相顾之机,11 月 10 日,溥仪化装后秘密离开天津,悄悄回到了东北。

1932 年 1 月,土肥原贤二北调,任哈尔滨特务机关长,除情报工作外,主要负责稳定"北满"地区的局势,打击镇压哈尔滨地区的抗日武装力量,为日军占领"北满"做准备,成功诱降了当时最有名的抗日英雄——黑龙江省主席马占山,使其参加了伪满四巨头会议。虽然马占山不久以后又重走抗日道路,但在抗日军民中已失去信任,黑龙江的抗日军队没有了首脑,各自为政,最终被日军各个击破。

1932 年 2 月,在沈阳大和旅馆召开所谓"东北政务会议",随后,正式公布《建国宣言》。3 月,溥仪走上前台,开始在"新京"走马上任,伪满洲国政权最终正式成立。4 月,土肥原贤二"因功"晋升为陆军少将,调任第 5 师团第 9 旅团旅团长。

四

1933年2月,关东军侵占热河。日方再次任命熟悉东北和华北的土肥原贤二为奉天特务机关长,专门实施进一步向华北和内蒙古的渗透。1935年6月,他又被关东军派往华北,协助中国驻屯军司令多田骏,策动中国华北地区各派军阀实施"华北自治",企图制造第二个伪满洲国。当时,在华北掌握兵权的中国主要将领分别是北平的宋哲元、山西的阎锡山、济南的韩复榘和保定的商震。土肥原贤二企图通过控制这四人,使之形成合作之势,构成一个"自治政权"。

在此之前,日本天津驻屯军司令多田骏已进行过尝试,约请宋哲元等四人共商"华北自治"问题。这四个人终究是中国人,表面上均表示赞同建立一个中立政权,也时时表白自己并不排日反日,可以与伪满洲国合作,只要其他三人赞成的话,自己也一定加入新政权,但四人心里清楚,所谓"华北自治"无非是伪满洲国在华北地区的复制,谁都不愿意成为日本肢解最终霸占中国的罪人。

土肥原贤二想方设法打破四人观望、犹豫,甚至抵触的态度,逼迫他们拿出实际行动,走上合作之路。他首先邀请宋哲元和商震在北平聚会,打探宋、商双方对携手建设新政权的底线。宋、商双方态度均十分暧昧,敷衍推诿,拒绝做出明确的承诺。随后,土肥原贤二又直接约请宋哲元和韩复榘会面,双方持同样态度,结果是不了了之。

蒋介石深知华北的重要地位,他一方面亲自飞抵太原说服、稳住阎锡山,另一方面派参谋次长熊斌北上,晓以利害,劝宋哲元和韩复榘不要为了局部利益而反对国民政府。南京政府的各军政要人也极力劝阻华北"四巨头"与关东军合作,希望他们不要成为民族罪人。蒋介石并不放心,又以军事演习为由,将几个师的兵力集中在陇海线上,形成对华北的威慑之势,最终稳住了华北局势。

眼见"华北自治"不成,土肥原贤二又在察哈尔省策划了"张北事件",并以此事件向国民政府提出一系列无理条件,要求赔礼道歉,后又要求国民政府派代表到北平谈判。最终迫使国民党政府签订了《秦土协定》,这个协定攫取了察哈尔大部分主权,明确成立察东非武装区,中国军队必须从非武装区撤出,要求中方惩办中国有关人员，尊重日本在察哈尔省的“正当行为”。《秦土协定》签订后，宋哲元部从长城以北地区全部撤出，集结到北平一带，这一协定与《何梅协定》一起为日本吞并中国华北大开了方便之门。

1935年，土肥原贤二拉拢早年留学日本、妻子是日本人的典型的亲日分子殷汝耕在通州发布了“冀东防共自治政府”成立宣言，宣布脱离南京国民政府而独立。殷汝耕拉起了反蒋反共联日的大旗，主张放弃与日本对抗，全面与日本合作。冀东伪政权成立后，土肥原贤二又策划鼓动主持华北军政事务的宋哲元与殷汝耕合作，成立“华北五省联盟自治政府”。

此时，蒋介石正在实施“攘外必先安内”的反共政策，并认为如与日本发生正面冲突，势必影响“剿共”，于是，屈于日本压力，决定撤销行政院驻北平政务委员会和北平军分会，另设“冀察政务委员会”，任命宋哲元为委员长兼绥靖主任及河北省主席，辖区范围为河北、察哈尔两省和平津两市。

虽然“冀察政务委员会”在建制上表面隶属南京国民政府，但却是一个相对独立的畸形政权，“冀察政务委员会”聘任土肥原贤二为顾问，实际上土肥原贤二一手把持了政治、经济大权，还安插了一些汉奸充当委员。宋哲元虽然在表面上有所妥协，但在涉及领土、主权等原则问题时却始终没有让步。土肥原贤二煞费苦心搞起的所谓“华北自治”，表面上看轰轰烈烈，实际上并未达到日本军部的预期目的。

五

1936年3月，土肥原贤二奉调出任第1师团中将师团长，1937年3月，又被任命为第14师团师团长。七七事变后，日本发动了全面侵华战争，土肥原贤二奉命率部侵入中国。8月20日，土肥原贤二率部在塘沽登陆，随后参加北平永定河作战。日军攻克保定后，土肥原贤二率部沿平汉铁路进犯，进占石家庄、邢台、邯郸、磁县、大名、安阳、新乡等地，直抵黄河渡口。因其进军迅速，攻击力强，日本报纸称其为“华北战场上的一颗明星”。

日军为策应津浦路作战，1938年1月，下达了黄河以北作战命令。2月，土肥原贤二率第 14 师团发起了对豫北的进攻,击败了第一战区司令长官程潜的部分部队,先后攻占濮阳、孟县①、封丘等地,与中国军队隔河对峙。

1938 年 5 月,在徐州会战中,土肥原贤二担任了向中国军队后方进行深远迂回的任务,土肥原贤二率第 14 师团千里奔袭,孤军深入。薛岳指挥的中国军队豫东兵团 12 个师在河南省兰封②地区对日军发起进攻,爆发了兰封会战。土肥原贤二的第 14 师团主力一度被豫东兵团所包围。但桂永清、黄杰根本不执行战区司令长官的命令,擅自后退。蒋介石下达手令:兰封附近之敌,最多不过五六千之数,而我以 12 师兵力围攻不克,不仅部队复杂,彼此推诿,溃败可虞。即使攻克,在战史上亦为一千古笑柄。随着日军增援部队的迅速展开,围攻土肥原贤二的中国军队被迫撤围。

土肥原贤二突围后,占领兰封并继续向开封进攻,逼近郑州,炸毁了郑州南面的平汉铁路,并准备转攻武汉,对第一战区司令长官部所在地郑州及平汉铁路的安全构成严重威胁。当时第一战区虽然拥有以中央嫡系主力部队为主的近 30 个师的数十万军队,却抵抗不了日军 2 个多师团的西进,面对日军的进攻束手无策。

6 月初,为阻止土肥原贤二部沿平汉铁路进攻武汉,第一战区司令长官程潜即决定决堤,以电文报蒋介石批准。蒋介石权衡再三,最终决定决黄河大堤,并明示:此次决口,有关国家命运,没有小的牺牲,哪有大的成就?6 月 9 日,第一战区在郑州以北花园口炸开黄河堤岸,以黄河之水阻止日军推进。日军顿时陷入一片汪洋之中,被洪水围困于中牟县城月余,只好放弃进攻郑州的计划。29 日,日军在徐州举行联合追悼大会,仅土肥原贤二所在的第 2 军死于洪水人数就达 7 400 多。黄河决堤造成中国数十万人死亡、1 200 余万人流离失所。

1938 年 6 月 18 日,土肥原贤二被调回参谋本部。为了协调陆军省、海军省和外务省之间对华的关系,并顺利地在中国建立由日本控制的统一的伪中央政权,日本政府决定成立一个由陆军土肥原贤二中将、海军津田静枝中将、外务省坂西利八郎预备役中将组织成的"对华特别委员会",专门研究对华问题,并决定由土

---

① 今孟州。

② 旧县名。在河南省东郊。1954 年与考城县合并为兰考县。

肥原贤二负责成立“土肥原机关”，主要负责对华的政治谋划。当时日军不仅占领了华北、华中和华南地区，而且还分别在华北、华中等地建立了以王克敏、梁鸿志和德王为头目的伪政权。为了便于管理，日本内阁决定在中国建立一个中央层面的伪政权。

土肥原贤二企图在华北、华中和蒙古3个伪政权的基础上建立以北洋旧军阀吴佩孚为首的伪中央政权。土肥原贤二网罗各方面亲日分子敦劝吴佩孚出山主持中央事务，对吴佩孚做了大量诱降工作。寂寥多时的吴佩孚宅前车水马龙，军警林立，日特首领及汉奸络绎不绝，说客盈门。在“外有强敌施压，内有群奸游说”的困难境遇下，吴佩孚始终未放弃民族气节，不为所动，拒绝出山，始终不肯在强敌面前屈膝就范。土肥原贤二的如意美梦最终未能实现。这次诱降以失败告终，也是他对中国谋略工作的最后演出。

1939年5月，土肥原贤二调任北满第5军司令官，驻扎在佳木斯地区。土肥原贤二实施“大佳木斯计划”，战略口号是：“小小的哈尔滨，大大的佳木斯！”为把佳木斯地区建成反对苏联的前哨，在佳木斯郊区修建机场，大批日军从图们入境，经牡丹江到佳木斯，然后开往各地。调集日伪军清乡并屯，残酷打击抗日力量。同时积极实施“满洲农业移民百万户移住计划”，1932年，在佳木斯的日籍工商业户尚不到10家，1937年发展到79家，1939年骤增到300余家。大批日本农业贫民成为“日本开拓团”成员，源源不断地涌入佳木斯地区，又通过佳木斯将从三江地区掠夺的木材、粮食、矿产等运往各地。

1940年9月，土肥原贤二调回日本，任军事参议官，后兼任陆军士官学校校长。1941年4月，土肥原贤二晋升陆军大将，随后出任陆军航空总监。土肥原贤二任陆军航空总监期间，继续强化对中国的大轰炸，从8月7日起，日本军机不分昼夜，对重庆进行了长达一周、总间休不超6小时的持续轰炸。8月10日至13日，重庆市区空袭警报达13次、96个小时，市内电力全部中断，市民断炊断水，死伤惨重。

1943年5月，土肥原贤二出任日本东部军司令官。1944年3月，土肥原贤二调任第7方面军司令官，统辖日本驻东南亚的第29军、第25军、第16军和驻婆罗洲的日本守卫队，抗击以美国为首的太平洋地区盟军部队。1945年4月，土肥原贤二调回东京任陆军三长官之一的教育总监,此时日军已无力进攻,教育总监也无能为力。1945 年 8 月,土肥原贤二在日本投降前任第 12 方面军司令官兼军事参议官。

六

1945 年 9 月,第 1 总军司令官杉山元自杀,土肥原贤二接任第 1 总军司令官,维持第 1 总军的局面。随后,土肥原贤二被军事法庭指定为第一批甲级战犯,由盟军逮捕。

在远东国际军事法庭上,土肥原贤二一言不发,企图利用法律的漏洞来逃脱审判。在当时,关于土肥原贤二的犯罪证据严重不足,如果他拒绝提供证词,那么根据英美法律就不能对他定重罪。在法庭两年多的审判当中,狡猾的土肥原贤二只说了四个字——“主张无罪”,此后再不开口,全部审判过程都由律师代理。

在梅汝璈、倪征燠等中国法官的强烈要求和巧妙盘问下,土肥原贤二不得不低下了头。1948 年 11 月,远东国际军事法庭认定土肥原贤二犯有“破坏和平”“违反战争法规惯例及反人道”等罪行,判处土肥原贤二死刑。1948 年 12 月 23 日,通过抽签,土肥原贤二第一个走上了绞刑台被绞死。

“九一八事变”的元凶板垣征四郎

板垣征四郎，日本陆军大将，曾任关东军参谋长、陆军大臣、中国派遣军总参谋长、朝鲜军总司令等职，侵华急先锋，九一八事变的主要策划者，被远东国际军事法庭判处绞刑。

一

板垣征四郎，1885 年 1 月 21 日出生于日本岩手县的一个士族家庭。父亲正德是个神道教徒，潜心研究汉学，既担任地方长官，同时也兼任川原家政女子学校校长。板垣征四郎从小随祖父母生活，祖父对他充满希望，在板垣征四郎很小的时候，就亲自教他学习汉字及中国古诗文。板垣征四郎也对中国社会、历史等特别感兴趣，日后成为日本陆军中的“三大中国通”之一，是幼年时期的汉学学习及对中国的了解成全了他。

1891 年春，板垣征四郎进入小学。小学毕业后考入著名的盛冈中学，与两个兄长一起读书。板垣征四郎中学时个子矮小，脑袋却长得很大，很像畸形儿。他不太用功，学习成绩并不太好。甲午战争使日本军国主义思想高度膨胀，青年学生热血沸腾，兴起了“从军热”。板垣征四郎在盛冈中学读了两年后，于 1899 年投考仙台陆军地方幼年学校。由于他个子太矮，本来可能会被淘汰，但是，他一心想上陆军幼年学校，软磨硬缠，坚定地宣誓要“效忠天皇陛下”，“为大日本帝国献身”。体检军医被他的执着所打动，最终破例关照他，才使他获得了进入陆军幼年学校的机会。

仙台陆军地方幼年学校的学监大越谦吉大尉是一个老派军人，强调武士道精神，对学生进行残酷的训练，通过训练磨炼学生的意志和耐力，以使他们在今后的战争中能无畏任何艰难险阻，勇往直前。后来大越谦吉在日俄战争中战死，被誉为日本陆军的“军神”。这位“军神”对板垣征四郎的影响非常大，在他的教育和熏陶下，板垣征四郎开始崇尚武士道精神，逐渐成为一名尚武、好战的军人。

1901年，板垣征四郎升入陆军中央幼年学校。1903年12月，板垣征四郎进入陆军士官学校。这一期学生中，有许多侵华日军战犯，如土肥原贤二、冈村宁次、安藤利吉等，这一期在日本军界被称为“荣耀的16期”。

1904年10月，板垣征四郎从陆军士官学校毕业，11月1日，任步兵小队长。此时，正值日俄战争爆发，板垣征四郎随部队开赴中国东北前线。在这场帝国主义之间利益的争斗中，板垣征四郎怀着为天皇“尽忠”的信念，狂热地投入到战争中，因作战勇猛而闻名军中。

在一次大会战中，板垣征四郎的左胫部被子弹打穿，伤势非常严重，但他仍坚持战斗。后来部下硬把他抬下火线，送到随军医院。待伤愈合，战争已经结束了。1905年9月，俄国被迫与日本签订和约，即《朴次茅斯和约》。日俄战争的胜利极大地刺激了日本侵略扩张的野心，也“鼓舞”了板垣征四郎驰骋疆场、报效天皇的“信心”。

1913年，板垣征四郎进入日本陆军大学第28期学习，同时晋升为步兵大尉，1916年从陆军大学毕业。由于板垣征四郎自幼随祖父学习中国文化，深谙中国民情风俗，而且能够讲一口流利的汉语，因而毕业后的第二年，他就被日军参谋本部以研究员的身份派往中国云南，从事情报工作。1919年，板垣征四郎调任汉口派遣队任参谋。几年中，他辗转于昆明、汉口等地从事间谍工作。尤其是在汉口任职期间，与同任参谋的另一名法西斯军国主义狂热分子石原莞尔相识，一拍即合，结下了终身的友谊。

1922年，板垣征四郎调任参谋本部中国课课员，同时兼任陆军大学教官。这期间，他仍非常关注中国问题，寻找各方面资料，进一步深入地探析了中国问题。两年后，板垣征四郎再度来到中国，任驻华公使馆武官助理，在武官林弥三吉和本庄繁手下工作。

1926年，板垣征四郎回国升任参谋本部中国班班长。1927年后，相继出任第

33 步兵旅团司令部参谋、第 10 师团司令部参谋、驻天津步兵第 33 步兵联队联队长等职。1929 年 3 月率部调驻沈阳,5 月改任关东军高级参谋,后随本庄繁司令官和石原莞尔中佐等人到叶山夏宫拜谒了天皇。

从 1904 年第一次踏上中国这片土地,到 1929 年成为关东军高级参谋,这些年里,板垣征四郎到过中国的大部分地区,认真研究了中国的风土人情,对中国,尤其是东北的地理、政治、经济、军事情况了如指掌,因而与土肥原贤二、矶谷廉介一起,被奉为日本陆军中的“三大中国通”。

二

日本侵略中国的野心一直没有断过。1927 年 4 月,以“中国征服派”闻名的田中义一出任首相。田中义一内阁一上台,就制定日本对华新政策,确定了以武力入侵中国的方针,制定了武装侵占东北的“积极政策”。随后,田中义一在东京主持召开了东方会议,专门讨论对华政策,并制定了《对华政策纲领》(即后来称为《田中奏折》的秘密文件),其核心就是明确了“欲征服中国,必先征服满蒙;欲征服世界,必先征服中国”的侵略路线。板垣征四郎正是这一政策的积极支持者和行动实践者。

板垣征四郎与旧友石原莞尔在沈阳再度合作,在中国东北的舞台上,二人施展了各自的“才华”,导演了侵略中国东北的“大戏”。上任伊始,他就伙同石原莞尔,前后三次组织并由二人亲自带领关东军参谋进行“旅行”演习和勘察,重点是研究日军在哈尔滨附近地区进行攻防战的问题,同时提出了“有关统治占领地区问题研究”的研究课题;研究日军在锦州地区进行作战的问题;对北满地形进行实地军事探测。

经过实地勘察,他们了解和掌握了长春、哈尔滨、海拉尔、洮南、山海关、锦州等地的地形地貌和当地中国东北军队的分布情况,以此为基础,经过反复推敲,秘密制订了侵略中国东北的作战计划。据他们推算,东北军约有 25 万之众,其中两万精锐部队驻防沈阳附近,这支部队拥有飞机、坦克、大炮等重武器,装备精良,当时沈阳附近的关东军只有 1.09 万人。东北军在数量和武器装备上都处于绝对优势,只有局部地区处于劣势,但由于中东铁路事件,东北军战败,实力大不如从前。板垣征四郎等人根据这些情况制订了一个“以寡制众”的计划,即在东北军毫无防备的情况下,采取突然袭击的战术给东北军以致命的打击,迅速攻占东北军大本营沈阳,而后组织部队发动全面进攻,在国际社会尚未开始干涉时,占领东北其他战略要地,控制整个东北地区。

板垣征四郎等人先后将计划送给一批热衷侵略的法西斯军官,得到了陆军省军事课课长永田铁山大佐,参谋本部冈村宁次大佐、东条英机大佐的支持。永田铁山还亲自到东北视察,积极支持板垣征四郎与石原莞尔制定的“关东军武力解决东北问题的方针”,并答应拨给关东军两门 24 厘米口径的重炮。

有了陆军上层的支持,板垣征四郎的底气更足了,又在国内四处演讲,进行武装侵略中国东北的煽动。他先在日本陆军步兵学校发表题为“从军事上所见到的满蒙”的演讲。他毫不掩饰地鼓吹日本应该侵略中国东北:“满蒙对帝国的国防和国民经济生活有很深的特殊作用”,“满蒙”权益是“日清”“日俄”两次战争中以十万日本人的鲜血取得的,它具有特殊的地位,必须彻底确保。由于“满蒙”战略地位重要,这里可以作为日本帝国的“第一道防线”,退可控制朝鲜,进可抵御俄国,并可以此为进占大陆的根据地,所以,在战略上“如众所周知,在对俄作战中,‘满蒙’是主要战场;在对美作战中,‘满蒙’是补给的源泉。实际上‘满蒙’在对美、俄、中的作战中,都有最大的关系”。板垣征四郎赤裸裸地说:“满蒙的资源很丰富,有着作为国防资源所必需的所有资源,是帝国自给自足所绝对必要的地区”,政府应尽快下定决心出兵占领“满蒙”,这是“帝国的现实问题”。不久,他又在关东军会议上煽动道:“日本解决‘满蒙问题’的最终目标,是要把‘满蒙’变成日本的领土。”这样,对整个中国,日本将“能立于制其于死命的地位”,占领中国东北是日本的“当前的急务”。

在板垣征四郎等人不遗余力的煽动和鼓吹之下,侵占并分裂“满蒙”逐渐成为日军内部的共识,日本国内也暗流涌动。关东军司令菱刈隆大将竟公然说日本“谋求国运的发展”的“第一位的问题是从根本上解决‘满蒙问题’”。1931 年 6 至 7 月间,板垣征四郎等人蓄意在中国东北相继策划制造了万宝山事件和中村事件,为侵占中国东北制造借口,事先精心策划,事后嫁祸于人,出兵派警残酷镇压,特别是后者直接成为日本发动九一八事变的导火索。

早在6月,日军参谋本部就已制定了《满蒙问题解决方策大纲》,以一年为期,一方面争取国内外的“谅解”,另一方面做好前期准备,而后分三个阶段完全占领中国东北,解决所谓“满蒙问题”。总之,日本政府、军部及关东军准备以武力解决“满蒙问题”的方针已定,只是寻找有利“时机”而已。以中村事件为借口,日本军国主义者乘机制造“满蒙危机”的紧张气氛。8月,陆军大臣南次郎对“满蒙问题”发表强硬言论,要求军队“随时准备尽军人的天职”。首相也在不同场合宣扬为了保卫“满蒙”权益,国民应准备“不惜任何牺牲,勇敢奋起”。

7月,两门24厘米口径的重炮运抵沈阳日本守备队,秘密安装妥当,炮口对准中国东北军北大营和沈阳机场。8月初,日本军部内部做重大人事调整,暗中放纵和支持侵占“满蒙”的建川美次少将调任作战部长,“中国通”本庄繁中将任关东军司令官,土肥原贤二大佐任沈阳特务机关长。一切准备就绪,只待行动。

然而内阁认为此时挑起事端,时机尚不成熟,怕引起国际公愤,向军方施压要暂缓行动。参谋总长金谷范三遵照内阁意见,以国内外时机尚不成熟为由,力主不要操之过急,要他们“再隐忍一年”。板垣征四郎、石原莞尔等人见事已至此,只有争取主动了。于是,他们先以关东军参谋长三宅光治的名义致电日本参谋本部作战部长建川美次,说明关东军对“最近之暴虐侮辱实所难忍”,要求派人来“满洲”“视察”,“使政府对现状有适当认识”。金谷范三接到电报后,决定派作战部长建川美次前往“满洲”,一方面调查了解实际情况,一方面“安抚”关东军,使其暂时不要轻举妄动。

建川美次实际上是支持“满蒙”计划的,他表面上奉命去东北劝阻板垣征四郎、石原莞尔等少壮派军官的行动,其实,已经将参谋本部的决定透露给当时陆军法西斯青年军官组织“樱花会”头子、参谋本部俄国班班长桥本欣五郎,桥本欣五郎接连给板垣征四郎发出三封密电,急催他赶紧行动。

日军有个特点,即参谋人员的权力很大,可以不听本级主官的命令,往往听命于上级参谋的命令,直接发布指示。事成之后,主官和当事参谋可以加官晋爵,事败之后,主官承担责任,受处罚,参谋不受影响。因此,才出现了板垣征四郎、石原莞尔、桥本欣五郎这样一批营、团级佐官发动并组织实施九一八事变、华北事变、伪蒙军政府事件等一系列影响中日两国,乃至影响世界格局的重大事件。

板垣征四郎接到密电后,立即找到石原莞尔,两人研究确定将原定于9月28日的行动改到9月18日晚。9月18日上午,板垣征四郎在辽阳陪同司令官本庄繁检阅关东军实弹军事演习。下午,本庄繁乘车返回旅顺关东军司令部,板垣征四郎则奉命前往沈阳迎接建川美次。随后,板垣征四郎把建川美次护送到沈阳城内日本人开的菊文旅馆,还找来艺伎陪伴这位旅途疲累的将军。安排妥当后,板垣征四郎借口有事告辞了,而建川美次也闭口不谈此行的目的,这实际上是在暗中怂恿板垣征四郎等人及早动手。

1931年9月18日晚10点20分,根据板垣征四郎的命令,关东军独立守备队第2大队爆破专家河本末守中尉率领几名部下向柳条湖方向前进,最终选择了距离中国东北军北大营西北角约800米远的"南满"铁路的一节,偷偷地在这段铁路单轨接头处的两侧埋下42块黄色炸药。一声巨响之后,单轨接头处的一条钢轨被炸弯,两根枕木被炸毁。随后,河本末守将他们事先枪杀的3名乞丐的尸体套上中国士兵的衣服,摆在炸毁的铁路旁,诬称是炸毁铁路的凶犯的尸体,制造了中国军队炸毁铁路的假现场。同时,河本末守向板垣征四郎报告计划成功。

板垣征四郎立即命令早已做好战斗准备的独立守备队第2大队、第5大队进攻北大营,早已布置好的榴弹炮也开始集中火力向北大营和沈阳机场开炮。还在睡梦中的中国士兵被枪炮声惊醒,许多人来不及着装即被射杀。驻北大营的是东北军模范旅的逾万人,装备齐整,战斗力很强,由于执行"日军此举不过寻常寻衅性质,为免除事件扩大起见,绝对抱不抵抗主义"命令,只好仓皇溃退,日军铁路守备队500人一举攻占营地。

晚11时多,驻沈阳特务机关辅助官花谷正给旅顺关东军司令部发出第一封电报,谎报东北军在沈阳北郊破坏了铁路,袭击日本守备队,日军开枪还击,两军发生激战。不久,花谷正发出第二封电报,称中国军队与日本守备队正在激战,日军陷于苦战,请求支援。

三宅光治参谋长接到电报后,立即请本庄繁司令官马上到司令部,在司令部的作战室里,本庄繁、三宅光治、石原莞尔等人紧急研究对策。石原莞尔主张立即向全军下达攻击命令。本庄繁司令官开始对于这样重大的、超出关东军平时作战计划的行动尚有所犹豫，不久，又接到请求司令部派兵增援的紧急电报。石原莞尔着急地催促“如不立即增援沈阳，关东军将蒙受失败之辱”。本庄繁最后下定决心，命令关东军主力投入进攻沈阳的战斗。奉命前来“阻止”的建川美次，被卫兵守护在旅馆的客房内，以免被“暴戾”的中国军队袭击。

9月19日清晨，沈阳城的枪炮声终于平息下来，一夜之间沈阳城被日本兵占领，成群结队的日本兵扛着“太阳旗”，耀武扬威地招摇过市。关东军司令部也在当日迁至沈阳城，驻扎在板垣征四郎事先安排好的中央广场前的东拓大楼。19日上午，日本陆军大臣和参谋总长分别向关东军发了电报，传达内阁的“不扩大”方针，同时赞扬关东军的“决心和措施是适宜的”，“提高了日军的威望”，这无疑纵容和支持了关东军的行动。

在日本国内的纵容下，关东军又违抗日本大本营关于“鉴于目前国内外之大局，暂不实行对北满积极作战”的命令，坚决继续向东北各地进攻。当时，东北军的总人数为30万左右，除随张学良进关参加中原大战的11万人外，尚有20余万人留守东北，完全有能力粉碎日军进攻，但由于东北军执行蒋介石政府的“不抵抗”政策，在兵力上占优势的东北军将士面对日军突如其来的进攻放弃抵抗，日军偷袭得逞，进而占领东三省。

三

在日本侵略者武力进攻下，被任命为沈阳特务机关长的板垣征四郎奉命策划成立东北傀儡政权，充当将东北分裂出中国的急先锋。1931年9月22日，日方炮制出《满蒙问题解决方案》，提出建立以溥仪为“元首”的脱离中国中央政府的“新政权”，“领土包括东北及蒙古”，“国防和外交由日本帝国掌握”。紧接着板垣征四郎等人四面游说，先后秘密与张景惠、熙洽、臧式毅等人接洽。9月27日，张景惠宣布成立“东省特区治安维持会”并自任会长，暗中策划“独立”；9月28日，前清朝“皇族”熙洽宣布吉林省“独立”；10月1日，洮南镇守使张海鹏宣布洮南“独立”；12月16日，前辽宁省主席臧式毅出任伪奉天省省长；1932年1月1日，张景惠出任伪黑龙江省省长。1931年10月21日，板垣征四郎和石原莞尔等人又炮制出《满蒙共和国统治大纲草案》,提出了“新政权”全面建设的具体措施。12 月 7 日,板垣征四郎又亲自出马,游说抗日将领马占山归顺日本。此时,马占山虽有抗日之心,但无抗战之实力,又独力难支,只好退一步与板垣征四郎缔结了停火协定。

为了转移国际社会对中国东北的关注,排除国联的干涉,板垣征四郎于 1931 年 10 月 11 日对日本驻上海公使馆武官田中隆吉面授机宜:“日本政府屈服于国联的威胁,因此,我们的计划受到了干扰”,“下一步准备使满洲独立,已经想方设法去接溥仪来”,现在国联抗议,“东京政府感到头痛”。“我请你在上海搞点事,以转移各国的注意力。当你们引起骚动的时候,我们将拿下满洲。”同时,板垣征四郎还拨给田中隆吉两万日元,作为他的活动经费。田中隆吉按照板垣征四郎的意见,回到上海后立即制造了一·二八事变。

1932 年 1 月 6 日,板垣征四郎携带关东军司令的报告前往东京汇报。裕仁天皇破例召见板垣征四郎并“垂询”了东北形势,对他大加鼓励。板垣征四郎感到诚惶诚恐、不胜荣幸,决心不负圣恩、报效天皇。根据板垣征四郎的汇报,陆军省、海军省和外务省炮制出《满洲问题处理方针纲要》,明确加速建立受日本控制的“独立国家”。

1932 年 1 月 22 日,关东军召开伪满洲国“建国幕僚会议”,讨论建立“新国家”的有关条款和纲领,商讨“建国”具体事宜。1 月 27 日,板垣征四郎组织人员根据会议决定拟制《新国家建设顺序的纲要》。2 月 16 日,板垣征四郎策划组织了由张景惠、熙洽、臧式毅和马占山参加的沈阳“四巨头会议”,筹备建立伪满洲国。接着,板垣征四郎奉命前往旅顺,以威逼利诱的手法逼溥仪就范。1932 年 3 月 1 日,伪满洲国宣告成立,溥仪为伪满洲国“执政”。板垣征四郎终于实现了侵略中国东北,将其变为大日本帝国殖民地的计划。日本国内对板垣征四郎的“功勋”大力嘉奖,1932 年 8 月,板垣征四郎被破格晋升为陆军少将。

四

1933 年 2 月,关东军开始大举向热河进犯。当此时机,军部决定由板垣征四郎兼任天津特务机关长,负责北平和天津方面的谋略工作。板垣征四郎立即从奉天奔赴天津,奔走于各方之间,配合在长城一线作战的关东军,策动华北地方“自治”,企图炮制另一个“满洲国”——华北傀儡政权。

经过一段时间准备后,板垣征四郎向日本军部提交了一份分裂华北的计划。在这份“计划”中,板垣征四郎把华北的中国军政要员分为四派:蒋派、反蒋派、现状维持派、首鼠两端派。他认为可以通过策反工作,利用后三派及北洋军阀的残余势力,将蒋介石在华北的力量排挤出去,再以这些人为骨干,建立起由日方操纵的傀儡政权。

获得军部首肯和支持后,板垣征四郎开始秘密实施这一计划。他先去策反北洋军阀段祺瑞、吴佩孚和孙传芳,欲在北平成立亲日政权。但这些人对于板垣征四郎的登门拜访要么是让其吃闭门羹,要么就是嘴上答应,实际不行动,总之板垣征四郎的计划一直难以得逞。板垣征四郎后来看上了曾任湖南省督军的张敬尧,让张敬尧在天津收罗旧部,然后发动一次“平津暴动”,宣布成立“自治政府”,由张敬尧任“自治政府”头目。板垣征四郎随即给张敬尧700万日元,作为张的活动经费。当时,北平的民间抗日组织“专锄汉奸救国团”得知张敬尧投降卖国、甘愿充当汉奸的行径后,先后向张敬尧寄出数封警告信,警告张敬尧立即停止卖国行动,否则将予以严惩。可是,张敬尧并未停止卖国活动,改名化装后继续充当日本人的走狗。1933年5月7日,张敬尧在六国饭店被刺身亡,板垣征四郎花了700万日元的钞票,结果却是竹篮打水一无所获。

关东军对板垣征四郎这一期间的活动极为不满,撤去了他奉天特务机关长兼天津特务机关长的职务,接着,命他以“参谋本部特派员”身份去欧洲、印度、菲律宾及马来群岛①等地“视察旅游”,冷落了他一段时间。

1934年8月1日,板垣征四郎被调任伪满洲国“军政部”最高顾问,负责伪满洲国的军事及国防。同年12月关东军人事变动,两次担任关东军司令官的菱刈隆奉调回国,南次郎继任,冈村宁次调到参谋本部任军事顾问,板垣征四郎则被晋升为关东军副参谋长,兼驻伪满洲国武官,1936年3月,升任参谋长。其间,板垣

---

① 旧称南洋群岛。

征四郎一方面继续强化日本对伪满洲国的统治,另一方面不愿放弃“华北国”的梦想,伙同土肥原贤二先是策动内蒙古独立,后是苦心孤诣地策划所谓“华北自治”。

1935年1月4日,板垣征四郎在大连召开了日军派驻中国各地的特务人员会议,依据上年12月陆、海、外三省“对支政策备忘录”提示的要点,讨论进行分割华北的谋略步骤。会上板垣征四郎提出“关东军说明事项”,内容有:“在华北方面倘非具有诚意,忠实实行我(日本)军要求之政权,不能任其存在”;“应更倾注全力于获取利权,俾使华北必成为日满经济发展之根据地”;“强迫中国方面切实实行《塘沽协定》”;“中国方面倘有不公正(意即不服从)之表现,则当有加以全面压迫督导之筹划”。

1935年5月,板垣征四郎挑起所谓“河北事件”,以违背《塘沽协定》为借口,乘机以武力相逼,迫使国民党政府让步。蒋介石奉行“攘外必先安内”的政策,不愿与日军正面对抗,步步妥协退让,最终派何应钦与日华北驻屯军司令达成所谓《何梅协定》。通过这个协定,日军不废一枪一弹即占领了河北和平津的广大地区。

与此同时,板垣征四郎又指挥关东军炮制了“张北事件”,迫使国民党政府再次妥协退让,于1935年6月,国民党政府代表秦德纯与日方代表土肥原贤二签订《秦土协定》。日军通过《何梅协定》和《秦土协定》,攫取了华北大部分权益,占据了华北的战略要地,为进一步攻占整个华北做好了准备,“奠定”了基础。

板垣征四郎随后又与土肥原贤二勾结在一起,拟订了以“反共”为口号,建立所谓“华北防共自治政权”的计划。在大本营的支持下,土肥原贤二策动大汉奸殷汝耕,于1935年在通州成立了“冀东防共自治政府”,从此,冀东20余县落入日寇之手。

板垣征四郎出任关东军副参谋长和参谋长期间,曾先后三次“不辞辛劳”地亲赴内蒙古,竭尽全力为日本谋求在内蒙古的权益。1935年9月,板垣征四郎偕渡边大佐等飞到锡盟,亲自会见原盟长索王和德王,商谈蒙古脱离中央问题,研究日军进驻锡盟草原和进犯绥远省[①]的计划。德王提出:“乘日本进军绥远地区之机,希望日本帮助我把东西蒙合并起来,早日建立‘蒙古国’,完成蒙古独立建国的大业。”板垣征四郎当即表示:“蒙古独立建国,我们是愿意帮助的。”

板垣征四郎不仅亲自帮助扩建蒙古军队,促成德王与关东军司令南次郎会谈,而且企图把内蒙古从中国分裂出去,阴谋策划内蒙古“独立”,制造一个由日本人控制的“蒙古国”。在国内、国际的反对声中,板垣征四郎的“蒙古国”梦想破灭,但是“蒙古军政府”还是建立起来了,它与伪满洲国、冀东防共自治政府连为一体,共同为日本帝国主义侵华服务。

板垣征四郎为实现其“华北自治”的目标,想尽一切办法策反以29军军长宋哲元为代表的河北及平津地区的地方实力派人物。曾提出“宁为战死鬼,不做亡国奴”,并给日军以沉重打击的宋哲元面对日军威逼利诱,在南京中央政府无力支持其抵御日军进逼的情况下,不得不与日军边打边谈,忽左忽右,摇摆不定,整个冀察地区实际上已半脱离国民政府。

五

1937年3月,板垣征四郎返回日本,任日本陆军第5师团师团长。该师团辖第9旅团和第21旅团,号称日本精锐师团。卢沟桥事变后,板垣征四郎奉命率第5师团,经朝鲜釜山,于8月到达天津,编入华北方面军,与其他增援部队分别沿平绥、平汉、津浦线出击,企图速战速决,先拿下华北全境,再下西南,“3个月内征服中国”。

板垣征四郎奉命率部前往攻占南口,保障主力的侧翼。在南口遭到中国军队汤恩伯军团的坚决抗击,无法前进,后来侧翼和后路又遭到卫立煌军团的攻击,险些被合围,日军及时将牛岛满旅团投入战斗,才拯救了板垣征四郎师团。由于关东军参谋长东条英机率领察哈尔兵团,迅速击败了刘汝明的部队,威胁到汤恩伯军团的后方,汤恩伯才被迫放弃南口后撤,板垣征四郎随即占领南口。

---

① 旧省名,在中国北部,1954年撤销,并入内蒙古自治区。

随后,板垣征四郎联络东条英机兵团,沿着平绥线两侧,紧追败退的傅作义第7集团军,相互呼应,共同向绥远发起进攻,把战局扩展到山西。这一举动完全超出了大本营和华北方面军的计划,担心仅靠板垣征四郎师团深入山西腹地,没有取胜的把握,而且会对平汉线主要作战方向造成严重影响,一旦开辟山西战场,必然会牵涉到东条英机兵团。

但是,板垣征四郎却对山西垂涎已久,在他担任关东军参谋长时,便以考察为名,于1936年秋对平绥铁路沿线各处的情况进行了详细考察。板垣征四郎认为这里地势险峻,易守难攻,是华北的天然屏障,"制服山西就能制服华北,制服华北就能制服全中国"。大本营最终批准了板垣征四郎的计划,发起更大规模的太原会战。板垣征四郎如愿以偿地率领第5师团野心勃勃地向山西腹地推进。

9月初,在东条英机兵团把中国军第二战区主力吸引到大同附近后,板垣征四郎先后占领蔚县、广灵,然后,突然兵锋一转,飞兵直取平型关。虽然在这里遭到八路军的袭击,伤亡1 000多人,但仍然突破了内长城一线,至此山西北部门户洞开。第二战区司令长官阎锡山如梦方醒,慌忙调兵堵击,因为配合不力,指挥混乱,晋军被迫全线后撤,不得不在忻口布置阵地。

10月2日,日军由代县南下,攻击平原镇,拉开了忻口会战的序幕。10月13日,板垣征四郎率第5师团,加上配属的混成独立第2、第15旅团,正面冲击20多万中国军队坚固防守的忻口阵地。日军在飞机、大炮和战车掩护下向忻口猛攻,中国军队阵地几乎被夷为平地。在日军的猛烈炮火下,中国军队第9军军长郝梦龄以下数名将官及10万将士死伤。10月26日,已经攻克保定、石家庄的日军主力分兵1个师团攻陷山西东部门户娘子关,向太原急进。忻口中国军队腹背受敌,血战20天,在付出惨重代价后,不得不于11月3日弃守撤退。板垣征四郎率部穷追猛打处于崩溃状态的中国军队,直抵太原城,经1日激战,于11月8日,攻陷山西省会太原。

1938年初,板垣征四郎率领半个师团在山东登陆,会合自南京归还建制的第9旅团,一路激战,向山东内地推进。接着在临沂和他根本就没有瞧上眼的西北军庞炳勋、张自忠两部激战,但遭到顽强的抵抗。日军发起两次攻击,均未攻入临沂,双方均伤亡惨重。面对中国军队的反击,板垣征四郎寝食难安,几欲自杀,曾丢弃了大衣和手杖,落荒逃命。4 月 18 日,板垣征四郎调整部署,指挥沂河两岸的日军,在青岛赶来的 6 000 名日本援军配合下,第三次全线向临沂城发起进攻。在空军配合下,日军集中各式火炮轰炸临沂城。守城的中国军队死伤惨重,不能再战,遂于当晚被迫撤到城外,20 日晨,日军占领临沂城。日军占领临沂后,进行了血腥大屠杀,同时还纵火焚城,大火一直延续了六七天,整个城市几乎化为灰烬,人员和财产损失无法统计。

31 日,第 10 师团濑谷旅团在台儿庄陷入重围,板垣征四郎亲自带领两个大队坚守,牵制张自忠和庞炳勋部,命令坂本带 4 个大队救援濑谷旅团。坂本支队在汤恩伯 7 万大军中穿阵而过,由临沂转向台儿庄驰援,到达向城、爱曲地区,侧击中国第 20 军团。激战数日,和濑谷旅团一起撤退到峄城固守。

1938 年 6 月 3 日,鼓吹 3 个月结束中国事变的陆军大臣杉山元和次官梅津美治郎下台,板垣征四郎任陆军大臣。在 7 月份召开的五相会议上,板垣征四郎力主与德国保持步调一致,缔结德、意、日三国同盟,而海军大臣米内光政和外务大臣①则反对,两派斗得天昏地暗。此后不久,板垣征四郎支持关东军在张鼓峰挑衅苏联,结果大败。昭和天皇大怒之下,将板垣征四郎骂得狗血淋头,最后天皇称既往不咎,板垣征四郎才没有立即辞职。

板垣征四郎不甘心自己的失败,仍极力主张与德国、意大利缔结三国同盟。为了这一主张,他批准关东军用 1 个师团在诺门罕地区对苏进行武力挑衅。1939 年 5 月,日本关东军奉命在诺门罕一带进攻蒙古人民共和国,占领其东部的哈拉哈地区,拟把其作为下一步侵入苏联的跳板,进而实施蓄谋已久的"北进计划"。结果引发了苏军的反击,导致关东军第 23 师团被全歼,这时又碰上德苏签订同盟,第四次瓜分波兰,板垣征四郎所主张的德、意、日三国同盟彻底流产。在一定程度上,诺门罕战役导致日本重新调整部署,改为采用"南进计划",引致日本两年后偷袭珍珠港,向美国宣战,最终走向失败。

板垣征四郎反对外务大臣宇垣一成大将以蒋介石下野为条件的中日和谈,扩编 10 个师团,主张以武力征服中国。1938 年 6 月,批准发动了超越国力许可的大

---

① 外务大臣即外相。

规模武汉会战,妄想与中国军队一战定胜负,彻底击败中国军队。经过4个月的大战,日军虽然占领了武汉,却没有达到消灭中国军队有生力量的目的,中日持久战态势终于形成。

1939年1月起,板垣征四郎除继续担任陆军大臣外,还兼任对满事务局总裁,负责伪满洲国事务。1939年2月,经板垣征四郎签署,陆军省下达了《限制自支返日军人言论》的命令,禁止日军士兵回国后谈论其在华的侵略暴行。6月间,他曾与汪精卫进行过两次会晤,策划扶植成立以汪精卫为首的伪政权。1939年5月31日,汪精卫飞赴日本商谈"建国"事宜。板垣征四郎对汪精卫不以为意,谈判一开始,就奚落汪说:"我以为,要在中国建立新的强有力的中央政府,必须争取到重庆方面的要人和军队的多数。您对此一定有相当的把握,如果能听到有关这方面的情况,实为荣幸。"搞得汪精卫十分狼狈。

1939年9月4日,板垣征四郎被任命为中国派遣军总参谋长。其间,一方面,他先后协助总司令官西尾寿造大将指挥了枣宜会战、第一次长沙战役、鄂中会战和鄂西会战,占领了中国广大地区;另一方面,开始主动诱降蒋介石,希望能亲自飞往中国军队控制的长沙面见蒋介石,向蒋表示只要国民政府保留伪满洲国和日本在长城以内的商业利益,日本就撤军。但蒋介石不为所动,抗日决心不变。

1941年7月7日,板垣征四郎晋升陆军大将,调任日本驻朝鲜军司令,1943年,任最高军事参议官,两年后,又兼任驻朝鲜的第17方面军司令官。1945年4月,板垣征四郎被调任第7方面军司令,指挥第16军、第25军和第29军在荷属东印度和马来亚①等地同盟军作战。日本宣布无条件投降后,板垣征四郎于9月率第7方面军向英军投降。

六

板垣征四郎深知自己积极参与了几乎全部的对外侵略战争,一定会被作为战犯处理,他想以战败后的一些德军军官为"榜样",摆脱英军的监控,逃往南美洲,

① 半岛马来西亚旧称,为马来西亚西部地区。

逃避战争审判。于是,他开始贿赂驻新加坡英军司令官史密斯,送他价值30万美元的白金、黄金和天然钻石。史密斯完全看透了板垣征四郎,他假意收下板垣征四郎的"礼物",同时命令看管人员加强对板垣征四郎的监控,不让其逃脱。

1945年12月,作恶多端的板垣征四郎在新加坡被逮捕,随后押解回东京,送进巢鸭监狱候审。远东国际军事法庭经过调查审判,认定板垣征四郎一手策划了九一八事变,扶植成立了伪满洲国,制造内蒙古、华北"自治"运动,七七事变后,又率军参加扩大侵华战争,抢掠中国财物、屠杀中国人民,并扶植成立"汪精卫政府",另外,批准了日军对苏联的侵略,引起双方战争,对马来群岛占领区数千人的死亡和痛苦负有不可推卸的直接责任,他进行了对中国、美国、英联邦、荷兰及苏联实行侵略战争的阴谋,他明知这些战争是侵略战争却积极发动,并在其实行中担任了很重要的角色。最后,判定板垣征四郎绞刑。

1948年12月23日,板垣征四郎同其他死刑战犯一起被送上绞刑架。临死前,他对教诲师沉痛吟诵道:"双膝跪拜神灵前,一心乞恕罪不浅。朝夕待死,片刻亦是,人生之途,全力以赴。"1978年,板垣征四郎的牌位被迁入靖国神社。

“政治投机派”南次郎

南次郎，日本陆军大将，历任陆军参谋次长、陆军大臣、关东军司令、朝鲜总督等职。他参与策划了九一八事变、拼凑伪满洲国、制造华北“自治”等等。1948 年被远东国际军事法庭判处无期徒刑。

一

南次郎，1874 年 8 月 10 日出生于日本大分县一个没落的旧武士家庭。1885 年，由于家庭生活困难无力抚养，父亲只好将 11 岁的南次郎送到在东京任陆军少尉的弟弟家抚养。南次郎聪明好学，性格刚直勇敢，看到叔叔穿上军装精神抖擞的样子，十分羡慕，他也憧憬自己将来能成为一名军人。叔叔满足了他的愿望，将他送到陆军预备学校，从此，南次郎走上了成为一个军国主义法西斯军官的道路。南次郎从陆军预备学校毕业后，又进入日本陆军士官学校，并于 1895 年从陆军士官学校毕业。不久，南次郎被陆军大学录取，进入陆军大学继续学习。

1903 年南次郎从陆军大学毕业，之后曾先后任骑兵第 1 联队中队长、参谋本部参谋、陆军大学教官、骑兵第 1 联队联队长、陆军省军务局骑兵课课长、陆军士官学校校长等职。

1919 年 8 月，南次郎晋升为陆军少将，随后出任天津驻屯军司令官一职。《辛丑条约》规定，列强在京津地区为了确保北京至出海通道无断绝之虞，拥有驻扎军队的权利，这实际上是列强控制清廷的一个途径。清廷倒台后，列强的驻兵权并未收回。日本天津中国驻屯军，是日本当时在中国的重要军事武装，虽然实力不足一个旅团，但它的司令官举足轻重，可以代表日本军方，驻屯军司令部就是日本驻屯军的指挥中心。南次郎曾在日记中写道:“担任天津中国驻屯军司令官的时代,是我一生中最得意、最辉煌的时期。”

掌握驻屯军大权的南次郎始终是中国军阀勾结的对象。张作霖发达后,不安于只在关外,做东北的土霸王,一心想染指关内,控制北京,于是他联合直系军阀曹锟起兵准备赶走北京的段祺瑞。为此,张作霖派他的日本顾问町野武马拜访南次郎,请南次郎允许奉军经过日本天津中国驻屯军的防地进入关内。南次郎随即应允,奉军“感激涕零”地伙同直系军阀一起占领了北京。曹锟当上大总统,张作霖也实现了进驻中原的计划。张作霖“知恩图报”,甘心听从日本人的指挥。段祺瑞倒台后,也请求日本人保护,南次郎的日本兵营又收留了段政府的阁员和军人政客,豢养他们的目的,在于让他们今后也听命于日本人。

南次郎还十分重视宣传战,积极推动筹办舆论操纵机关。1919 年底,南次郎与日本驻北京公使小幡酉吉、驻天津总领事船津辰一郎就如何操纵天津报纸、控制舆论宣传达成协议。操纵天津报纸的主旨是:使有影响的中国报纸及日本人经营的英文报纸不登载对日本不利的报道,同时积极明确日本的立场,并且进行必要的宣传。经过酝酿筹备,1920 年 2 月,一个在华专门进行宣传战的军方特殊机构在天津日本租界花园街成立。该机构的方针是:“操纵中国报纸,谋求扑灭排日报道,同时登载对日本有利的新闻,促进亲日倾向,以期我国对华政策的圆满进行。”开始时,编辑和翻译共 7 人,最多时 10 余人,且多为日本人,“以军方关系者构成中坚”,其中会计、出纳、誊写员等均为军方雇员。该机构向社会发送了巨量的新闻稿件,并且被一些报纸大量刊登,造成的社会影响不容小觑,在某种程度上收到了预期的效果。

1921 年起,南次郎先后任第 3 骑兵旅团旅团长、骑兵学校校长,后升任第 16 师团师团长。1927 年,南次郎被擢升为陆军参谋次长。

1927 年 6 月至 7 月,田中义一作为主张对华政策“强硬”的首相,召开了臭名昭著的“东方会议”。该会议确定了后来对华路线的走向,酝酿形成了所谓《对华政策纲领》,后来又形成了《帝国对满蒙之积极根本方针》,其核心就是“欲征服中国,必先征服满蒙;欲征服世界,必先征服中国”。南次郎以陆军参谋次长身份参与了会议纲领的讨论与制定,以纲领重要执行者身份,成为日本侵略满蒙活动的急先锋。南次郎还对参谋本部制定的把中国东北变成日本殖民地的侵略方案——《昭和六年度情势判断》批示:“《昭和六年度情势判断》很好,我完全同意,可以大干一场!”1930 年 8 月,南次郎竟公然叫嚣要发动以武力占领中国东北的侵略战争。

二

1931 年 4 月,已经晋升为陆军大将的南次郎,由陆军三长官会议举荐出任内阁陆军大臣。当了陆军大臣的南次郎,在内阁中不遗余力地宣传贯彻侵略中国的政策,以陆军部名义想尽一切办法支持关东军武力侵占东北三省的计划。

1931 年 6 月,日本间谍中村震太郎等人在中国东北兴安岭一带收集情报,进行间谍活动,被当地东北军抓获,团长关玉衡遂下令将中村震太郎等人处死。日本关东军以此事为借口,乘机挑起事端,宣称东北军屯垦 3 团士兵因图财害命而杀死了中村震太郎,诬蔑中国军队杀死日本“农学博士”。

南次郎获知此事后,以关东军的报告为据,于 1931 年 8 月 17 日发表了所谓《关于中村大尉一行遇难声明》,声明避而不谈中村震太郎等人的特务活动,声称中村震太郎之死是“帝国陆军和日本的奇耻大辱”,拼命煽动说“中村事件”是“全日本的事件”,“非彻底地干净地解决不可”,挑动不明真相的日本国民仇恨情绪,扩大事态,为日本政府最终出兵侵占中国东北制造舆论和行动借口,并对中国政府进行威胁。中国国民政府为避免与日军的冲突,采取妥协退让的办法,接受了日方的要求,南次郎的险恶用心最终落空。

关东军中的强硬法西斯分子看“中村事件”没有达到让日本大本营马上出兵侵占东北的目的,便开始急不可耐地策划九一八事变。日本国内得知关东军的意图后,认为目前“国内外形势尚不成熟”,明确提出应该再“隐忍自重一年”。元老派西园寺公望劝南次郎处事要谨慎,天皇甚至谕令南次郎整顿关东军军纪。奉天皇的敕令,南次郎完全有权,而且也能阻止关东军的行动,但是,南次郎并未执行天皇的敕令,他推脱关东军属参谋本部调遣,由参谋本部派人去说服,并借机把天皇的旨意泄露给参谋本部。

参谋本部只好派作战部长建川美次到中国东北，传达天皇和东京旨意，“安抚”躁动的关东军。但建川美次和参谋本部许多人都赞成关东军策划的侵略计划，参谋本部情报课俄国班班长桥本欣五郎密电告知关东军的板垣征四郎和石原莞尔，建川美次将赴东北制止事变，让他们在建川美次到来之前赶紧行动，造成既成事实。有南次郎的“支持”和参谋本部的“配合”，板垣征四郎和石原莞尔等人将原定于9月28日的事变，提前到9月18日进行。

九一八事变后，南次郎欣喜若狂，9月19日，他在手记中写道：“鸣呼，该发生的事情终于到来了。”南次郎不仅在内阁会议上声援关东军，声称关东军的行动是“行使正当自卫权”，而且，暗中鼓动关东军进一步扩大战争事态，以便迅速侵占全东北。

9月20日，南次郎与参谋总长金谷范三、陆军教育总监武藤信义召开陆军三长官会议，会议决定不执行内阁关于“不扩大事态”的决议，支持关东军和朝鲜军不断扩大军事行动。为此，南次郎未经天皇和内阁批准，擅自命令增派混成第8旅以及重轰炸飞行中队支援关东军，迫使内阁于9月25日通过了拨款给关东军的议案，天皇也无奈地签署了批准朝鲜军越境进入中国东北的命令，命令日本驻朝鲜军司令官林铣十郎派遣部分兵力渡过鸭绿江，赶赴沈阳，支援关东军。1932年1月3日，第20师司令部率混成第38旅占领锦州，东北军全部撤出。

为了安抚擅自行动的关东军，南次郎又把军事参议官白川义则大将派到东北，暗中传达军部支持关东军侵占中国东北及最终会承认关东军擅自而为的信息。9月28日，日本陆军三长官再次派参谋本部第2部部长桥本虎之助等人到沈阳，传达军部坚决支持关东军不断扩大侵略行动的指示，坚定了关东军扩大侵略的决心。10月17日，南次郎给关东军司令发了封模棱两可的电报：(一)关东军独立于帝国军队而统治满蒙的新企图，应予节制。(二)一般情况下按陆军的意图推进，大可放心。两条意见完全相左，明眼人一眼就会看出，电报明显支持关东军的做法。

三

九一八事变后不久,南次郎改任军事参议官。1931 年底,南次郎前往中国东北,与日本关东军司令本庄繁和特务机关长土肥原贤二会面,商讨事变后各项事务进展,并与中国官员熙洽等秘密会谈,确立了迎接溥仪至东北的"复国"方案。1932 年 1 月 28 日,南次郎向天皇做了《满洲的近况》的报告。南次郎明确提出:日本应该在"满洲"建立"新国家",以便日本今后能向北发展,从而使日本海变成"日本湖";日本和这个"新国家"共同经营该地区的经济,可以使日本获得永久的自给自足;如果向这个"新国家"移民,可以解决日本人多地少的问题。南次郎极力劝说天皇同意建立伪满洲国,从而把中国东北地区变成日本控制的殖民地。

1932 年 2 月 25 日,伪满洲国宣告成立,南次郎的最终目的变成了现实。1934 年 10 月,日本出台了《驻满机构改革方案》,规定:驻满机构实行二位一体制,全权大使兼任关东军司令;全权大使作为外交官,接受外务省的命令监督;赋予全权大使行政监督权;全权大使的行政监督权直属内阁总理大臣;全权大使下设参事官,掌管外交事务。这个方案赋予了全权大使极大的权力,使其成为名副其实的"太上皇",而溥仪则是受他操控的"儿皇帝"。同年 12 月,南次郎被任命为关东军司令兼驻伪满洲国特命全权大使。从南次郎开始,关东军司令对东北具有行政指挥权,成为伪满洲国的实际统治者。

南次郎上任后,规定每月 3 日与溥仪会见,对溥仪"面授机宜",溥仪诚惶诚恐地唯命是从。南次郎还在关东军司令部内专门设立了一个宫廷课,负责与溥仪进行联络。在南次郎的安排下,伪满洲国皇帝溥仪于 1935 年 4 月访问了日本。

伪满洲国的一举一动,包括人事任免都要经南次郎同意。1935 年 5 月 21 日,伪满洲国国务总理郑孝胥宣布辞职,当时熙洽和臧式毅二人都有心当总理大臣。熙洽曾是吉林军参谋长,在关东军占领吉林后,最早投靠了日本军队。臧式毅曾任"奉天省省长"。二人都是日本人的忠实走狗,与关东军渊源颇深。没有日本人的意见,溥仪不敢做主,只好将谁当总理大臣交由驻满特命全权大使南次郎决定。

南次郎等日本人认为熙洽和臧式毅二人虽然对日本都很忠诚,但他们都有自己的势力,让其中任何一人当总理,都会使这一派势力坐大,不好控制。因此,南次郎全然不理会这两个汉奸的“忠诚”之心,干脆两个全得罪,一个也不用,而是另选张景惠做国务总理大臣,并将自己确定好的新内阁组成人员名单通知溥仪,由溥仪签字颁布。

南次郎在伪满洲国,一方面耀武扬威、颐指气使地喝令“儿皇帝”,掠夺东北的资源,另一方面残酷镇压东北人民的抗日斗争,“围剿”抗日武装,对重点地区进行了一系列的血腥大讨伐,加强对伪满洲国的殖民统治。1937 年,关东军的治安情报称:南次郎到职前的 1934 年 11 月,东北有抗日武装人员 32 000 人,到 1936 年 2 月南次郎去职前,东北抗日武装人员减少至 15 000 人。

南次郎任职期间,整个东北的决定权由关东军把持,但也适当地抑制了关东军对行政的干预,将实际殖民统治的行政管理权交由具有经验的日本官吏承担。南次郎提出了“关于推行对满政策的意见”,在意见书中明确表示:“当关东军实施指导时,要避免陷入军人专断的弊病,力图利用文官及其他特有技能者”,以求得日本阁僚的支持和协助。1934 年 12 月,日本成立了“对满事务局”。这个机构直接隶属日本首相管理,并由陆军大臣和大藏省官吏担任正副总裁,明确了日本军方与大藏省合作共管伪满洲国的行政事务。

中国东北相对稳定之后,南次郎又开始阴谋筹划内蒙古与华北的“自治”,进一步向内蒙古和华北地区实施侵略。以武力相威胁,支持沈阳特务机关长土肥原贤二和华北驻屯军司令官梅津美治郎借口“河北事件”和“张北事件”,胁迫南京政府批准北平军分会代理委员长何应钦与梅津美治郎签订《何梅协定》,察哈尔代理主席秦德纯与土肥原贤二签订《秦土协定》。随后又成立“蒙古军政府”,实行“华北自治”,实际上日军控制了华北和内蒙古的广大地区。

二二六事件发生后,政治投机派南次郎把握不准政治方向,态度摇摆不定。而时任关东宪兵司令官的东条英机则立刻通令关东军实施紧急状态,迅速控制并稳定了伪满洲国的局势,确保伪满洲国没有发生同类事件。之后日本陆军开始进行人事整肃,撤换一大批高中级军官,作为旧军阀代表的南次郎也被编入了预备役。后来南次郎被起用担任朝鲜总督,对朝鲜人民的反日运动进行残酷镇压,还亲自下令虐杀了几百名被日军俘虏的英美士兵。

四

日本投降后,作恶多端的南次郎作为甲级战犯嫌疑人被逮捕,押解至东京,关入巢鸭监狱候审。经过长达两年的调查审理后,法庭最后认定南次郎热衷于大日本帝国的对外扩张,日军每一个侵略的行动,都少不了南次郎,他是一个狂热的法西斯军官,是日军对外侵略大战车上的重要一员。法庭以犯有破坏和平罪判处南次郎无期徒刑。

服刑期间,南次郎为人和蔼,谈话幽默风趣,以监狱生活为乐,时常帮着打扫卫生。不过他只服了几年刑就被假释出狱了。

“贵族元帅”寺内寿一

寺内寿一，日本陆军元帅，伯爵，曾任华北方面军司令、南方军总司令，统率25万日军5个月占领了东南亚全境。1946年作为甲级战犯嫌疑人被羁押在新加坡监狱。受审前病死于新加坡。

一

寺内寿一，1879年8月8日出生于日本山口县一个极有名望和势力的贵族家庭。父亲寺内正毅伯爵是明治元勋，曾任教育总监、陆相、驻朝鲜总督、首相等职。寺内寿一曾先后就读于著名的东京高师附属中学校、东京成城学校。由于家庭熏陶和从小就接受了一整套严格的教育，寺内寿一养成了目空一切、桀骜不驯的性格。1899年11月21日，寺内寿一毕业于陆军士官学校第11期步兵科，被授予步兵少尉军衔，任近卫步兵第2联队附。日俄战争期间，寺内寿一任近卫步兵第1旅团副官，战争结束后入陆军大学21期学习，于1909年12月3日毕业。1911年，寺内寿一晋升少佐，任近卫师团参谋、参谋本部部员。1913年，寺内寿一赴德国，任驻维也纳陆军副武官，他一面工作，一面积极研究德国陆军。

1919年7月，寺内寿一被任命为近卫第3联队联队长，同时晋升大佐军衔。同年，父亲病逝，寺内寿一袭伯爵。1924年2月4日，寺内寿一晋升陆军少将，随后任步兵第19旅团旅团长、第1师团司令部附、朝鲜军参谋长、独立守备队司令官、第5师团师团长、第4师团师团长等职。

1933年，第4师团二等兵松井在大阪市中心因闯红灯不服处罚，与交警发生冲突，结果事态越闹越大，到了无法收拾的程度。最终，时任师团长的寺内寿一为了“维护大日本皇军的尊严”,带领师团官兵捣毁了大阪警察署,史称“大阪 Go - Stop 事件”,成为人们茶余饭后的谈资。后寺内寿一转任台湾军司令官,1935 年 10 月 30 日,晋升陆军大将,任军事参议官。

二

1936 年 2 月 26 日,日本国内“皇道派”军人制造了二二六事变,多位大臣被刺。天皇十分震怒,下令镇压叛军并对陆军进行整顿。陆军部按照天皇训示,迫于舆论压力,做出整肃军纪的决定。寺内寿一是名门之后,超然于派阀斗争之外,有完整的任职履历,并且性格开朗豁达,勇于为部下承担责任,他不仅在军界,在政界、财界都颇得人缘,成为担负“肃军”重任的陆相的不二人选,因而,由陆军参谋总长、教育总监、陆相联合召开的三长官会议,确定了由寺内寿一来出任新陆相。

寺内寿一出任陆相后,按照天皇训示,马上以其“铁腕”手段开始整肃陆军。为了粉碎“皇道派”阵营,寺内寿一撤换了一大批二二六事变的骨干分子和幕后的指使者,形成新的陆军省和参谋本部的人员安排。除此以外,为了加强控制力度,寺内寿一想方设法掌握住人事大权。他先于 5 月份以陆相之职兼任军事参议官,扩大自己手中的权力,随后利用日本陆军每年 8 月进行人事调动的惯例,打破原来由三长官会议决定,并上奏天皇批准人事调动方案后,方可公布实施的惯例,以“肃军”为名,一人独断了 8 月份的人事调动安排。寺内寿一此举实质上废除了会议讨论的形式,一人独掌人事大权。清理完“皇道派”,又将“统制派”的骨干杉山元、西尾寿造和梅津美治郎调来控制陆军中央。“统制派”掌握了陆军,日本军内法西斯势力大大得到加强,侵略扩张的野心进一步膨胀,这就意味着日本即将走向扩大对中国侵略的道路。

掌握人事大权之后,寺内寿一利用以前留学德国的经验,开始大力推进陆军内部的体制改革,先后推行了扩大军务局、新设兵务局、新设航空兵团、充实机械化部队力量等措施,极大地强化了陆军的力量,为展开侵略做好准备。

作为陆军的核心人物,寺内寿一在日本政府法西斯化的进程中,充当了重要的角色。他不仅不断鼓吹要坚持“实行根本革新时弊，充实国防等积极强硬政策的气魄和实力”，并且坚决反对“带有自由主义色彩，采取维持现状不求进取之政策而妥协退让”的政治家们的行为。而且提出了具体的行动方针——“调整同苏中这两个满洲国邻国的关系，使帝国成为名副其实的东亚稳定力量”，要“避免在国际上陷于孤立”，对苏联关系要“阻止传播赤化，使之不妨碍我东亚政策的实行”，对华外交要使中国“必须与我合作，必须打消其依靠欧美或苏联的政策”。字里行间显露出其侵略中国、反对苏联的野心。同时也可以看出寺内寿一不仅是一位军事统帅，也是一位具有战略思维和远见的政治高手。他的政治主张，也受到一些人的攻击。

1937年1月，在新落成的议事堂，年届七旬的浜田国松发言指出：军人不应该干政，站在军队立场搞政治，很危险。陆相寺内寿一气得满脸通红地站起来，义愤填膺地说浜田国松议员的质问有辱军方。对此，浜田国松针锋相对，咄咄逼人地质问寺内寿一：“我的发言哪处有侮辱军队的部分，你指出来！”并且公开叫板：“可以查速记记录，如果我发言里真有侮辱军队的语言，我将当场剖腹向你谢罪。但如果没有，你要剖腹！”

由于军部的横暴，国民不满意也不敢公开反对军队，只有浜田国松这样年届七旬，当了30多年议员，还担任过众议院议长的长老级人物才敢提出反对意见。到头来，寺内寿一没有剖腹的勇气，却闹得广田弘毅内阁不得不总辞职。

三

1937年2月2日，强硬军国主义分子寺内寿一转任陆军教育总监。不久之后，日本侵略者挑起卢沟桥事变，随着战事扩大，日军不断增兵中国大陆。1937年8月31日，大本营撤销中国驻屯军番号，编成华北方面军，寺内寿一被钦命为司令官，统辖包括第1、第2军，直辖第5师团（板垣征四郎）、第109师团、中国驻屯混成第11旅团以及航空兵团约150架飞机，主要任务是：“占领平津地区及其附近要地，并确保该地区之安定。挫伤敌之战争意志，获取结束战争之局势，迅速歼灭河北省中部之敌。”

寺内寿一上任伊始,指挥华北方面军猖狂进攻整个华北地区,在河北中部大平原上迎战北上的国民党中央军主力部队,依靠其超过中国军队的火力和机动能力进行快速突破。中国军队的阵线还没有形成就被日军一再冲破,刘峙集团军一退再退,保定行营主任徐永昌一筹莫展,只好撤退。

9 月 24 日,继华北方面军第 1 军占领保定之后,由西尾寿造任司令的第 2 军冒着大水占领了沧州。寺内寿一继续鼓励部队南进。第 1 军于 10 月 10 日击破中国第一战区司令程潜部,顺利占领石家庄以后向漳河一线压进;第 2 军也完成了攻占德州作战计划,打破了冯玉祥的第六战区部队防线。日本军部最初以保定至独流镇为进攻限制线,后改定为石家庄至德州。然而,方面军竟以石家庄以南 100 公里的顺德为目标,而第 1 军更冒进到了顺德以南 100 公里的彰德[①]以北。由于中国两个战区军队的撤退速度之快,大大超越了日军的预料,日军并没有捕捉到中国军队的主力,又没有创造停战的时机。

这时留在后方保护侧翼的第 5 师团的一半部队在板垣征四郎指挥下,意外地千里长驱奔袭,攻入了山西,和中国第二战区阎锡山的军队在忻口对阵,有遭受包围的危险。寺内寿一一面飞到忻口前线督战,一面命令第 20 师团沿正太铁路西进,进攻娘子关以图夹击太原,第 20 师团突破娘子关,沿正太铁路逼近太原。

11 月初,第 5 师团突破忻口阵地,形成对太原的南北夹击之势。11 月 5 日,南北日军开始猛攻太原,国民党第七集团军总司令傅作义率兵固守孤城,与日军苦战 3 日,不得不退出太原向西突围。11 月 9 日,第 5 师团终于占领太原。寺内寿一并不满足,他渴望乘胜继续南进,占领济南,但此时大本营的侵略重点是在华中地区攻占南京。11 月 24 日,御前会议通过陆军作战计划,要求华北方面军“无益扩大战线,停止下来保持迎击敌人的态势”,并侧援华中方面军进攻南京。

四

占领华北之后,日军又开始整顿华北占领区的“治安问题”。9 月 15 日,寺内

---

① 今河南省安阳市。

寿一向来前线视察的天皇侍从武官汇报说：“皇军威力未曾达到的山西北部及连接太行山脉的山岳地带，乃共军巢穴，其影响至今及于华北地区。因此，必须彻底扫除，以绝后患。”1937 年 12 月 22 日，寺内寿一以华北方面军司令部的名义颁布了《日军占领地区治安维持实施要领》，指出，是“土匪”的活动及经济不稳定导致了“治安”的混乱，而“对匪帮的讨伐，重点指向共军，特别对已建成的共产地区，努力尽早将其摧毁”。按照他的指示，华北日军对中国抗日军民，尤其是对共产党和共产党所领导的八路军及抗日根据地进行反复扫荡，残酷围剿。

寺内寿一还竭尽全力，企图在华北建立一个亲日的、取代南京中央政府的“新政权”。虽然大本营对诱降国民党政府还抱有一线希望，并不急于马上与蒋介石决裂，但寺内寿一强硬地一面派人游说大本营，一面着手进行“新政权”的筹备工作。

9 月 23 日，北平特务机关长喜多诚一建起了“平津治安维持联合会”。10 月物色了王克敏、王揖唐等人，开始组织亲日政权。12 月 14 日，即南京陷落的第二天，在寺内寿一的直接指使下，日军以王克敏为中心，终于拼凑了一个“中华民国临时政府”。王克敏任行政委员会委员长、议政委员会常务委员和行政部总长，成为该政府事实上的最高首脑。临时政府成立后，又拼凑了警察队和保安团，作为日寇镇压中国人民群众抗日运动的帮手。

五

寺内寿一是强硬帮派军人，主张对中国速战速决，积极准备派兵南下，打垮中国军队。他认为：“中国的军队，经过了山西会战、南京会战以后，已经接近崩溃的边缘；任何地区，只要有一个联队的兵力，就可以完成扫荡的任务。今后中国军队无力作战，只要扫荡扫荡就可以了事了。”他推测，经过残酷战斗，中国正规部队伤亡惨重，应该兵源短缺，下级军官缺乏，一时不能成军；而地方武装，缺乏武器和顽强意志，只要通过“威胁”或“利诱”就可以全部瓦解。可是他没有意识到经过日本侵略战争的考验，中国民众的民族意识已经觉醒，国民政府和广大的中国军民爱国情绪高涨，抗日统一战线已经形成，日军已经陷入人民战争的汪洋大海之中。

经寺内寿一的一再请求,1937 年 12 月 17 日,大本营批准了寺内寿一进攻济南的作战计划。寺内寿一一方面命令部队奇袭济南,打垮了韩复榘的部队,另一方面命令第 5 师团在青岛登陆,攻占济南、青岛两个重镇。随后,日军由博山、莱芜向泰安进攻,一路过关斩将,锐不可当。1938 年 1 月 1 日,泰安落入矶谷廉介率领的日军之手。韩复榘接连丧城失地,致北段津浦铁路正面大门洞开,使日军得以长驱直入,日军华北方面军掌控了山东。但是寺内寿一并没有就此满足,他的胃口极大,他的目标是进行徐州会战以沟通南北战场,打通津浦铁路线,再沿陇海线追击中国守军,最后华北、华中日军会师武汉。

但是,大本营的决策者们已经意识到靠日本目前的经济实力与军队状况,要想"三个月灭亡中国"是不可能的,正决心按全面持久战思想来指导战争,以 8 月之前绝不发动新作战为原则,专门进行兵团的新设、整顿和军纪整肃。因此,大本营没有立即同意他的急进计划,给寺内寿一的作战命令是:在胶济铁路沿线方面,现已占据之线或其他方面,均不得超过黄河线进行作战;将来第 114 师团编入贵军时,可置于平津地方待命,以备大本营使用;第 5 师团,必要时从海路迅速转调其他方面,故其位置应在胶济沿线。

寺内寿一对大本营不支持他的作战计划而且可能要抽走第 5 师团兵力的命令非常不满,因此,在他 2 月 5 日给前线下达的具体命令中,并没有完全遵照大本营的指示,而是要求前线的第 2 军"积极地"进行防御。板垣征四郎的第 5 师团和矶谷廉介的第 10 师团根据这一命令,各派出一个旅团进行威力搜索。结果在临沂和台儿庄地区分别遭到中国第五战区李宗仁部顽强阻击与反击,虽然中国军队遭受巨大损失,但日军也伤亡惨重,被迫退兵。

此战失利和国内国际舆论使寺内寿一羞愧难当,恼羞成怒的寺内寿一决定向中国军队发动更大规模进攻。于是与华中派遣军司令官畑俊六合作,调整部署,日军华北、华中两个集团共出兵 20 多万人,向 50 多万中国守军发起冲锋,目的是先在徐州地区彻底歼灭中国军队主力,然后沿陇海铁路西取郑州,再沿平汉铁路南夺武汉。

寺内寿一利用一部兵力正面牵制中国守军,迫使中国军队展开主力应战,主力则从西侧迂回包围徐州。5 月中旬,在武昌的蒋介石不断接到前方战事越来越惨烈的战报,徐州国军突然面临严重危机。蒋介石突然意识到:日军的意图是要围歼徐州地区的中国军队主力。蒋介石立即叫来何应钦、白崇禧、陈诚等人进行研究,蒋介石认为,日军的企图已经明了,再死守徐州将有危险,何应钦等人亦主张赶紧突围,遂决定放弃徐州,下令徐州守军撤退。寺内寿一见没有达到作战目标,恼羞成怒,于1938年5月底解除了屡次不遵守方面军南下截断徐州中国军队后路作战指示的第1军司令香月清司的职务。

5月下旬,日军迂回部队土肥原贤二的第1师团沿陇海铁路西进,正好碰到由徐州向皖西、豫南地区撤退的中国军队,双方展开一场大战。日军攻势凌厉,中国军队畏缩不前,没能阻止日军前行。6月4日,日军第14师团占领兰封后继续向开封进攻,6日凌晨,开封失守。

为阻止日军前进,6月9日,蒋介石接受第一战区建议,下令在郑州东北花园口附近炸开黄河大堤,河水顷刻经中牟、尉氏沿贾鲁河一路南泛。位于泛滥区中心的日军第16师团一批士兵被冲走、淹死,来不及撤走的火炮、战车等重武器均沉没于水底,日军只好由航空兵用飞机投放食物、医药及救生等设备。新郑以南的第16师团第30旅团的5个大队只好就地自救,最后由日军第2军派船艇队将其撤回。黄河水拦住了寺内寿一冲向武汉的步伐,面对滔滔黄河水的阻拦,寺内寿一被迫向黄泛区以东地区撤退。

六

1936年11月,为了掩美、英等国的耳目,日、德以“反共”为幌子,借签订《日德防共协定》,初步缔结盟约。1937年11月,德、意、日三国签订三国议定书,法西斯侵略轴心酝酿形成。1938年初,日、德为了满足不断扩大的侵略贪欲,分别向对方提出了签订军事同盟的意向,于是,双方开始频繁接触。尤其是试探苏联的张鼓峰事件中,日军的惨败和苏方的强硬态度,使日本更想赶紧拉拢德国签订军事同盟协定。

由于寺内寿一曾在欧洲待过,而且尤为熟悉德国情况,7月,大本营暂时将寺内寿一调离华北方面军,作为日本特使前往欧洲,赴德、意探询信息,担负促进日本与德、意结成法西斯联盟的任务。在德、意期间,他接触了两国的一批军政要员,三国联盟的意志更为坚定。此行之后,寺内寿一坚决鼓吹必须同德、意两国签订一个包括针对英、法在内的三国军事同盟,日本才能获得持久的胜利。

寺内寿一的主张并没有得到同意,外务省和海军省认为时机不成熟,怕招致美、英、法的抵制,因而坚决反对,内阁只好暂时作罢。未达到目标的寺内寿一回到中国大陆,继续当华北方面军司令官。寺内寿一配合华中派遣军先后攻占了武汉和广州两个重要城市,并把战火烧到了中国长江以南地区,占领了华北、华中、华南的广大领土,成为侵略中国的主要罪犯。

日本发动全面侵华战争之后,随着战线的拉长,兵力愈显不足,同时国内资源匮乏,难以维持持续的战争消耗。1938 年底,东京大本营为了掌控整个侵华战局,发动更大的侵略战争,着手对在华日军的部署进行了新的调整。11 月 25 日,寺内寿一离任华北方面军司令官,回国出任军事参议官。

七

1941 年 9 月 6 日,御前会议制定了《帝国国策施行要领》,并于 11 月 5 日最终通过了该要领,决定"帝国为完成自存自卫,不惜与美(英、荷)开战",将"南进"方针定为下一步国策行动的主要目标。1941 年 11 月 6 日,大本营正式组建南方军作为南方作战的战略兵团,统辖 11 个师团 25 万人。裕仁天皇钦命寺内寿一为南方派遣军总司令官。寺内寿一的主要任务是"与海军共同协力,以主力集中于印度支那、华南、中国台湾、西南诸岛及马来群岛方面,准备攻占南方要域"。随后,在不到半年的时间内,寺内寿一指挥日军侵占了东南亚和太平洋岛屿的广阔土地,沦陷地区的人口达 1.5 亿之众。

1943 年 6 月 21 日,寺内寿一被授予元帅称号。他和父亲成为日本陆军仅有的父子大将、父子元帅。1944 年,东条英机下台后米内光政曾推荐寺内寿一担任首相,但内相木户幸一以其尚在前线很难回来为由否决,他和父亲就差一步成为父子首相。

1944 年以后,随着盟军的反攻,日军根本挡不住盟军的攻势,各路日军纷纷败退。当寺内寿一得到敏铁拉会战惨败、完全丢失了缅甸的消息后,当场中风倒下。1945 年初以后,寺内寿一还妄图顽抗,他重新进行部署,企图通过收缩兵力来独立抵抗盟军。1945 年 8 月 15 日,日本天皇宣布停战。寺内寿一虽心有不甘,却又不得不命令全军“承诏必谨,誓安圣虑”。9 月 12 日,寺内寿一委派第 7 方面军司令官板垣征四郎大将代表自己和南方军在新加坡签订投降书。投降后的寺内寿一作为战犯嫌疑人被关押在新加坡监狱。1946 年 6 月 12 日,寺内寿一服刑期间病死。

他死后,日本战俘决心为他们的元帅修一座符合身份的豪华坟墓,他们以修建营房为名,秘密采集石料,一夜之间把巨大的石碑树立起来,并用钢筋水泥加固。其行动之迅速和秘密使英国人大为震惊,英国人气急败坏,而又无可奈何。寺内寿一的坟墓坐落于新加坡,采用柔佛(今属马来西亚)南部的一座石山(据称这座石山上曾发生过日军和英澳联军的激战)上的浸染了日本军人血迹的石料筑成。

“日本陆航第一人”杉山元

杉山元，日本元帅，日本二战期间晋升的陆军三元帅之一，曾任陆军次官、陆军教育总监、陆相、参谋总长等职，是发动全面侵华战争和太平洋战争的积极策划和组织者，性格异常坚忍顽固。日本投降后，他开枪自杀。

一

杉山元，1880 年 1 月 2 日出生于福冈县一个武士家庭。1893 年 4 月，杉山元进入福冈县立丰津中学学习。1898 年 3 月，杉山元中学毕业后即应征为陆军士官后补生。在校期间杉山元文化课极好，与后来的侵华日军总司令畑俊六和首相小矶国昭为同学，后两者的文化课成绩都比不上杉山元，不过杉山元骑术和机械等需要运动的项目就很一般。1899 年 12 月—1900 年 12 月，杉山元就读日本陆军士官学校第 12 期。军校的培养和锻炼，使他很早就立志成为一名无愧于天皇的军人。

1904 年 2 月，杉山元任步兵第 14 联队第 3 大队副官，随部队进入中国，参加日俄战争。杉山元在中国东北参加本溪湖附近的日俄沙河会战时，头部负伤，伤愈后留下终身伤痛，右眼睑下垂，这成了他的明显标志。1905 年 4 月，杉山元改任中队长，后被任命为预备队中队长并返回国内。1907 年，杉山元考入陆军大学第 22 期，毕业后调到参谋本部情报部任职。1912 年，杉山元以海军中尉身份随日本练习舰队相继出访菲律宾和新加坡等地，侦察当地驻军及防务，收获颇多，受到总部嘉奖。1914 年 3 月，杉山元晋升为少佐，调回步兵第 14 联队任职，8 月，任步兵第 14 联队大队长。

1915 年,杉山元出任英属印度使馆武官期间,了解了印度独立运动,结识了早期印度独立运动领导人布斯。布斯是印度激进派的独立运动领袖,遭英国当局通缉,杉山元不顾英日同盟,掩护对方逃到日本,赢得了包括印度激进独立运动家,也是自由印度临时政府的领导人、印度国民军最高指挥官、印度国大党领导人钱德拉·鲍斯等人的好感。

1918 年,杉山元出访中东,考察了英国将领埃德蒙·艾伦比指挥的美吉多战役并对这次战役进行了全面研究。埃德蒙·艾伦比大力增强其空军的力量,夺取制空权,打击地面部队,最后取得了胜利。杉山元对飞机在战争中的作用有了新的认识。随后杉山元又出任国际联盟空军代表的随员。经过考察和在联盟的工作,杉山元对空军越发感兴趣,回国后大力鼓吹建立陆军航空兵。1918 年 12 月起,杉山元先后被任命为第 2 航空大队队长,陆军省军务局首任航空课课长、军事课课长等职。1925 年 5 月,杉山元晋升为少将,1928 年 8 月,调任陆军省军务局局长。1930 年 8 月,杉山元晋升为中将,被任命为陆军次官。

二

随着日本关东军加快对中国东北侵略的步伐,杉山元在陆军省内部极力宣扬武力解决“满蒙”问题的重要性,不遗余力地主张对华进行侵略。当时,内阁和参谋本部对关东军急于要发动对“满蒙”的武装行动持反对态度,要求其“克制”,明确指示关东军“暂缓”实施计划,再“隐忍自重一年”。但杉山元等人对参谋本部的指示不但不予理睬,还私下暗自指使关东军做好发动侵略战争的准备。1931 年 4 月,杉山元深思熟虑后,建议调遣陆军第 2 师团赴中国东北驻防并获得内阁的批准。第 2 师团的士兵大都来自日本北部地区,那里气候寒冷,与中国东北气候相近,士兵的耐寒能力强。杉山元调该师团到中国东北,就是要增强关东军在中国东北寒冷地区的作战能力。不仅如此,杉山元还促使陆军通过一项决议,将原来关东军各师团轮换驻防制改为永久驻防制,使部队适应当地的环境,了解对手的实力,为日后对东北用兵做了必要准备。

1931 年,在听取了沈阳特务机关长土肥原贤二关于准备扩大侵略战争的报告后，杉山元立即指示关东军不用犹豫，按照既定的方针进行。杉山元又与陆军省中主张对华侵略的积极分子进行密谋会商，研究具体细节问题，提出了武力解决中国东北的作战计划，并且公然叫嚣借“中村事件”，用武力解决中国问题。

日本国内军部也抓紧制定侵略中国东北的“政策”。经过反复争论，1931 年，杉山元推动并主持了日本参谋本部与陆军省就《满蒙问题解决方策大纲》的讨论与拟订，这份文件就是一份武装侵略计划书。文件明确了日军侵略中国东三省的具体原则、步骤和措施，允许关东军在“必要时”不用请示，可以直接采取军事行动，行动时，关东军兵力与指挥问题由参谋本部直接控制。这一文件的形成，推动了日本国内侵略中国的决心，也极大地助长了关东军的侵略气焰。

9 月 19 日清晨，九一八事变的消息传到东京后，杉山元紧急约见陆军省军务局局长小矶国昭和参谋本部次长二宫重治分析当前局势，研究对付事变的策略，形成下一步侵略的意见。三人一致决定利用这一时机进一步扩大侵略范围，迅速向中国增兵，一举实现独霸中国东北的野心。由于杉山元等军部首脑人物的怂恿、唆使，关东军更加肆无忌惮，加紧扩大侵略战果，组织日军向东北各地推进，不久，中国东北全境即全部陷入关东军的魔爪之下。

日军侵占中国东北以后，为了转移国际舆论的压力，又蓄意在上海挑起了一·二八事变，开始武装进攻上海。杉山元积极调兵遣将，协助组织和指挥了日军这次军事行动。由于驻上海的中国第 19 路军奋起抵抗，日军受阻。陆军部又增派兵力，调整部署。在松井石根被任命为上海派遣军司令官后，首相近卫文麿、陆相杉山元、海相米内光政一起在东京车站为他送行。松井石根对杉山元说要打到南京去，请把全体陆军团结起来。对近卫文麿说：“我想去南京，请理解。”近卫文麿问杉山元：“陆军真的要一直打到南京去？”杉山元含糊其词：“松井也就是那么说，他到不了南京，撑死打到芜湖。”3 月初，日军在杭州湾登陆，第 19 路军腹背受敌，被迫撤出上海。

1932 年 2 月底，杉山元离开了陆军省，被调任第 12 师团师团长，准备率部赴上海作战。日本陆军第 12 师团属于甲级精锐师团，其驻地正好在他的故乡，但回到驻家乡部队任职的杉山元内心并不快乐。杉山元认为，他在上海事变还未结束就离开陆军省，上海战事未完，他的使命也未完成。在任师团长期间，杉山元举办讲演会，开展针对性训练，煽动人们的军国主义情绪，以策应前线日军对中国的侵略。

1933 年，杉山元被调任日本航空本部部长。这正是他的用武之地，他也乐于从事这项事业。杉山元到任后积极谋划，多方协调，重新修订航空兵操典，制定了航空兵一系列规程，为日本陆军航空兵战术的提高和航空兵教育奠定了基础。在他的不断努力下，日本陆军航空兵发展成一支强有力的作战部队，他因此被称为“日本陆航第一人”。1934 年 8 月，杉山元晋升为参谋次长并兼陆军大学校长，培养了一批军国主义军官。1936 年，二二六事件发生后，杉山元因阻止不利，受到牵连而辞去参谋次长职务。

1936 年 8 月，杉山元任陆军教育总监兼军事参议官，11 月 2 日，晋升为陆军大将。1937 年 2 月，杉山元任陆相。

三

卢沟桥事变爆发后，身为陆相的杉山元奔走于内阁与天皇之间，极力主张向中国增加兵力，扩大战争规模，他强硬地反驳不扩大派说：“所谓不扩大，只是避免全面战争，而不是不顾皇军的威信。”他竟然向天皇保证，三个月解决中国事变。7 月 11 日，杉山元责成陆军省和参谋本部共同制定了《关于华北作战的协定》，同时，向内阁提出增兵华北方案。7 月 18 日，近卫文麿首相召开“五相会议”，杉山元力主增兵华北，扩大在华驻兵规模，内阁同意了他的意见。7 月 23 日晚，他亲自向第 5 师团、第 6 师团、第 10 师团下达动员令，向华北增兵 20 万，战马 5 万匹，把国内的精锐部队派往中国华北，做对华开战准备。8 月 10 日，杉山元又决定向上海增派两个师团的兵力。

8 月 15 日，日本政府发表了由杉山元等起草的《对华宣战声明》，侵华战争全面爆发。杉山元叫嚣“迅速予敌彻底打击，以期早日收拾时局”。紧接着成立华中方面军、华北方面军，对中国作战部署全面展开。杉山元非常乐观地看到，在攻陷上海和占领华北广大地区后，又攻陷了中国首都南京，似乎中国军队已无抵抗能力。但蒋介石及中国军队退入内地，依然顽强抵抗。杉山元才真正意识到中国地广人多,仅凭日本现有经济状况和军队实力,很难在短时间内解决中国问题。

1938 年 6 月,杉山元改任军事参议官。11 月,杉山元在做盲肠炎手术休养期间被调任华北方面军司令官,任务是维持占领的华北地区的安定局面,努力迅速恢复河北省北部、山东省、山西省西部及内蒙古地区的治安,确保主要交通线的安全。他到任后,指挥华北日军多次开展“治安肃正”作战,打击中国的抗日力量,妄图摧毁华北敌后抗日根据地。

1939 年夏,按照杉山元命令,日军华北方面军调集 5 万余人,由梅津美治郎指挥,对太行抗日根据地进行扫荡,控制主要城镇,分割抗日根据地,企图寻歼八路军主力。八路军各部队向占据交通线之日军展开袭击战、围困战。下旬,日军撤出占领地区,北移长治,以巩固长治及其周围地区。至此,扫荡作战以失败结束。

1939 年 9 月中旬,日本从新调整了在华日军兵力部署和序列,在南京设立中国派遣军总司令部,任命教育总监西尾寿造大将为总司令官,前陆相板垣征四郎中将为总参谋长,统一指挥华北方面军、第 11 军、第 13 军和第 21 军。杉山元卸任华北方面军司令官,转任军事参议官,回到日本国内就职。

四

1940 年 10 月,日本为了应付与美国的紧张关系,为做不惜与美国开战的准备,天皇挑选杉山元出任参谋总长。1940 年 11 月 13 日,杉山元以参谋总长身份参加御前会议,讨论并通过了大本营提出的《处理中国事变纲要》。该纲要明确通过武力作战打击中国军队,阻止美英援蒋活动,调整因诺门罕战役形成的日苏紧张关系,迫使中国政府屈服,建立长期持久作战体制。

1941 年 3、4 月间,杉山元亲自率领一批参谋、情报人员,前往中国南部、法属印度支那、泰国、马来西亚、印度尼西亚等地进行视察,了解掌握当地的军力和部署,为与美国、英国和荷兰开战做准备工作。首相近卫文麿与杉山元、海军军令部长永野修身一起进宫,向天皇禀报大本营联络会议意见。杉山元代表海、陆军颇有把握地向天皇奏报了已拟好的对马来西亚、新加坡和菲律宾的作战计划,并向天皇保证在150天内占领东南亚,夺取印度尼西亚的石油资源。

1941年12月7日,日军偷袭美国海军基地珍珠港,随后对美宣战,太平洋战争爆发。战争初期,杉山元协助天皇指挥日本海、陆军迅速侵入东南亚各国,进展十分顺利。70天攻克新加坡,100天攻克印度尼西亚,击败了英国、荷兰及当地军队,摧毁了英国、荷兰在当地的殖民统治,占领了东南亚和西南太平洋大部分地区,比预期还要顺利地完成了全部作战计划,日本国内一片欢呼之声。

1943年6月,杉山元获元帅称号。但是,此时日本的南进作战却面临着战局逆转的危险。美军反攻速度之快,规模之大,作战能力之强远远超出了日本人的想象,日军已无法阻止美军舰队在太平洋的大举进击,美军开始直冲日本防线,日军已开始走下坡路了。2月21日,陆相东条英机和海相岛田繁太郎分别被天皇任命为参谋总长和军令部总长。杉山元辞去参谋总长职务,转任教育总监,杉山元成了继上原勇作元帅之后第二个在陆军三大部门都做过主官的军人。

1944年7月22日,日本危急时刻,杉山元临危受命再次担任陆相。此时的杉山元仍气焰非常嚣张,调整兵力部署并撤换指挥不力的军官,叫嚣要把太平洋战争进行到底,但已无法挽回覆灭的下场。1945年4月8日,为实施本土抵抗,日本将国内防卫军分成两部分,组成第1总军和第2总军。杉山元被任命为第1总军司令官,总兵力约70万,主要负责津轻海峡以南包括石川、岐阜、爱知、三重县在内的本州东部地区防御。

虽然日本本土已经遭到美军惨重轰炸,失败就在眼前,但杉山元身为本土作战的最高负责人之一,仍极力主张抗战到底,以殊死抗争来抵御进攻本土的美军,并企图乘对方立足未稳之机,全线出击,将美军消灭。8月14日,天皇召见第1总军司令杉山元、第2总军司令畑俊六和海军军令部长永野修身三位元帅,表达终止作战的决心,要求军队服从命令。杉山元尽管主张抵抗到底,但面对天皇的决定,只能服从。8月15日,天皇裕仁在宣读了《终战诏书》。至此,日本法西斯宣告战败,无条件投降。

顽固不化的杉山元自知无力回天,但也深知自己作为日本发动全面侵华战争时的陆相和发动太平洋战争时的参谋总长,罪责难逃。9月12日下午5时,为逃避审判,杉山元在第1总军司令官室开枪自杀,结束了罪恶的一生。杉山元的前两位妻子均死于肺结核。当晚,杉山元的妻子启子在得知丈夫自杀的消息后,在自己家里的佛堂,身着全白丧服,嘴里叨念着丈夫的名字,仿照武士做法用短刀戳穿心脏自杀,随夫而去。

“末位元帅”畑俊六

畑俊六，日本陆军元帅，曾任日本驻台湾军司令官、陆军教育总监、侵华日军总司令等职，是欠中国人民血债最多的日本将领之一。远东国际军事法庭判处畑俊六无期徒刑。后提前假释出狱。

一

畑俊六，1879 年 7 月 26 日出生于日本东京的一个武士家庭，排行第二。畑俊六的哥哥畑英太郎也是日本陆军大将，九一八事变前病死在关东军司令官任上。1885 年，畑俊六进入东京四谷普小，1891 年，举家迁居函馆，转入函馆市弥生小学学习。1893 年，其父因心脏病去世，举家又搬回东京。1896 年 9 月，畑俊六进入陆军中央幼年学校学习，他聪明好学，不怕吃苦，以第三名的成绩从学校毕业，随后进入野战炮兵第 1 联队。同年 12 月，进入陆军士官学校，同期学生中有杉山元、小矶国昭等战犯。次年，在同期 660 名学生中以第二名的成绩毕业，正式开始他的军人生涯。1901 年，畑俊六被任命为炮兵少尉。

年轻的畑俊六身体健壮，而且酷爱运动，军事素质极高。1904 年，日俄战争时期，他在乃木希典的第 3 军服役，在进攻旅顺外围鸡冠山一役中，一颗子弹射穿了畑俊六肺部，使其险些丧命。治愈后，他的身体就越来越消瘦，一脸病态，以至于不了解他的人还以为他是个烟鬼。由于作战勇敢，表现突出，畑俊六名声大噪，获得了第一枚功五级金鵄勋章，奠定了他日后飞黄腾达的基础。

伤愈后，畑俊六因“功”进入陆军炮兵工科学校学习，从陆军炮兵工科学校毕业之后，又进入日本陆军大学学习。1910 年，畑俊六以顽强毅力，克服伤痛，以第一名的成绩毕业于陆军大学,随后进入参谋本部。当时,正值参谋本部根据《帝国国防方针》和《帝国用兵纲领》制订针对中国的年度作战计划,他作为计划起草人员随队来到中国进行了为期两个月的考察。通过这次考察,其对中国政治、经济、军事有了更深切了解,为日后侵略中国做了准备。

第一次世界大战爆发前夕,畑俊六被派往德国使馆担任武官,在德国他一方面尽心完成本职工作,另一方面主要考察学习德国的军事思想及战略战术,对德国的先进军事理论有了全面了解。大战爆发后,他回到日本,继续在参谋本部任职,不久又被派往瑞典任驻使馆武官,主要搜集大战的情报,了解大战的进程。1916 年,畑俊六奉调回国,在参谋本部担任作战班班长,参加了《帝国国防方针》及《帝国用兵纲领》等重要文件的修改。

1918 年,畑俊六兼任军令部参谋,后作为巴黎和会全权代表的随员赴欧参加和会,开阔了眼界。1919 年,畑俊六担任陆军大学教官,专门从事战术教学。1920 年,畑俊六第二次到中国考察,深入了解中国情况。同年,晋升为陆军炮兵大佐,任野战炮兵第 16 联队联队长,随后出任陆军野战炮兵学校教导队联队长。1923 年,升任参谋本部作战课课长兼军令部参谋,负责制订作战计划。1926 年,畑俊六晋升为陆军少将,担任野战炮兵第 4 旅团旅团长。1927 年,畑俊六再回参谋本部任第 4 部部长,随后转任作战部部长,在此期间,作为总部人员参与其兄关东军司令畑英太郎及参谋板垣征四郎、石原莞尔等策划的占领中国"满蒙"的行动,为行动提供支持。

当时,日本国内尤其是军部主张迅速出兵占领中国东北,将东北变为日本殖民地,以此为基地进一步向中国内地扩张并向北出兵,进击"赤化的策源地苏联"。畑英太郎同关东军高级参谋板垣征四郎、石原莞尔等人按照军部指示,多次组织考察论证。畑英太郎命令板垣征四郎、石原莞尔等人组成关东军参谋旅行团,到辽西做进攻锦州的实地考察,制订了《关东军占领满蒙计划》,积极策划对东北军采取较大的行动,最终造成九一八事变。

1930 年 1 月,畑英太郎在关东军内组成满蒙占领地区研究会,自任会长,专门研究关东军现场作战战术及物资保障和部队协调问题。5 月,畑英太郎邀请其弟、参谋本部作战部部长畑俊六到中国东北,协商军部保障支持问题,会商具体作战事宜。1930年5月1日,畑英太郎晋升陆军大将。正当积极策划侵占东北,制造日军更大的军事行动之时,5月31日,畑英太郎却在关东军司令部患急病去世。关东军的军事行动只好暂时停止,畑俊六也只好暂时作罢。

1931年,畑俊六晋升为陆军中将,担任野战炮兵总监。自1933年起,畑俊六先后担任第14师团师团长、陆军航空本部部长、台湾军司令官等职。1937年,畑俊六晋升为陆军大将,就任教育总监一职,成为日本陆军的首脑人物之一。

华中方面军侵占南京后,制造了震惊世界的“南京大屠杀”,遭到国际社会的谴责。迫于国内外的舆论压力,1938年2月,日军大本营不得不撤回松井石根等人,由畑俊六接任华中派遣军司令官。

二

畑俊六到任后,按照日本大本营指示,联合华北方面军,组织实施了南北对进,企图歼灭中国军队主力的徐州会战。5月19日,日军攻陷徐州,打通陇海线,但由于中国军队主力迅速后撤,预定歼灭中国军队50万人的计划落空。徐州会战以中国军队撤退而告终,中国军队在徐州地区坚守达5个月之久,虽然损失惨重,但实现了以空间争取时间的目的,从而为中国军队在武汉地区集结、布防赢得了时间。

随着日军占领地域的不断扩大,兵力分散的情况也更加严重,相互之间配合不力。紧接着,中国军炸开了河南花园口附近的黄河大堤,挡住了日军的推进。日军上层的中国政府很快向日本屈服的念头很快消失了,陷于长期作战的阴影开始笼罩在日本人头上。

中国军民的抗战决心,加之中国军队主力的撤出和顽强抵抗,使日军成骑虎之势,日本政府不得不调整计划:增加35.2亿日元战争经费,并在2个月内征招新兵24万人,组成10个师团,困难到“连学校教练用的步枪都被收回”用于装备扩建的军队。御前会议决定硬着头皮发动超过国力的武汉会战,企图迅速攻取武汉,争取消灭更多的中国军队,占领更广大的地区,以此达到逼迫蒋介石和中国军队低头、尽快结束战争的目的。

1938 年 6 月 18 日,大本营几经商讨,最终向陆海军下达了武汉会战的命令。畑俊六虽然对武汉会战有异议,不同意搞这么大规模的战役,但接到命令后,仍积极调兵遣将,开始进行进攻武汉的作战准备。先派兵攻占军事重镇安庆,修建机场,将德川好敏中将的航空兵团部署在此地,以方便日军战斗机和轰炸机从此起飞,为轰炸武汉抢占制空权。6 月底,畑俊六与日本海军达成共同作战的协定,由海军负责打通长江水路交通,并由海军沿长江运送陆军部队。

1938 年 7 月 23 日,日军主攻部队在姑塘登陆。畑俊六率其所属 14 个师团的兵力,投入这场战争。7 月 26 日,日军攻占九江,8 月 1 日,占领黄梅,进军神速,中国军队被迫撤退。战前畑俊六进行了具体的作战部署,他命令东久迩宫稔彦王中将所率第 2 军 4 个师团向庐州附近集结,命令冈村宁次中将所率第 11 军的 5 个师团和精锐波田支队向黄梅、九江附近靠拢,由 9 个师团 2 个旅团 25 万之众组成进攻部队,直接参加武汉会战,两支大军以南北平行运动的钳形攻势,直扑武汉。另以海军第 3 舰队、航空兵团等,共有各型舰艇约 120 艘、各型飞机约 300 架予以配合。为巩固已占领地区,保障此次作战顺利进行,畑俊六还将 5 个师团的兵力布置在上海、南京、杭州、安庆等地维持当地稳定。

日军侵占南京后,武汉实际上成为当时全国军事、政治、经济中心和战时首都。7 月 6 日,国民政府在武汉召开了国民参政会第一届会议。大会研究了抗战事宜,组织抗日力量,庄严宣告:“中国民族必以坚强不屈之意志,动员其一切物力、人力,为自卫、为人道,与此穷凶极恶之侵略者长期抗战。以达到最后胜利之日为止。”大会要求全国军民“一切的奋斗,要以巩固武汉为中心,以达成中部会战胜利为目标”,表达了抗战到底的决心,表达了保卫武汉的决心。为此,动员了中国第五、第九战区所属部队,总计 14 个集团军、50 个军,以及空军、海军作战飞机约 200 架、舰艇 30 余艘,总兵力近 110 万人参加会战。战场遍及长江南北两岸,安徽、河南、江西、湖北 4 省广大地区。

畑俊六所率南北两路日军在击退中国军队各处顽强、持续的阻击,激战 4 个月,付出惨重代价后,才艰难地突破 50 万中国大军的拦截,突入武汉外围,迟至 10 月底才完成由东、南、北对武汉的三面包围。及川古志郎率内河炮舰和海军航空队沿江西上,突破马当、田家镇要塞,也即将进占汉口。

蒋介石鉴于武汉外围已无险可守,又吸取南京保卫战的教训,从持久抗战的战略角度出发,未与敌决战,不做孤城困守,决定放弃武汉,退至重庆。10 月 25 日,中国军队弃守该城,从武汉地区撤退,保存了有生力量。日军 26 日占领武昌、汉口,27 日占领汉阳,武汉会战至此结束。

11 月 2 日,畑俊六以战胜者的姿态乘军舰抵达武汉,但他内心清楚,此战日军虽然攻占武汉,却是在部队伤亡惨重的情况下取得的胜利。在武汉会战前蒋介石有 300 万军队,武汉会战后他还有 300 万军队,中国军力资源丰厚,而日本已经用尽全力,国内只剩 1 个师团看家护院。大会战中,日军补充四五次兵员,人数达 40 万之众,死伤近 20 万人,病倒近 15 万人,会战之后已无力再组织更大规模的进攻了,战局不可避免地走向日本最感痛苦的长期消耗战。

畑俊六晚年曾对友人说,指挥"徐州会战"和"武汉会战"是他平生最大的遗憾:"当时,中国大陆的战争已到了见好就收的时候了,再进一步深入,日本将很危险。我掌握着华中派遣军,可以命令士兵们停止进攻,但其他地区的派遣军(指华北方面军的寺内寿一)和国内的主战派只听从天皇陛下的命令。我曾经派特使向天皇陛下汇报了我对于大陆形势、日本的将来和国际形势的看法,无奈多数大将反对,陛下只好否决了我的提案。"

三

1938 年 12 月 15 日,畑俊六回国任军事参议官。1939 年 5 月 25 日,转任天皇的侍从武官长,负责服侍和保卫天皇。同年 8 月,昭和天皇以畑俊六诚实可靠为由,任命他为阿部信行内阁的陆相,并在米内光政内阁继续留任陆相。1940 年初,由于对华战争消耗巨大,国力难以继续支持,无计可施的日军大本营决定,如果对华战事再无进展,就把驻华日军削减到 40 万,撤出武汉地区。1940 年,日本陆军再次提出"南进",要求内阁与德、意结成同盟,与英、美争夺太平洋地区,而米内光政首相却反对结成三国同盟。畑俊六代表陆军强硬表态,以不与德、意结成同盟就辞去陆相职务要挟米内光政,米内光政拒不妥协,双方僵持不下,米内光政只好宣布辞职。近卫文麿组阁后,启用强硬派东条英机担任陆相,终于促成德、意、日三国同盟。

1941 年 3 月，畑俊六再次被派往中国，接替西尾寿造出任中国派遣军总司令官，负责统一指挥侵华日军的侵略活动。行前，首相近卫文麿以及陆相板垣征四郎都单独与畑俊六会谈过，都希望畑俊六上任后尽快掌控局势，加强对重庆方面的打击，迫使中国政府屈服。畑俊六以最快的速度将工作交接完毕，乘专机直接赴南京中国派遣军总司令部履职。

畑俊六上任后立即召集中国战场上两大方面军司令官及有关人员会议，商讨对华作战方案。研究决定，华北部队以维持治安及占据地区肃正为主，继续实施"清剿"和"扫荡"，打击共产党所领导的八路军和其他抗日力量，同时调集派遣军直辖的第 11 军、第 13 军主力再次向长沙发动进攻，一是为了寻找机会歼灭第九战区的有生力量，二是借此来打击国民政府，彻底解决中国问题。

10 月，日军大本营批准长沙作战计划，同天夜里，畑俊六下达了加号作战命令，此次作战的主要目的是摧毁中国军队的抗战企图，给第九战区军队一大打击。日军第 3 师团、第 4 师团、第 6 师团、第 40 师团及其他部队，总兵力达 12 万余人，向长沙发动大规模进攻。中国第九战区司令长官薛岳率领 10 个军在其他战区的配合下顽强抵抗，在 2 个月的时间里，消耗了日军的大量有生力量。日军虽然占领了长沙，也给中国军队造成巨大伤亡，但妄图一举歼灭第九战区主力的计划遭到失败，无法在长沙站稳脚跟，攻占长沙仅 2 天便迅速返转，退回原驻防地。

1941 年 12 月，为了策应香港作战，从提出设想到发出命令，大约一共只有短短的 12 小时，仓促决定发动第三次长沙会战。日本第 11 军司令阿南惟几率 30 个大队共约 6 万日军，向薛岳部 30 个师 30 万中国军队发动牵制性攻击。由于指挥失误，遭到中国军队合围，弹尽粮绝，兵无斗志，最后攻击部队靠空投补给维持生存，乘中国军队没有形成严密合围才突围而出。第三次长沙会战又以日军失败告终。

1942 年 4 月，美国空军空袭东京，事后轰炸机在中国浙江衢州机场降落，日本国内十分震惊，大本营羞愧难当，当日决定并指示畑俊六派兵摧毁中国浙赣线上的空军基地和机场。杉山元明确说："根据全面形势，必须立即摧毁浙江机场群。"4 月 30 日，大本营下达了第 621 号命令："中国派遣军总司令官应尽快开始作战，主要是击溃浙江省方面之敌，摧毁其主要航空基地，粉碎敌利用该地区轰炸帝国本土之企图。”

1942 年夏季，按照大本营指示，为摧毁中国浙江机场，打击中国第三战区主力，畑俊六下令发动了浙赣会战。此次会战，历时 3 个月，出兵 87 个大队。日军曾经占领衢州机场，但损失严重，第 15 师团师团长酒井直次阵亡，“现任师团长阵亡，自陆军创建以来还是首次”，日军战史记载伤亡 1.7 万人。此战，日军对中国的交通设施进行了大破坏，基本达到了“没收与破坏铁路设施和器材以及其他培养战力的各种军事、政治、经济设施和资材”，“抢掠物资，并掳劫青壮年”等“以战养战”的目的。

1944 年，日军大本营为解决孤立于南太平洋上的日军补给线问题，企图在中国大陆打通一条北南交通运输线，将平汉、粤汉和湘桂铁路贯通起来，形成一条由中国北部直达南方，通往越南，最后到达新加坡的大陆交通线，建立大本营与南太平洋上孤军之间的联系。为此，日军大本营制订了“一号作战”计划，即中国通常所说的涉及多省的豫湘桂会战。

畑俊六按照“一号作战”计划，命令部下拟定了一个由北而南、全面进攻的计划。首先由华北方面军发动攻击，打通平汉铁路，同时歼灭驻守河南的中国军队主力。而后由驻武汉的日军第 11 军攻击衡阳，摧毁中国第九战区主力，并打通这一段的交通线路。继而在华南第 23 军配合下，第 6 方面军由广州北上，以打通粤汉铁路和击垮中国驻军为目标发起攻击，并与第 11 军会师。最后出兵攻占广西和越南的通路，形成一条南北贯通的大动脉。同时，命令日军亦需尽量攻击并摧毁中国军队在江西、湖南和广西的机场，使中国军队失去空中支援。从这份计划中可清楚地看出，日军将先后进行豫中、长衡和桂柳会战。

豫中战事结束后，畑俊六马上在武汉设立前进指挥所，并将第 5 陆军航空军指挥所也移至武汉，同时，命令第 11 军等各部队向长江沿岸结集，准备发起进攻。为此，由中国派遣军直接组织人员，对第九战区中国军队前三次长沙会战打法进行了比较研究。畑俊六乐观地预计可一举击破长沙、衡阳，但在桂柳会战时，必须做好迎战由印缅及云南返回的中国精锐部队——远征军的准备，为此专门成立了第 6 方面军，由冈村宁次指挥这次作战。

“一号作战”中，烟俊六指挥驻中国各地日军51万余人，在8个月的时间里，从北到南多次组织大型战役，击溃了国民党军队五六十万人，侵占了河南、湖南、广西、广东等省的大部和贵州的一部分地区，打通了大陆交通线，完成了预定的作战目标。日军攻占了4个省会及140余座城市，还占领了衡阳、零陵、宝庆、桂林、柳州、丹竹、南宁等7个空军基地和36个飞机场，使中国军队遭受巨大损失。日军虽然取得了最后的“胜利”，但这也是日本法西斯侵略者的最后挣扎，此后，日军再没有组织大规模进攻。

四

由于烟俊六在侵华战争，尤其是“一号作战”中的“卓越战绩”，1944年6月2日，烟俊六晋升为陆军元帅，天皇亲自向他颁发了一级金鸦勋章。1944年11月，烟俊六被调回，任陆军教育总监。1945年4月，为作迎击美军进攻本土的准备，烟俊六任日本第2总军司令，司令部设于广岛，负责近畿、四国等西日本地区的防御，准备进行本土决战。8月8日，广岛遭美军原子弹轰炸，一片凄惨，但烟俊六却幸免于难。

8月14日，天皇召开御前会议，就目前战事，听取第1总军司令杉山元、第2总军司令烟俊六、海军军令部总长永野修身等人的意见，烟俊六与杉山元等主战派意见完全不同，明确表示：他的军队无力正面阻止美军登陆。1945年8月15日，日本天皇宣布无条件投降。

日本投降后，中国政府指控并强烈要求审判烟俊六，远东国际军事法庭将烟俊六作为甲级战犯嫌疑人逮捕，关入东京巢鸭监狱。烟俊六成为被告席上唯一一名日本陆军元帅。由于原首相米内光政为其辩护，烟俊六逃脱了缔结德、意、日三国同盟的罪责。法庭指控烟俊六犯有积极从事侵略战争以及宣传法西斯主义等罪行。

1948年11月12日，远东国际军事法庭以5∶6的表决票数（5票赞成死刑，6票赞成无期徒刑）正式宣布判处烟俊六无期徒刑，幸免一死的烟俊六感激地朝着法官席鞠了一躬。烟俊六在巢鸭监狱关押不到10年就假释出狱，出狱后不久，就担任了“陆军军官亲善团体偕行社”的会长，组织军官并亲自到全国各地去慰问战亡者家属。

1956年，梅兰芳带领中国艺术表演团访日，畑俊六托人向梅兰芳捎信转告中国政府说，愿意到北京去住监狱，换回仍关押在中国的1 000多名日本战犯。1962年5月10日，畑俊六在准备参加一个为阵亡者歌功颂德的“忠魂碑”建成揭幕仪式前，因病猝死在一家名叫“龟文馆”的旅馆里。

第一任中国派遣军总司令西尾寿造

西尾寿造,日本陆军大将,曾任关东军参谋长兼特务部部长、教育总监、中国派遣军总司令官等职。1945 年 12 月,被指定为甲级战犯嫌疑人,但没审问就于 1948 年 12 月释放出狱。1960 年,在东京都病逝。

一

西尾寿造,1881 年 10 月 31 日生于日本鸟取县,是藩士西尾重藏的第四子。他的家族不是纯武士阶层,是发财的商人通过金钱购买的方式成为武士的。他兄弟姊妹有 3 个给别人当养子,西尾寿造从小给伯父当养子。西尾寿造在鸟取中学毕业后考取陆军士官学校。他哥哥是神学牧师,在他考上陆军士官学校的时候,一再告诫他要戒酒和女人。陆军士官学校毕业后西尾寿造回到家乡鸟取县的步兵第 40 联队服役,由于毕业时成绩优秀(702 人中排第 23 名),西尾寿造被任命为联队旗手。旗手总能跟在联队长身边,受人瞩目,很是威风。日俄战争时,西尾寿造随第 40 联队出征,沙河会战时脚负了伤。

1910 年 11 月 29 日,西尾寿造毕业于日本陆军大学第 22 期(51 人中排第二名,被畑俊六压了一头)。随后,任陆军省军务局课员、驻德国武馆、陆军大学教官、陆军大臣田中义一秘书官兼陆军省副官、步兵第 40 联队长、教育总监部第 1 课课长等职。西尾寿造任职期间注重军事研究,1928 年,出版了《战斗纲要草案研究报道》。他被认为是日本帝国陆军中最为成功和最有才能的军事战略家之一。

1929 年 8 月 1 日,西尾寿造晋升陆军少将。随后,任步兵第 39 旅团旅团长、陆军兵器本厂附、参谋本部第 4 部部长。1934 年,任关东军参谋长兼特务部部长。西尾寿造到任后,一方面继续强化日本对伪满洲国的统治,使其听命于关东军,另一方面残酷镇压东北抗日力量,在佳木斯、四平、长春等地抓了 860 多名中国无辜男女老百姓,送给石井四郎做细菌武器和化学武器试验,这些人没有一个人活下来。日军驻抚顺守备队和抚顺宪兵分遣队,在平顶山制造的致使 3 500 多人遭到杀害的惨案;日军第 33 联队制造的老黑沟惨案和清原镇惨案,都是西尾寿造任关东军参谋长时发生的。同时,加强对关东军的控制,经常进行各种军事演习及训练,提高关东军的作战能力。支持板垣征四郎、石原莞尔等继续向中国华北和内蒙古扩张,搅乱华北的局势,为华北的"自治"奠定了基础,也扩大了关东军势力范围。由于在关东军任期内"功勋卓著",被授予勋一等旭日大绶章。

西尾寿造性格极为严肃认真,办事务实严谨,认为军人不得干预政治。二二六事变时,西尾寿造立场稳定,面对复杂和危机形势,果断处置,一方面立即制定关东军镇压命令,迅速向各师团、旅团长官发出密电和密令,命令立即处决叛国乱军者,逮捕枪毙了在长春的全部"皇道派"高级军官;另一方面,代表关东军向天皇和军部发出通电,宣称关东军反对"兵谏",表明了不与"皇道派"同流合污的立场,坚决支持天皇。这一系列行动不仅稳定了关东军,也得到国内高层的肯定。1936 年 3 月,西尾寿造出任参谋次长,1937 年 3 月,任近卫师团师团长。

二

卢沟桥事变爆发后,日军向中国华北大举增兵,在原华北驻屯军的基础上扩充人数。8 月 31 日,为占领整个华北并做好向南推进的准备,日军大本营下令成立中国派遣军华北方面军,以寺内寿一大将为司令官,统一指挥以香月清司中将为司令官的第 1 军和以西尾寿造中将为司令官的第 2 军沿平汉线和津浦线向南攻击。第 2 军是侵华日军的主力,其中就有板垣征四郎的第 5 师团和矶谷廉介的第 10 师团,共有 10 多万人。

西尾寿造指挥部队沿津浦线南犯,率领日军一直打到黄河边。当时对面是冯玉祥的第六战区,冯玉祥作为西北军的家长,此时也指挥不动宋哲元和石友三这帮指挥一方的统兵大员了，打打停停，结果是一败再败。宋哲元等对冯玉祥畏惧而不信任，反冯玉祥的密报直接上达蒋介石，冯玉祥只好辞职。

1937 年 12 月 23 日，西尾寿造指挥第 2 军一部攻陷归仁镇，中国第五战区副司令长官兼第 3 集团军总司令韩复榘未战而逃。随后，日军占领沧州、济南等地。1938 年 1 月 1 日，华北日军第 2 军矶谷廉介部占领泰安，致使北段津浦路正面暴露在外，大门洞开，日军大批部队得以沿此线南下，给即将进行的徐州会战带来麻烦。中国第五战区司令官李宗仁屡屡致电，严令防守山东的韩复榘夺回泰安，稳住阵脚，并以此为根据地阻截南下之敌。韩复榘对李宗仁的命令置若罔闻，拒不执行，一错再错，以致无法收场，蒋介石恼羞成怒，情急之下枪毙了韩复榘。

1938 年 3 月，为巩固已占领地区，消灭更多中国军队的有生力量，第 2 军通过华北方面军向大本营请示“追剿眼前之敌，绝不仅是深入南进作战，为警备后方希望增加兵力”。得到大本营批准后，西尾寿造正式命令第 10 师团沿大运河北岸出击，消灭这一地区的中国军队，第 5 师团除以一部兵力占领临沂外，还要进入峄县一带配合第 10 师团作战，企图先攻占滕县①和临沂地区，而后进占韩庄至台儿庄一线。

在西尾寿造指挥下，板垣征四郎、矶谷廉介两师团分两路向台儿庄地区进发，企图一举围歼中国军队。板垣征四郎率第 5 师团，沿胶济路西进，直取临沂；矶谷廉介率第 10 师团，沿津浦路南下，进逼台儿庄。

板垣征四郎第 5 师团在临沂和守城中国军队激战，日军两次未攻入临沂，双方均伤亡惨重。4 月 18 日，西尾寿造调整部署，指挥沂河两岸之日军，再次全线围攻临沂城。守城中国军队伤亡惨重，遂于当晚被迫撤出，临沂城陷敌手。日军占领临沂后纵火焚城，大火一直延续了六七天，整个城西南隅化为灰烬，财产损失难以数计。

1938 年 3 月 20 日开始，求胜心切的第 10 师团，在攻克滕县之后，以师团主力 4 万多人，在空军掩护下，在坦克、大炮配合下，迅速向台儿庄发动了猛烈的进攻。至 31 日，虽经十余日激战，日军不仅没有占领台儿庄，中国守军反将进入台儿庄

---

① 现滕州。

地区的濑谷支队完全包围。激战4天，中国军队重创日军濑谷支队、坂本支队，日军残部不得不于7日向峄城、枣庄撤退。台儿庄决战失败，第5、第10两个精锐师团的主力被击溃，导致西尾寿造遭受耻辱。

三

1938年，西尾寿造回国任教育总监。1939年，西尾寿造出任第一任中国派遣军总司令官，晋升为陆军大将。此时，日本已放弃了三个月解决中国问题的梦想，对中国实行以政治诱降为主，以军事打击为辅的策略。西尾寿造遵照大本营指示，命令冈村宁次指挥第11军，集中10万兵力从赣北、鄂南、湘北三个方向向长沙发起了进攻，企图消耗中国军队的有生力量并打通南北通道，第一次长沙战役爆发。驻守长沙的第九战区代司令薛岳向蒋介石报告，绝不放弃长沙。为保卫长沙，他以湘北为防御重点，采取"后退决战""争取外翼"的作战方针，调动30多个师和3个挺进纵队，共约24万人参加此次战役。经过几个月的反复争夺，至10月9日，中国军队恢复战前鹿角、新墙、杨林街一线，日军陆续退回新墙河以北原占领地区。至10月14日，双方停止战斗，恢复战前态势。

此时的中国战场已经不是一年前的状况了，由于日军战线过长，无力发动更大规模进攻，呈现相持状态，同时，中国军队开始在局部地区有计划地进行反击。蒋介石认为，日军已"楚歌四面，日暮途远，进退维谷"。为消耗日军的有生力量，粉碎日军一个时期以来以华治华、以战养战的企图；同时，为确保滇缅国际交通线的安全，将日军赶出桂南，决定在1939年底发动冬季攻势，指示各战区应"同时发挥威力转取攻势"。

1939年11月，日军侵占南宁和昆仑关之后，国民党紧急从数百公里外调10个精锐师进入广西，在空军配合下，在昆仑关地区对日军发动全面进攻。此战，歼灭日军4 000余人，击毙日少将旅团长中村正雄，取得昆仑关大捷，极大鼓舞了中国军队的士气，也迫使日军改变了原来侵略广东的作战计划。入侵桂南、威胁滇缅国际交通线安全的日军受到沉重打击后，陷于被动，只能龟缩在南宁附近，再无力抽出兵力去威胁滇缅公路了。

冬季攻势历时三个多月，多个战区参加攻击，中国军队直接参战兵力达55万人，在广阔的战场上，主动出击1 000多次，与敌作战1 300多次，歼灭日伪军2万多人，给日军统治造成极大威胁，同时收复了广大日军占领土地。冈村宁次回忆说：该军在冬季攻势中作战“非常辛苦”，驻守崇阳、通城的第6师团一直受到中国军队“顽强、频繁反复进攻”。

西尾寿造为了报复中国军队发起的冬季攻势，组织了枣宜会战。1940年春季，日军驻武汉的第11军对中国第五战区部队发动枣宜会战。此次会战，中国第五战区主力元气大伤，第33集团军总司令张自忠上将殉国，伤亡、失踪10余万人，日军占领了宜昌，逐渐夺回了被中国军队冬季攻势占领的地区。

1940年夏秋，西尾寿造迎来了侵华最艰难时期。在国民党军队正面攻击的同时，八路军集中105个团、20余万人，深入日军占领地区，采取游击战、破袭战等方法发起了进攻战役，即“百团大战”，共歼灭日伪军4.6万，八路军伤亡1.7万余人。新四军则东进北上，游击华中，向淞沪、皖东、豫皖苏边、皖东北等地发展，并与八路军协同开辟苏北。

面对百团大战的惨状，西尾寿造十分震怒，马上在占领区推行“治安强化运动”，不得不调回20余万人，使华北日军总兵力达到47万，并将傀儡政权中的全部伪军投入战场，先后出动日军60万人次、伪军90万人次，在华北地区发动了五次“治安强化运动”。在华北地区实行野蛮的“三光政策”，在半年内杀害了15.4万多中国军民，烧毁房屋21.2万多间，抢走粮食485万多斤，抢走牲口13.4万多头，使125个村庄成了无人村。

四

1941年3月1日，西尾寿造再次被调回日本，出任军事参议官，基本无实际工作。

西尾寿造虽和东条英机多次共事，但并不看好东条英机，东条英机亦心知肚明。1943年，西尾寿造去关西视察，在回答记者提问时随口说了句：“这个事情我不知道，你去问那个每天早上翻垃圾箱的家伙吧，他知道。”这实际上是批评当时的首相东条英机,发泄对东条英机的不满,因为东条英机每天早晨去检查垃圾箱里的垃圾,看看有没有人在国家困难的时候吃大鱼大肉,奢侈浪费。东条英机听到后,毫不客气地下令把西尾寿造大将编入了预备役。

直到东条英机倒台后,西尾寿造才在 1944 年 7 月 25 日又出任了东京都长官。日本投降后,西尾寿造于 8 月 31 日辞职。1945 年 12 月 2 日,西尾寿造被指定为甲级战犯嫌疑人并被逮捕。西尾寿造对自己的罪行深有所思,“深深感到对不起中国人民,即使判处我们的死刑,也是罪有应得,毫无怨言”。但由于美国人的干预,法庭竟不顾中国抗议,在没审问情况下于 1948 年 12 月将西尾寿造释放出狱。1956 年,西尾寿造出版了一本《将军的茶室》。1960 年 10 月 26 日,西尾寿造去世。

“马来之虎”山下奉文

山下奉文，日本陆军大将，曾任华北方面军参谋长、航空总监、第 25 军司令官、关东军第 1 方面军司令官、第 14 方面军司令官等职，对中国人民和东南亚地区的华人犯下滔天罪行。1946 年 2 月，在马尼拉处以绞刑。

一

山下奉文，1885 年 11 月 8 日出生于日本高知县的一个乡村医生家庭。幼年时曾就读于日本广岛陆军地方幼年学校。1905 年 11 月，山下奉文毕业于日本陆军士官学校，随后进入部队。1916 年，山下奉文以第二名成绩毕业于陆军大学第 28 期，后被选派到德国学习军事。青少年时期，山下奉文系统地接受了军国主义和法西斯主义教育，效忠天皇，驰骋疆场成为他的理想。

山下奉文留学德国期间，兼任日本驻瑞士军事研究员，专门学习研究欧洲先进军事理论。此后，又先后担任参谋本部军事课编制班班长、陆军大学教官、驻奥匈帝国使馆武官、陆军省军事调查部军政调查会干事等职。1930 年 8 月，山下奉文任陆军第 3 步兵联队联队长，开始积攒基层工作经验。

1932 年 4 月 11 日，山下奉文调任陆军省军务局军事课课长。这是一个相当重要的职务，是陆军省第一课长，在这一职务上，山下奉文游刃有余，颇得上级赏识。在其岳父旧友关照下，山下奉文逐渐成为继皇道派首脑人物荒木贞夫和真崎甚三郎等之后的皇道派实力人物。

1934 年 8 月，山下奉文晋升陆军少将。因为军事课课长是大佐级职务，而当时陆军省没有少将的空缺，他以兵器本部部附兼陆军省附职被任命为兵器总厂厂附,负责兵器生产。1935年3月15日,山下奉文调回陆军省,任军事调查部部长。

山下奉文是二二六事件幕后指使者荒木贞夫、真崎甚三郎等人的忠实追随者。事件发生后,荒木贞夫、真崎甚三郎等人均被免去职务。山下奉文也曾经决心退伍,却被陆军大臣川岛义之挽留,但离开了陆军省,于1936年,被调往朝鲜,任日军第20师团第40旅团旅团长。

山下奉文在朝鲜闲散自如,工作并不多。由于周围的同僚知道他曾是权力中心人物,早晚会有出头之日,所以多少对他有几分敬畏,并不难为他,连日本驻朝鲜的总督也往往越过军司令官和师团长,直接与其商讨问题。而山下奉文也并不客气,经常目无旁人地提出自己的反对意见。

山下奉文贪婪成性,在驻朝鲜期间,龙山望族金泽河为了能在日本人统治下苟且过活,将自己家传宝器献给山下奉文。岂知这更激起了山下奉文的贪欲,为了得到财宝,他故意寻衅,找了一个借口,亲自带领一队宪兵,杀了金泽河全家,将其家产珍宝悉数霸为己有。

二

七七事变后,日本决定进一步扩大侵华战争,命令驻朝鲜的第20师团立即开赴中国。7月16日,第20师团从朝鲜出发,几天后,山下奉文即率部侵入中国平津地区。28日晨,日军按照预定计划对北平展开全线进攻,山下奉文率部立即向南苑发起攻击。南苑之战异常惨烈,也是平津抗战的转折点,指挥南苑之战的中国第29军副军长佟麟阁、132师师长赵登禹先后牺牲,成为抗日战场上最先殉国的两位将军。佟麟阁负伤后,执意不肯离开战场,说“情况紧急,抗敌事大,个人安危事小!”仍率部继续战斗。军训团新入伍的上千名学生兵全部战死,无一投降。

《朝日新闻》的著名记者冈部孙四郎在新闻稿《敌弹,在勇士们的头顶爆炸》中写道:“敌人的伤亡很大,但是战斗精神依然旺盛,有的机枪手被打倒几次,依然站起来射击。”他还说:“我们的伤亡也在不断上升,我的身边,已有40人高贵地战死。”这描写,虽然是为日本侵略军唱赞歌,但也表明了中国军队英勇顽强地抵抗日军进犯,同时,也反映了激战的程度。最后日军从背侧夹击中国守军,南苑形势更加严峻，守军被迫奉命撤退。

此役是山下奉文平生第一次参战，第40旅团全体官兵也是首次参加战斗。开战第一天，同平时演习一样，山下奉文在无任何防护的情况下，亲自在最前线督战，站在趴在地上射击的士兵后面，提着皮鞭督促他们进攻。这个场面不久就传遍了整个战场，他成了日军“勇敢”的象征。还有一次，在双方进行激烈战斗的关键时刻，山下奉文下令将部队撤离呈胶着状态的前线。事后，山下奉文又留下了“爱兵”的“美名”。

7月底至8月中下旬，日本大本营先后将第5、第6、第14、第16师团和新编成的第108、第109师团等调入华北，组建华北方面军，以寺内寿一为司令官。山下奉文调任中国驻屯混成旅团旅团长，1938年2月10日，中国驻屯混成旅团进一步扩建为中国驻屯兵团，山下奉文任兵团长。

日军占领徐州后，因物资和兵力困难，日本大本营企图于1938年秋攻占广州、武汉等地，迫使蒋介石投降，结束侵华战争。为此，日本决定“集国家力量，以在本年内达到战争的目的”，也就是想在年内结束战争。大本营于6月18日下达了准备作战的命令，并对军事部署做了调整。7月15日，中国驻屯兵团改编为第27师团，并调入华中派遣军第11军战斗序列。但山下奉文本人并没有随第27师团南调进入华中，而是在不久后出任侵华日军华北方面军参谋长，协助司令官主持华北的军政事务，成为日本在华北方面的核心人物。同年11月，山下奉文晋升为陆军中将。

三

1938年夏，中国共产党领导的八路军、新四军等敌后抗日武装迅猛发展，各根据地，尤其是晋察冀抗日根据地得到了很好的巩固和发展，并粉碎了日军的“九路围攻”，站稳了脚跟，同时八路军大规模挺进山东，山东抗日根据地得到迅速发展。

由于无法实现“速战速决”，日军大本营开始改变策略，确定“确保占领地区，促使其安定，以坚强的长期围攻阵势，努力扑灭抗日残余”的方针，将其兵力主要用于巩固后方的“治安战”上。为实现战略大后方的“肃正安全”，日军将重点放在华北地区，由华北方面军扼制八路军的发展壮大，企图剿灭发展中的八路军。

其间，八路军第四纵队向冀东挺进，与冀东当地起义武装会合，袭击驻守在联结东北和华北咽喉地带的日军，直接威胁着平津等地日军的安全。这引起了日军大本营和侵华日军华北方面军司令部的震惊，日军大本营深感华北方面军兵力不足，急从国内抽调第110师团于7月侵入平津地区。山下奉文到任后，马上部署指挥第110师团与关东军相配合对冀东抗日武装进行了大规模“围剿”，使八路军第四纵队主力和冀东武装被迫于10月向平西转移。

1938年秋，为策应进攻武汉、广州的作战，日军华北方面军司令官寺内寿一决定对华北的晋察冀抗日根据地进行大规模“清剿”。山下奉文根据司令官命令制定了“清剿”计划，调集5万余兵力，由平绥铁路东段、同浦铁路北段和正太铁路沿线同时出动，以五台、阜平地区八路军等抗日武装为主要目标，进行大规模“地毯式”围攻，妄图一举摧毁晋察冀抗日根据地，消灭八路军。山下奉文吸取了以往围攻失败的教训，改变过去长驱直入的战法，制定了先分进合击、逐步推进、压缩包围，然后分割“清剿”，各个击破的战法，向根据地发起疯狂进攻。

到10月6日，各路日军先后进占浑源、灵丘、五台、阜平等城镇，没有找到八路军主力，自己反而伤亡3 000余人。10月6日至15日，日军在新占领的地区内，加修工事，建立据点，以此为依托向根据地内地“进剿”，妄图寻歼八路军主力。屡次合围扑空后，日军不得不转入“清剿”，巩固占领地区，以图在站稳脚跟后继续向八路军根据地进攻。

10月16日至11月7日，日军在遭到根据地军民沉重打击又无进展的情况下，被迫退缩回阜平、五台、蔚县、涞源、广灵、灵丘、盂县、温塘等城镇据点。晋察冀军区抓住有利时机，命令一部兵力配合民兵继续开展游击战，袭击、吸引日军，同时，集中主力相机歼灭困守据点和撤退之日军，日军只好边进攻边防御。10月28日，在山下奉文的责令下，日军独立混成第2旅团旅团长常冈宽治中将率200余人由广灵途经邵家庄赴灵丘督战，八路军第359旅在邵家庄伏击并歼灭其大部。

为配合晋察冀根据地反围攻战役，八路军第120、第129师各一部，广泛出击大同至太原和石家庄至太原铁路沿线之日军;冀中军区部队连续破路炸桥,并袭击定县、保定等地;平西部队由冀东返回平西,袭占赤城、下花园等地。根据地人民在反围攻战役中,积极展开交通破袭战,支援军队作战。至11月7日,日军仅留少量部队占据五台、涞源、灵丘、唐县、完县①、曲阳等几座县城,大部队被迫撤退,合围宣告失败。

作为华北方面侵略日军总参谋长的山下奉文时刻关注着各地"肃正作战"的进度,极力督促各部队进剿。1939年,鉴于八路军等抗日武装的迅猛发展,山下奉文等主持拟定了《1939年度治安肃正纲要》,提出了详细的作战计划。尽管日军各部击溃了一批国民党军队,但是对于实施游击战术的共产党及其领导的八路军,却无可奈何,反屡遭打击,丢兵损将。山下奉文指挥进行的这些所谓"围剿""治安"战,制造了大量血案,屠杀了大量的抗日军民和普通民众,对中国人民犯下了滔天罪行。

山下奉文还积极主张实行"中日提携",极力排挤英、法在华势力,所以他对日本内阁中的一些"稳妥"政策不满,甚至违抗军部命令。1939年6月14日,山下奉文在副参谋长武藤章的鼓动下,不顾陆军省的劝阻,下令封锁天津英、法租界。由于英、法等国正积极谋划"东方慕尼黑",因此没有对山下奉文举动采取过激行为。倒是日本政府借这一事件不断给英、法施加压力,最终,英、日双方于7月24日签署了《有田－克莱琪协定》,规定:英国"完全承认"日本造成的"中国之实际局势";承认日本在其占领区内享有"特殊之要求";允诺"凡有阻止日军或有利于日军之敌人之行动与因素",英国"均无意加以赞助"。此次行动使日本政府在对英、法外交上获得了利益,占了上风。

四

1939年9月23日,山下奉文出任关东军第4师团师团长,到任后,按照大本营的指示,一方面总结诺门罕战役的教训,组织部队演习训练,备战苏联;另一方

① 现顺平县。

面积极对中国共产党领导的抗日联军和其他抗日力量进行疯狂“讨伐”，在白山黑水之间对抗日联军穷追猛打，残酷“围剿”。东北抗联蒙受巨大损失，到了最艰苦的时期。抗日联军失去了运动战、游击战的能力，部分部队退入苏联境内。

1940年7月22日，在一些支持山下奉文者的有意安排下，山下奉文调回东京就任日本航空总监兼本部长。有些人还想培养其成为陆军大臣，或者更高职务的领导人。但向来与山下奉文不和的前任航空总监兼本部长东条英机先入阁，担任陆军大臣。9月27日，德、意、日三国同盟成立。12月到次年7月，山下奉文率领日本代表团赴欧考察德、意军事。回国后，他向大本营拟交了一份关于国防机构一体化的报告，主张空军独立，陆军进行机械化改革，设置统辖三军军政、军令的国防省、国防总长等。

7月17日，没能入阁的山下奉文重返中国东北，被任命为满洲防卫军司令官，主要镇压中国东北人民的抗日活动。满洲防卫军下辖第51师团和第1、第2、第3、第5、第9独立守备队，是一支临时拼凑起来的部队，部队素质不高，战斗力极差。山下奉文到职后，并没有因低就而沉默下去，他依旧以职业军人的敬业精神严格要求自己，以灵活的政治头脑投身于任职中，积极率领所部参与关东军针对苏联的特别演习。

五

1941年11月5日，日本东京召开御前会议，预定于12月初对美、英、荷开战，寺内寿一被任命为南方派遣军总司令，调山下奉文出任第25军司令官，负责入侵马来亚、新加坡。

经过精心准备，山下奉文采取“中央突破”的战术（自称“电钻战”），于1941年12月12日，一举突破英军北部防线——吉打线，尔后挥师南下，马来半岛英国守军9万余人持续败退。1942年1月31日，战争开始仅55天，日军千里跃进马来半岛一举成功，随后占领了整个马来半岛。1942年2月11日早晨，日军在登陆一周后，拿下了新加坡，马来亚英军司令帕西瓦尔签订了无条件投降书，11万英联军成为俘虏，改新加坡为昭南特别市。对英国殖民主义者来说，新加坡落入日本之手是二次大战中东方战场巨大损失。丘吉尔说:"新加坡的沦陷是英国历史上最大的灾难,也是英国签下的最大的投降之约。"

由于一些华人组织了"华侨抗日义勇军",在前线协助英军作战,因此,日军占领新加坡后,山下奉文授意和主使第25军制订了罪恶的"肃清华侨计划"。山下奉文完全采用了在中国华北时的手段,不给对手以民众基础,残酷屠杀爱国华侨。"肃清华侨计划"的对象十分明确,包括在马来半岛居住未满5年者,曾经参加过中国本土的抗日战争或逃避日军征用者;曾经接受过完整的小学以上程度中文教育者及受过6年以上英语教育者;学校教师、新闻记者和有一定职位及社会地位者;原籍中国海南岛者;政府机关的职员;抗日义勇军及类似团体的成员。几乎囊括所有有良知的中国华侨。

1942年2月15日,山下奉文对爱国华侨恨之入骨,下令将新加坡全部华侨男子集中到指定地点调查身份,有抗日情绪的人和政府人员都要处死。2月18日清晨,山下奉文找来警备司令河村参郎少将,命令道:"警备司令部应尽快实施扫荡作战,消灭怀有敌意的华侨,以解除我军作战的后顾之忧。军参谋长将对你下达指令。"为了保证顺利实施计划,山下奉文还将第5师团的一个步兵大队配属给警备司令部,作为候补宪兵临时参与屠杀行动。铃木参谋长又对河村参郎下达了实施罪行的具体指令,并强调对怀有敌意的华侨立即处死,还规定,这项工作必须在2月23日完成。根据这一命令,大批新加坡华侨惨遭屠杀。

遵照山下奉文和铃木参谋长的命令,河村参郎要求第2野战宪兵队对新加坡当地华人采取残酷的"检证"措施。凡经检出是教员及识字者、公务人员、义勇军、南来不及5年者、有5万以上资产者及海南人等,均被载往锡叻七里半处屠杀,通过"检证"、实施"肃清华侨计划",给东南亚华人造成深重的灾难。日军屠杀华侨,手段极其残忍:将人互相捆绑推入海中用机关枪扫射,令人掘坑服毒自尽或用机枪射杀、军刀砍杀,种种罪行令人发指。

新加坡大屠杀是在十分清晰的命令和指挥下进行的,有发令者、指挥者和执行者,有铁一般的证据!发令者是第25军司令官山下奉文中将,指挥者是第25军参谋长铃木少将,执行者是第9旅团团长河村参郎少将。时至今日,日军究竟屠杀了多少无辜华人华侨已无法查证。这是以山下奉文为首的日本侵略者对海外华人华侨犯下的滔天罪行之一。

1942年6月,山下奉文调任关东军第1方面军司令官。第1方面军是关东军的主力部队,共辖第2军、第3军、第5军、第20军及所属的第8、第9、第11、第12、第24、第25、第28、第71师团,加上国境守备队及航空部队共30万人。在他的提议下,关东军进行了改革,组建了日本历史上最大的机械化兵团——拥有800辆坦克的机甲军,机甲军的组建标志着日本陆军开始走向军队现代化,向世界潮流靠拢。1943年2月,山下奉文晋升陆军大将。

1944年9月,山下奉文调任菲律宾第14方面军司令官,指挥第14方面军在菲律宾与美军作战。赴任前的9月30日上午10时,山下奉文由新任第14方面军副参谋长西村敏雄少将和构泽副官二人陪同,到宫中晋见天皇,山下奉文仰望了一下远处端坐的天皇,深深地行了叩拜礼,口中默念着“向您告别……”天皇照例抚慰一番。山下奉文到任后,开始构筑坚固防御工事和据点,决心“独立抗战,永久抗战”。但是,美军凭借海空优势,采取集中兵力、中间突破战术给日军以毁灭性打击,日军已无还手之力。

六

1945年8月15日,日本天皇裕仁宣布投降。9月3日,山下奉文代表驻东南亚地区的日军在投降书上签字,宣布投降。随后,山下奉文等作为战犯嫌疑人被关押到马尼拉以南30英里①的新毕利毕德监狱,等候审判。

应英国和中国政府以及马来亚、新加坡受难民众的强烈要求,盟军很快即开始对山下奉文进行审判。10月8日,马尼拉军事法庭首次公开审讯山下奉文。这是一次例行公事的审判,只是审讯被告是否本人、朗读起诉书、询问被告是否承认罪状就算终结了。

在此后的公审中,昔日嗜杀成性的山下奉文,仍摆出他“马来之虎”的威风,蛮横无理,拒不认罪。但令山下奉文惶恐不安的是成千上万在日寇严酷统治下侥

---

① 1英里=1.6公里。

幸存活下来的人，纷纷涌向军事法庭前游行，高呼打倒战争罪犯、严惩杀人凶手的口号。在群情愤怒的声讨之中，山下奉文闭着眼睛似有所思。他狡猾地为自己开脱罪行："每次事件发生，我都没有得到报告，而事前我也不知道它可能发生……我没有下令进行屠杀……我做出最大的努力来控制我的军队。"但在大量人证物证面前，骄横不可一世的"马来之虎"低下了头，承认全部责任而决不辩护。

1945 年 12 月 8 日下午，马尼拉军事法庭对山下奉文做出最后判决，判处残酷屠杀民众的日本战犯山下奉文绞刑。1946 年 2 月 23 日清晨，山下奉文被押送到马尼拉市南郊罗斯·巴尼约斯刑场执行死刑。在押解途中的车上，森田问他："你有什么遗言?"他回答："一个人的本性在上学校以前，是由他的母亲培养出来的。我的遗言是，提高妇女的教养，培养好的母亲！请告诉祖国，我对祖国只有这个愿望。"

“囚笼”司令多田骏

多田骏，日本陆军大将，曾任中国驻屯军司令、参谋次长兼陆军大学校长、第3军司令、华北方面军司令等职。1945年日本战败后作为甲级战犯疑犯被捕，被判定“无罪”，释放前夕病死监狱中。

一

多田骏，1882年2月24日出生于日本宫城县。1903年11月30日，多田骏毕业于陆军士官学校第15期炮兵科。1904年3月，被授予炮兵少尉军衔，任野战炮兵第18联队附，参加日俄战争。1909年11月26日，多田骏毕业于陆军炮工学校第15期高等科。1913年11月26日，多田骏毕业于陆军大学第25期，晋升大尉，随后，任参谋本部附、参谋本部部员等职。

1917年，中华民国政府聘任多田骏为北京陆军大学教官。1919年，多田骏任炮兵少佐，随后出任日本陆军大学教官、野战炮兵第2联队附、陆军大学教官等职。1923年，多田骏任炮兵中佐，1924年，任野战炮兵第4联队联队长。1930年，多田骏任陆军第16师团参谋长。

1932年，多田骏任关东军司令部附、伪满洲国军政部最高顾问，随后，晋升陆军少将。其间，多田骏极力主张“满洲帝国”实行日满一体化和日本帝国主义对中国东北实行军事占领和殖民统治，积极推进伪满“军事力量”建设，将“军事力量”划分为“国家军队”“后方警备”“治安维持”三部分，将伪满全境分为11个军管区，实际上由日本关东军控制，伪满军队的调动、演习、装备更换、人事变动都要经过关东军司令部的批准。他还通过各种手段，网罗了一些土匪、地痞、前清复辟分子、流氓以及亲日分子,将其充实到伪满军的队伍里,由日军要员组成的伪满军政部最高顾问操纵,使其成为日本军队的附庸和帮凶,配合关东军,进行大规模的军事围剿,镇压伪满洲国地区抗日武装力量。

1934 年,多田骏任野战炮兵第 6 旅团旅团长。

二

1935 年 9 月,多田骏接替梅津美治郎出任中国驻屯军司令官,着手动用武力来镇压妨碍华北"独立"行动的障碍。月底和正在中国视察的参谋本部第 2 部部长冈村宁次、关东军副参谋长板垣征四郎在大连举行的会议上,多田骏作为石原莞尔、板垣征四郎的盟友,认为"不可使中国统一"。同年 9 月 24 日发表题为《日本对华之基础观念》的小册子,明确日军对华北态度的三点意见:一、把反满抗日分子彻底驱逐出华北;二、华北经济圈独立;三、通过华北五省的军事合作,防止赤化。这就是后来的所谓《多田声明》。其目的,就是实施"华北自治",将华北分离出中国。

1936 年,多田骏晋升中将,随后接替田代皖一郎成为第 11 师团师团长。七七事变爆发后,在石原莞尔的推举下,多田骏接替重病的今井清担任参谋次长兼陆军大学校长,辅佐参谋总长闲院宫载仁亲王。由于闲院宫载仁亲王是不管事的摆设,因此多田骏实际上是陆军参谋总部的当家人,遇事均由他做主。由于多田骏多次担任中国军校教官并长期在中国生活,在日本侵华战争中,他极力反对战争扩大化,支持石原莞尔的不扩大方针。他认为,日本吃不掉中国,中国这样的大国不能鲸吞只能蚕食。因此,他一贯坚持跟蒋介石议和,主张用谈判的方式迫使蒋介石国民政府屈服,达到不战而屈人之兵的目的。

1937 年 11 月 20 日,多田骏接到第 10 军已擅自向南京进军的情报后,非常吃惊,当即下令第 10 军停止进军,但没有任何效果,第 10 军仍向前推进。两天后,多田骏又接到上海派遣军松井石根司令打来的电报,明确道:"为了尽快解决事变,要求军部批准向南京进军和占领南京。"松井石根率领的上海派遣军看到柳川平助率领的第 10 军向南京进军,按捺不住争功的心情也开始向南京进军。两只部队就像在运动会上争夺第一名一样，开始争先恐后地向南京进军，争夺占领南京的头功。多田骏等不扩大派本想阻止对南京的进攻，但参谋本部的“少壮派”军官积极支持日军攻占南京，在参谋本部的会议上“少壮派”军官们高喊：“南京！南京！”多田骏已无法控制前线的部队和身边的参谋人员，最后参谋本部不得不在11月28日批准占领南京的计划。

在日本举国一致决心“圣战”情况下，他仍坚持主和。陆军大臣杉山元指着多田骏的鼻子大骂，声称陆军大臣可以行使人事权，断然更换陆军统帅部首脑。在陆海军大臣等的压力下，多田骏由于“不能忍受中国方面的态度致使日本内阁崩溃”，因而“决定在当夜会议重开时做出让步”。次日，近卫文麿首相发表“不以民国政府为谈判对手”的宣言。和谈的路被彻底堵死了。

1938年5月，台儿庄战役后，他也不主张动用关东军进关作战，而是主张就近转用华北和华中的兵力。在进行汉口作战计划讨论时，他力主保留3个师团的主力在台湾待机，等大战正酣时放出胜负手，出奇兵直捣广州，为此编组了古庄干郎的第21军。正是他的奇招，古庄干郎的第21军在海军第5舰队司令长官盐泽幸一支援下，奇袭并占领了广州，粤汉铁路被切断，才迫使中国军队放弃了武汉的防守。

在日本陆军大学时，一次学员问他如果俘虏了1万名中国士兵将如何处理。他回答说，把他们的武器收了之后全部释放，令其各谋生路。

1938年，多田骏任第3军司令官，1939年，接替杉山元，出任华北方面军司令官。1939年，阿部信行组阁时，多田骏担任陆军大臣的呼声很高，但由于天皇内定了侍从长畑俊六任陆军大臣，他与陆军大臣擦肩而过。

三

1939年，多田骏到任后，在华北地区仍大力推行“治安肃正计划”，并组织实施所谓“以铁路为柱、公路为链、碉堡为锁”的“囚笼政策”。尤其在横贯太行山、连接太原至石家庄的正太铁路，日军在沿线的大小城镇、车站、桥梁、隧道附近密布据点，对抗日根据地实行密集分割，阻断了八路军总部和129师活动的太行抗日根据地之间的联系,使得八路军的回旋余地大为缩小。

日军在冀中6万多平方公里的土地上,建立了1 700多个据点,修筑了7 500多条公路,挖了4 000多公里的封锁沟,企图阻断各抗日根据地之间的联系。据点周围还修筑了许多碉堡,铁路、公路沿线岗楼密布,点、碉、路、沟之间互相连接与支撑,如蜘蛛网一般,把冀中平原分割成2 000块,然后分区逐块进行“清剿”“抉剔”,打击抗日力量。同时,建立伪政权,加强特务活动,扩编伪军队伍,大肆屠杀抗日民众,抢掠、焚毁财物,实行奴化教育。冀中平原“抬头见岗楼,迈步登公路,无村不戴孝,到处是狼烟”。由于多田骏在华北统治“有功”,为他的后任冈村宁次对敌后抗日根据地的扫荡打下了基础,1940年4月,被授予勋一等旭日大绶章。

八路军总部为了粉碎日伪军“扫荡”,发展壮大人民武装力量,决定发动交通破击战。1940年8月,在华北敌后出动105个团,在2 500公里长的战线上,“以彻底破坏正太路若干要隘,消灭部分敌人”为目的的“百团大战”全面展开。12月,“百团大战”基本结束。“百团大战”粉碎了多田骏在华北的“囚笼政策”;消耗了日军的有生力量,拖住了日军向西北、西南进攻的后腿,配合了国民党军队正面战场上的作战,打击了投降妥协势力,极大地振奋了全国军民的斗志,坚定了全国军民抗战到底、抗战必胜的信心,充分表现了中华民族不屈不挠的战斗精神,成为中国抗战史中最光辉的篇章。

1941年1月30日,侵华日军提出“根据当前任务,大致确保现在的占领地区,尤其在夏秋季节须发挥综合战力,对中国施加重大压力。特别期待于在华北消灭山西南部中央军的一战”。1941年5月7日,为了肃清了中国中央系军队在华北的势力,多田骏决心集中兵力进犯中条山,发动了中条山战役,并企图全歼中国守军。

在航空兵的支持下,多田骏指挥日军10万余人由东、北、西3个方向开始向中条山中国军队发起全面进攻,并迅速攻破卫立煌自称的“东方马其诺防线”。战役一爆发,日军各部按计划进行了果断快速的进攻和穿插包围,没有任何迟疑,干净利索,就像教科书上的案例。中条山战役前后历时1个多月,中国军队事前准备不足,临战又缺乏统一指挥,近20万精锐部队一触即溃,除少数突围外,大部溃散,唐淮源上将等多位将军阵亡,几万人死伤或被俘。此役被蒋介石称为“抗战史上最大之耻辱”。此役不仅损失巨大,也给北方抗战造成了极其恶劣的影响,战后,长期封锁中条山的日军3个师团开始转用于对付敌后根据地和其他抗日武装,使得敌后根据地陷入被动,进入最艰苦的时期。

四

1941年7月7日,多田骏晋升陆军大将,任军事参议官。1941年9月2日,多田骏转入预备役。1945年8月,日本战败后,多田骏被远东国际军事法庭定为甲级战犯,关押在巢鸭监狱。1948年12月,多田骏因病去世。

“本土决战”的狂热分子阿南惟几

阿南惟几,日本陆军大将,曾任师团长、第11军司令、关东军第2方面军司令、陆军大臣等职,因拒绝接受投降而自杀。

一

阿南惟几,1887年2月出生于日本东京,父亲阿南尚是大分县内政官。阿南惟几幼年时在大分、东京、德岛渡过。初中二年级的时候,父亲的好朋友第11师团师团长乃木希典到他家做客,考察了他的剑道后大加赞扬,对他父亲说:有子如此,不枉生平。乃木希典劝他参加军队。从此,阿南惟几把乃木希典当成毕生崇拜的导师。幼年时期的阿南惟几个子最矮,为了跟上大家的步子,他走路的步子特别大。成年后阿南惟几身材高大,而且腿长,人非常精神。

1900年,阿南惟几毕业于广岛陆军地方幼年军校,1905年,毕业于陆军士官学校第18期,1906年6月,被授予少尉军衔,任步兵第1联队附。阿南惟几口齿不太伶俐,他和山下奉文、甘粕重太郎、安藤三郎几个人同期、同队,4个人一起考陆军大学,笔试通过了,结果因口试不合格全部落榜。第二年再试,只有山下奉文考上了。第三年3个人再去考试,阿南惟几还是没有考上。一般情况下报考陆军大学,只能考3次,但联队长喜欢阿南惟几,又让阿南惟几考了第四次。结果阿南惟几考上了陆军大学第30期。1918年11月,阿南惟几陆军大学毕业,毕业名次是60人中的第18位。

1919年4月,阿南惟几任参谋本部勤务、部员等职。1925年8月,阿南惟几晋升中佐。1927年8月,阿南惟几出使法国,潜心研究法国及欧洲各国军事。

1929年8月1日，阿南惟几给天皇当侍从武官。当时的侍从武官长是世界海军史上头号鱼雷战大师铃木贯太郎，阿南惟几十分尊重铃木贯太郎，唯命是听，深得铃木贯太郎信任，在其扶持下逐步晋升。1930年8月1日，阿南惟几晋升大佐，随后任近卫步兵第2联队联队长、东京陆军中央幼年学校校长。1935年3月15日，阿南惟几晋升少将。

阿南惟几信奉军人信条，以服从为天职，不参与政治，不参加任何一个派系。二二六事件的时候，时任东京陆军中央幼年学校校长的阿南惟几，在给全校学生的训话中严厉批评叛乱将校，指出军人不应该参与政治，想要呼喊政治改革的人，首先应该脱去军服，然后再申明他们的主张。事件以后的肃军运动使得阿南惟几反而以无派系的优点而得以出任陆军省兵务局局长、人事局局长等要职。

二

1938年3月1日，阿南惟几晋升中将，11月9日，派遣到中国山西任第101师团师团长，守备同蒲铁路北段。阿南惟几为了在山西站稳脚跟，集中5个大队突袭包围了山西阎锡山的4个师，连续的攻击几乎打垮了对方，俘获中国士兵2 000多人。

1939年10月，阿南惟几任陆军次官，1941年4月，任驻武汉的第11军司令官。1941年9月，阿南惟几为打击薛岳指挥的中国第九战区主力，为南进做准备，集结了第3、第4、第6、第40师团和4个旅团，总兵力达12万余人，实施了第二次长沙会战。由于第九战区指挥协调失误，保密不当，下达作战命令的无线电报被日军窃收并破译，中国军队陷入极大被动。阿南惟几采用集中兵力各个击破的战术，与中国第九战区所辖正规部队进行了1个月的激战，击溃了中国军队，国民党军队主力74军军部被打散，军长王耀武乘黑夜侥幸逃脱。此战，日军首次一度占领长沙、株洲等地。但日军也因连日作战、物资损耗过大、战线太长、后勤保障困难等，无法巩固已占领地区，遂决定10月1日开始撤退。占领长沙又不得不退出，阿南惟几认为是军人的耻辱，时刻想着全歼中国第九战区部队。

1941年12月，阿南惟几为报复第九战区，又进行了第三次长沙会战。为策应向香港进军的日军,在计划不周、任务不明、决心不定、后勤准备不足的情况下,阿南惟几调动30个大队共约6万日军,向薛岳统领的30个师30万中国军队发动牵制性攻击。中国守军慌忙应战,日军前期进展非常顺利。阿南惟几以为中国军队已经涣散,独断决定进攻长沙,在进攻长沙不克的情况下,又不肯立即退兵,犹豫之下,遭到中国军队合围,弹尽粮绝,兵无斗志,最后攻击部队靠空投补给,乘中国军队合围不严密才突围而出。而中国合围部队立即转为向日军阻击、截击、尾击作战,穷追不舍,在多处予敌重大打击,扩大战果。至1942年1月15日,日军进攻以失败告终,退回原防地,恢复战前态势。中国军队获得数次长沙会战的首次全面胜利。

1942年7月,阿南惟几转任东北关东军第2方面军司令。1943年5月,阿南惟几晋升大将,和方面军司令部一起调到新几内亚战场进行对抗美、澳联军的反攻作战。1944年12月,阿南惟几任航空总监。

三

1945年4月,铃木贯太郎组阁,铃木贯太郎指定阿南惟几为新内阁的陆军大臣。阿南惟几是主张"本土决战"的狂热中坚分子,反对接受《波茨坦公告》,反对向盟军无条件投降。在内阁会议上,他大声说:"我们在本土决战,虽然不能确定胜利,但还可一战,打得好还可以击退登陆敌军。所以,我坚决反对无条件投降!"

但他又是死心塌地效忠天皇的大臣。随后的御前会议上,天皇裕仁一直默默地听着众人的辩论,最后他说道:"这几天一直尽听有取胜的自信的话,但计划和实践并不一致。就目前的样子,要对付盟国军队,看来没有胜利的希望……"他环视了大家一下,把手一挥,"此时只有做这样的决定了……"在天皇下令投降后,他虽心有不甘,但出于对天皇的忠诚,反对军事叛乱,抗命死战。

1945年8月,天皇正式宣布决定投降。阿南惟几感到大势已去,"本土决战"已不可能,灰心丧气。散会后,阿南惟几顽固地坚持侵略立场,经过思想斗争后决定自杀。阿南惟几支开了身边的家人和侍卫,独自将房间的隔门拉好,然后抽出军刀在灯下仔细地擦拭。随后将一尘不染的军刀放在桌旁,摊开准备好的纸笔,撰写遗言。遗言为:“深受君恩身,无言可遗世。”

阿南惟几令侍从准备酒菜,与内弟竹下把盏对饮,明确说明自杀的决心,边喝酒边自言自语,回顾数十年戎马生涯,历数自己经历的重大战役和“战功”,倾诉此时的心境。清晨,阿南惟几特意换上任侍从武官时期天皇赐给他的衬衣,来到卧室外的走廊上,把遗言和儿子的遗像摆好并凝视了片刻。一切就绪后,他面对皇宫方向,一手持军刀,一手持匕首,准备剖腹自杀。

阿南惟几静静地凝望着天空,静听了一会儿宅邸内值勤卫兵巡逻的脚步声后,将军刀刺入左肋骨下面的腹肌,把刀向右转,割破胃脏,然后向上猛切。阿南惟几完成了武士剖腹自杀的规定程序,但他并没有马上死去。于是,他又艰难地抬起右手,颤抖地用匕首在脖子的右侧寻找颈动脉的位置。

阿南惟几的内弟竹下走进院子,见状急忙抢上前去,不由自主地跪在阿南惟几身旁,说:“我能荣幸地帮你的忙吗?”阿南惟几无力地摇摇头,用力把匕首刺入颈部,颈部的血管被割破,但没有伤及动脉。他渐渐地支持不住,跪在地上左右摇晃,万分痛苦,持续了一个多小时后昏倒在地,失去了知觉。他的内弟一直守候在他身旁,等他咽气。早晨7时半左右,一名军医给阿南惟几打了一针,阿南惟几才平静地死去。

阿南惟几的三子阿南惟晟1943年战死在中国常德,六子阿南惟茂曾任驻华大使。

狂妄自大的横山勇

横山勇，日本陆军中将，曾任师团长、第4军司令、第11军司令、第16方面军司令兼西部军管区司令，日本投降后被判处绞刑，因身体原因被减刑，病死于巢鸭监狱。

一

横山勇，1889年出生在日本千叶县。父亲横山新治为陆军大佐，横山勇是家中的长子。由于出生在军人家庭，他从小就立志当兵，纵横疆场。横山勇早年曾先后就读于姬路初级中学、大阪陆军地方幼年学校、陆军中央幼年学校。1907年，横山勇进入日本陆军士官学校第21期，在学校期间表现突出，多次受到教官表扬，与同期的石原莞尔、饭村穰并称为第21期的三羽乌。1909年5月27日，以优异的成绩从日本陆军士官学校毕业。而后横山勇进入陆军大学学习，并于1915年12月毕业于陆军大学第27期，获天皇所授军刀。

1919年4月起，横山勇历任参谋本部铁路班课员、陆军省军务局课员。1924年8月，横山勇晋升步兵少佐，任陆军兵器本厂附，主要负责兵器生产。1925年1月到1927年到3月，横山勇在德国留学，学习德国的军工技术和先进军事理论。1927年6月起，横山勇先后任资源局事务官、资源局规划部第2科科长，主要负责协调军事资源等。1932年4月，横山勇被任命为关东军司令部附，进入中国东北，开始了解并研究中国问题。1933年8月后，横山勇先后任整备局动员课课长、步兵第2联队联队长、第6师团参谋长等职。1937年3月，横山勇晋级陆军少将，任兵器本厂附、规划院总务部长等职。1939年8月，横山勇晋级陆军中将，成为东部防卫司令部附,但他并不满足现有职位,一心想成为一名在战场上指挥千军万马的主帅。

1939 年 9 月 12 日,横山勇终于来到对苏前线,出任关东军第 1 师团师团长。当时正值诺门罕战役接近尾声,第 1 师团的第 1 步兵联队和其他 3 个步兵联队所辖的速射炮中队也投入了这次战役,不同程度受到苏军打击,遭到了一定的创伤,损失了部分兵力和武器装备。关东军的惨败给横山勇极深的印象,他充分认识到只靠勇敢和武士精神已经不能实现现代战争的目的。此战,对于自 1936 年 5 月就进驻黑龙江孙吴地区,担负对苏联防御与进攻任务的主力第 1 师团来说,也是一个警告。战役的最终结果导致日军不敢轻易向苏军发难,双方均注意维持和稳定现状。但横山勇不甘寂寞,在师团长的位置上一直忙于制定对苏联作战预案、训练士兵和完善孙吴地区的战争设施,时刻准备发起对苏联的进攻。

1941 年 10 月,横山勇出任关东军第 4 军司令官,主要负责整个黑龙江从漠河到乌苏里江与黑龙江汇合处沿线的对苏联防御与伪满洲国国境守备。由于横山勇是从第 1 师团师团长位置升上来的,因此对防区情况十分熟悉,一方面打击境内和由苏联进入境内的小股抗日武装,一方面全力为北进计划中的对苏联进攻做准备。1942 年 12 月 22 日,横山勇调中国南方,出任日军驻华主力第 11 军司令官,并获勋一等旭日大绶章。

二

1943 年 1 月,横山勇抵达第 11 军司令部所在地武汉。第 11 军是日军在关内唯一一支战略机动力量,也是日军的主力部队,冈村宁次、阿南惟几、冢田攻等名将先后任司令官,一直是与中国军队作战的急先锋,也是给中国军队造成最大损失的部队。当时,它直接面对国民党第三、五、六、九 4 个战区以及大别山游击区几十万国民党精锐部队,担负着牵制和消耗国民党军队主力的任务。一年前的第三次长沙会战,当时第 11 军司令官阿南惟几错误指挥,结果损失非常惨重,日军退回新墙河北岸,会战以中方胜利结束,导致横山勇接任的时候,该军军官和士兵情绪低落,消极作战。

而横山勇的前任冢田攻接任时间太短，他还没来得及发挥作用，就被中国军队击毙，更给第 11 军蒙上了一层阴影，由此可见横山勇面对十分困难的局面。横山勇到任后闭门不出，不做任何指示，不下达任何命令，专心研究前两任司令官三次进攻长沙的作战战况总结。最后，他得出常德在战略地位上比长沙重要的结论，先放弃长沙，将战争重心西移。1943 年 2 月，为实现西进目标，横山勇从第 3、第 13、第 39、第 40、第 58 师团及独立混成第 17 旅团中抽调大批兵力，采取杀鸡用牛刀、以强制弱、以多胜少的办法，集中对付位于洪湖地区中国军队第 128 师王劲哉部及第六战区的挺进军。

参谋们都对横山勇动员兵力超过一般常规很惊讶，无法理解。可他认为，第 11 军自从第三次长沙会战失败后一年多几乎没进行有效作战，必须打一场绝对的胜仗才可以改变部队中的极度畏战情绪。为了保证战役顺利进行，横山勇还派间谍打入第 128 师内部，收买了旅长古鼎新为内应。横山勇以强大的兵力，加之古鼎新的叛变配合，彻底击败了王劲哉的第 128 师及第六战区的挺进军，俘虏了受伤的王劲哉，控制了长江以北的洪湖地区。横山勇取得了在中国战场的第一场胜利，稳定了军心，鼓舞了士气。

初战胜利后，横山勇为了威胁常德和重庆，调动第六战区主力，在运动战中歼灭中国军队，于 4 月制订了更大规模的鄂西会战计划。横山勇调集 10 万日军，在 100 余架战机配合下，发动鄂西会战，企图夺取川江第一门户——石牌要塞，进而压迫重庆。5 月 3 日，他亲临沙市前线指挥所，指挥日军第 3、第 13、第 39 师团和独立混成第 17 旅团的主力部队，向中国军队发起进攻。由于事先准备充分，兵力集中，出击迅猛，一战就吃掉了中国军队第 73 军。而后，指挥部队继续向公安地区运动，企图包围中国军队第 87 军，新任第六战区司令官陈诚看穿了他的计划，命令部队迅速后撤，致使他的阴谋落空。

5 月下旬，日军向偏岩、太史桥、木桥溪、馒头嘴等石牌要塞外围阵地发起进攻，遭到中国守军的沉重打击，惨败而归。石牌要塞屡攻不克，日军各部伤亡增加，兵无斗志，进展受阻，而中国其他战区增援部队纷纷到位，随即开始全线反击。面对不利局面，横山勇不得不下令部队撤退，在撤退途中，他发现中国军队第 79 军推进较快，位置突出，而且两翼空虚，于是下令第 13 师团就地反击，命令独立混成第17旅团以回马枪的方式迂回包抄，配合第13师团吃掉第79军。然而，他没有接到中国军队的王牌第74军已经秘密进入第六战区的情报，对中国军队估计不足，第74军在运动战中分割和重创了独立混成第17旅团，使得他的阴谋破产。此战中第11军没有取得胜利，仍处于被动之中。中国派遣军开始怀疑横山勇是否有能力指挥一个军。

三

1943年10月，为歼灭中国军队的有生力量，摧毁第六战区根据地，夺取洞庭湖粮仓，达到“以战养战”和巩固中国占领区的目的，根据中国派遣军总部的指示，横山勇制订了新的常德作战计划。但他担心仅靠第11军完成这个任务有困难，于是请求派遣军抽调第13军隶下的第116师团增援第11军。中国派遣军总部同意调动第116师团参战，但由于其指挥鄂西会战战果不佳，同时给第116师团师团长岩永汪暗示，要他协助横山勇制定作战方案。岩永汪到第11军，看到了作战计划，发现该计划几近完美，已不用修订。原来，老谋深算的横山勇在作战第一阶段完全照搬鄂西会战的模式，给中国军队造成假象，迷惑敌人，使之按照旧有的应对方式，撤空常德外围主力，向两翼聚集再反攻。第二阶段开始，日军用主力分头迎击中国军队并将其击溃，而后包围并夺下空虚的常德。由于中国军队指挥员未能识破这一点，仍按已有计划进行，并且不切实际地就地反击，使得战事的发展完全如横山勇所预料。

1943年11月初，横山勇率日军主力，向中国军队发起进攻，成功地摧毁中国军队第10、第29集团军的防御，中国军队伤亡惨重，第73军暂编第5师师长彭士量和第44军第150师师长许国璋先后殉国。在中国军队主力纷纷西撤之后，常德及其周围地区只剩第74军的第57师，日军立即将它团团包围。如梦初醒的中国军队发现上当后，匆匆调动部队回防增援，但已经来不及了。此时，横山勇原以为拿下常德十拿九稳，然而，第57师师长余程万和以“虎贲”命名的部队不愧是中国军队主力中的主力，全师官兵凭借已有工事，坚持“有一壕守一壕，有一坑守一坑”的方针殊死搏斗，给日军沉重打击。横山勇在付出极大损失后，开始施放毒气弹,“使用毒气次数之多,为抗战以来所仅见”,最终击溃余程万的第57师,占领常德。

11月底,由于增援常德的中国军队接到了死命令,因此不顾一切穿插前进,连续撕破日军打援防线。横山勇心悸不已,重新部署部队,将孤军深入的中国军队第10军预备第10师包围。然而,第10师师长孙明瑾和他的部队凭借顽强的意志,给日军以沉重打击。孙明瑾亲自操起轻机枪,率部向日军发起冲锋。打完一梭机枪弹,又用手枪、步枪猛射,最后以刺刀与日军搏斗,刺刀折断。受重伤后孙明瑾仍忍痛高呼:“中华儿女要壮烈,不畏死,不贪生,牺牲生命,救国救民,努力杀敌! 努力杀敌!”最后血洒疆场。

12月,中国各路援军齐集,纷纷到达指定位置,日军不得已放弃常德,开始全线后撤。由于长期恶战,得不到休整,部队纪律很坏,无法控制。横山勇为整肃军纪,警示部下,亲自用刀背砍伤队伍最混乱的步兵第34联队联队长梁瀬真琴大佐。当全军撤退到澧水时,他接受了岩永汪的建议,让疲惫不堪的部队在中国追击部队眼皮子底下就地扎营,迷惑中国军队。由于中国军队不知底细,谨慎惶恐,加之指挥机构反应迟缓,犹豫不决,眼睁睁地看着日军休整不敢出击,使得日军得以喘息,从容布防,避免了遭受中国军队的重创。派遣军司令部根据大本营指示,要求第11军确保占领常德。横山勇面对疲惫不堪的部队,坚决抗命不从,派遣军司令部不得不收回命令,保住了残余部队,恢复战前状态。

四

横山勇是个狂妄自大、从不服从命令又很有能力的高级将领,多次顶撞派遣军总司令畑俊六大将。当大本营和中国派遣军为适应中国战场需要,决定组建高度机动性的第6方面军,询问第11军的意见时,横山勇回电:“很有必要,将第11军升格即可。”很明显,他要当这个方面军的司令官。可是,正式下达的命令,司令官并不是横山勇,而是华北方面军司令冈村宁次调任第6方面军司令官,因此他一肚子不满,寻机会就冒犯一下顶头上司。冈村宁次心知肚明,并不和他计较。

1944年4月,日军为了打通大陆交通线,发起了纵横中国南北的“一号作战”。由于第 11 军是“一号作战”的主力，因此横山勇成了中国战场上的主角，逢战必到。他先是派出部分兵力配合第 12 军，打通了平汉铁路线，随后，指挥 8 个师团和 2 个旅团的主力部队向中国军队全面发起进攻。虽然日军兵力不占优势，且战场广阔，但由于日军事先制订了详细周密的作战计划，准备充分，又下定了决战信心，战术上有很强的针对性，不惜代价突击前进，顽强进军，因此，很快就打乱了薛岳的作战部署，彻底击败了中国军队，不仅终于占领了长沙，还给中国第九战区主力部队以毁灭性打击，使其此后一蹶不振。

顺利占领长沙后，横山勇组织重兵向衡阳发起进攻，但此次却陷入了轻敌的危机。他满以为用第 68、第 116 两个主力师团，可以在短期内击溃敌军，占领此次作战的重要枢纽衡阳，但是却遭到方先觉率领的中国军队第 10 军顽强的抵抗，进攻的日军付出惨重代价，第 68 师团长佐久间为人等多名指挥官受伤，多名大队长阵亡，始终无法夺取衡阳。大本营和天皇均十分不满，催促其加快进攻步伐，但是他并没有完全执行上级的命令，重新调整部署，推迟了第二次总攻击时间，以使前线部队有充足的休整和弹药储备。此次进攻投入了更多的兵力，还使用了毒气弹，然而这次进攻再告失败。横山勇不得不亲自抵达衡阳，指挥攻城作战，在空军和炮兵掩护下，日军最终攻入衡阳，迫使第 10 军放弃了抵抗。方先觉放弃抵抗后，日军开始清查“学生军人”，当时就枪杀“学生军人”1 800 多人，以后一星期又陆续杀掉 600 多名热血青年。方先觉等高级将领被日军拘押于城外天主教堂内，日方想让方先觉为日军出力，强迫方先觉等人组成“先和军”，并任命方先觉为军长。方先觉等人在被囚禁 3 个月之后逃回重庆。

在占领衡阳后，横山勇指挥第 11 军发起宝庆 - 洪桥战役，部队虽然十分疲惫，但仍一路连连取胜，先后占领零陵、全州等地区。面对眼前的胜利，横山勇变得骄傲自负、目中无人，他在一次谈话中说：“在目前的大东亚战争中，能立即取得主动的，唯有本军……”

10 月 20 日，按照派遣军的作战计划，在做了充分准备之后，横山勇下达了桂柳作战的命令。日军全线出击，进展迅速，很快就突破桂林外围阵地并包围了桂林。11 月 8 日，日军向桂林发起总攻，桂林城内一片火海，守军阵地硝烟弥漫。11 月 11 日，日军就占领了中国军队防守的重地桂林，第 131 师师长阚维雍自杀殉国,第31军参谋长吕旃蒙、第170师副师长胡原基等2 400余人战死。

占领桂林后,横山勇拒不执行方面军命令,直接进攻中国军队兵力薄弱的柳州。他的方案与第6方面军司令部制定的包抄中国军队的作战指导方针不相符,第6方面军司令冈村宁次非常生气,与横山勇直接发生了激烈的冲突,严令其执行方面军的作战计划。11月9日,冈村宁次见他坚持不退让,不得不下令,由第23军司令官田中久一中将统一指挥两个军,向柳州发起进攻。当电令抵达第11军时,部队大哗,各级指挥官均认为冈村宁次偏心,有嫉妒第11军之嫌,各师团长亦表示只听从横山勇指挥,拒不接受田中久一调度,于是他指挥所部第3、第13师团和第23军第104师团争功抢占了柳州。虽然他攻取了中国军队的物资弹药补给基地——柳州,但由此导致冈村宁次制订的围歼中国军队主力的计划破产,冈村宁次对此耿耿于怀。11月14日,横山勇又令第13师团直扑独山,第3师团杀向八寨、都匀。两部先后攻占两地,并一直追击至贵阳50多公里处才停息,造成西南各省人心动摇,甚至有人建议"应做再迁都的准备"。但由于消耗过大,战线过长,兵力分散,给养困难,无法进攻,日军只好在实施破坏后撤出。至12月10日,日军终于打通了大陆交通线,完成了"一号作战"计划。

五

由于横山勇屡屡不听调遣,违抗命令,独往独来,因此得罪了许多人,尤其是一些当权的上级,如畑俊六、冈村宁次等自然是不可忍受的,他迟早要自受其辱。当第6方面军司令冈村宁次升任中国派遣军总司令时,便提出将横山勇调离中国战场。桂林作战结束后才12天,横山勇就被"明升暗降",调到国内担任西部军司令官,同时把和横山勇一起违抗命令的第11军3个师团长也全部撤换。从此横山勇便与中国战场绝缘,昔日飞扬跋扈的悍将终于再无出头之日。次年,西部军扩编为第16方面军,他又被任命为第16方面军司令官兼西部军管区司令官,虽然受此打击,但好战之心未变,积极为抗击美军登陆和最后"玉碎"做准备。

1945年5月,空袭日本本土的美军B-29轰炸机组在福冈上空被击中迫降,12名飞行员被日军抓获,西部军管区司令官横山勇下令处死其中的8人。此消息被毕业于九州帝国大学医学部的外科实习官得知,并迅速转告九州帝国大学医学部,医学部的石山福次郎教授立刻向横山勇请求“处理”战俘,并得到同意。医学部将 8 名被俘人员手术肢解,手术切除的心脏和肝脏被送往将校食堂,经过处理后,被将校们“分食”。

日本宣布战败投降,横山勇虽不甘心,亦无奈地解除了武装,军事法庭以乙级战犯嫌疑人名义逮捕横山勇。经审判,法庭认定横山勇对包括生剖活人事件和油山事件在内的 9 项案件负有不可推卸的责任,最终判处他绞刑。后因身体原因,横山勇被免去死刑。1952 年 4 月 21 日,横山勇因病在监禁中死去,结束了罪恶的一生。

“香港总督”矶谷廉介

矶谷廉介，日本陆军中将，曾任陆军军务局局长、第10师团师团长、关东军参谋长等职。日军占领香港后，被任命为第一任“总督”。南京军事法庭判处其无期徒刑，1952年假释出狱。

一

矶谷廉介，1886年出生于兵库县旧筱山藩士家庭，父亲矶谷次郎。矶谷廉介曾就读于大阪陆军地方幼年学校和陆军中央幼年学校。1904年毕业于日本陆军士官学校第16期，和冈村宁次、板垣征四郎、土肥原贤二为同期同学。他在陆军士官学校毕业时说：“我学校的成绩都可以，总之希望去中国，不想进陆军大学。”1915年12月，矶谷廉介毕业于陆军大学第27期，与东条英机、今村均等为同期同学。陆军大学毕业后任职于参谋本部。1917年，矶谷廉介被派遣到中国，常驻当时革命运动的中心广州。在此期间，他十分关注中国长江以南的政治、军事情况，关注孙中山及其所领导的新生力量动向。受军部的命令，矶谷廉介还在上海访问孙中山，和他进行了深入交流。矶谷廉介对孙中山怀有敬意，认为孙中山是为中国国民献身，视孙中山为老师。1928年5月起，矶谷廉介先后任第6师团附、第3师团附兼青岛特务机关长等职，开始关注国民党和中国共产党，主要注意蒋介石的动向。矶谷廉介认为蒋介石是为自身和宋家的利益接近英美，一生都没有从心里信服蒋介石。

1930年3月起，矶谷廉介先后任第1师团参谋长、教育总监部第2课课长、人事局候补课长等职。1933年晋升为少将，任参谋本部第2部部长。作为军人，他详细调查、分析中国的政治、国防、军事力量及民情，报告给参谋本部，以备战争。但对中国关心的方法、理解的方法却与其他人有很大的不同。矶谷廉介认为日本不应该侵略中国，即使暂时不得已侵略了中国，也应尽快以和平为要。

矶谷廉介的岳父——日本第一代中国通，对华谍报鼻祖青木宣纯对他影响很大。青木宣纯长期住在北京，收集中国各方面情报，虽长期与袁世凯保持亲密关系，在袁世凯失势后，却又是陆军中讨袁运动的积极策划者，同孙中山等革命派接触后转而成了黎元洪的顾问，继续混迹于北洋上层。这样的经历和环境使矶谷廉介一生专注中国问题研究，自认是日军中的“中国通”。作为日本陆军中一个较为冷静的中国问题研究者，他的中国观在日本军人当中显得比较特别，开辟了一条非武力侵略中国的“和平”道路。

二

1935 年 1 月 4 日，矶谷廉介参加了由板垣征四郎在大连主持召开的日军派驻中国各地的特务人员会议，专门研究在中国各地制造事端问题。矶谷廉介与影佐祯昭回到上海不久，就碰上了找碴儿的好机会——有一个新生杂志刊出一篇“闲话皇帝”的文章，矶谷廉介便指其对日皇“大不敬”，驻华大使有吉明乃命驻上海总领事石射猪太郎向上海市政府提出杂志停刊、处罚发行人、有关官员道歉诸项要求。而矶谷廉介认为交涉条件太低，蛮横地向有吉明大使表示应该要求把国民党解散，当时坐在旁边的大使馆秘书堀内干城说：“请问武官是不是想要日中全面战争？恐怕即使打起仗来，你要解散国民党也还是办不到吧？”有吉明大使很严肃地说：“我以大使的立场负责解决问题，我认为不必再加重什么条件。”矶谷廉介悻悻而去。过了几天，有吉明大使和石射猪太郎总领事都接到匿名血书，辱骂他两人“像那样的解决条件都能接受，真正是天皇陛下不忠之臣，应该切腹谢罪……”日本侨民们也收到类似的信件，日本领事馆警察大为紧张，一面加强保护大使和总领事的安全，一面严密调查，万想不到查出寄发匿名信的人，竟是助理武官影佐祯昭花 300 美金收买的，目的在鼓动侨民制造风潮，刺激中国人，以期引起双方的更大冲突。

1935 年 11 月 8 日，在中国国民政府发布币制改革公告 4 天后，驻中国大使馆武官矶谷廉介发表声明。作为军部派出武官，他断然反对国民政府此次的币制改革，说币制改革只能给中国 4 亿民众带来毁灭。日本陆军军部也认为"白银国有令必然归于失败，白银国有给中国民众带来不幸，特别是依赖英国的援助乃卖国"，非正式地表示赞同矶谷廉介的声明。矶谷廉介之所以反对币制改革，是因为他认为币制改革是英、美两国打入中日两国之间的一个楔子，国民党政府实施币制改革可能会得到英、美两国的大力支持，这样必然会扩大英、美对中国的影响力，削弱日本对中国的影响。矶谷廉介反对币制改革，以及半年后他又承认币制改革取得很大成效，证明他及日本军部并不是反对币制改革本身，而是反对国民政府在英、美的帮助下进行改革，反对英、美扩大在中国的影响力，避免给日本的侵略活动带来困难。

三

1936 年，矶谷廉介在回国之际，表达了他的中国政策和对蒋介石的看法。他认为："日本的对华政策没有看到辛亥革命以来中国新的前进方向、民族自然发展的进步，沿袭对古代中国、军阀割据时代的中国认识，正面否认蒋介石所代表的统一国家的进展，依旧从事分治工作。""由于陆军内部的大部分中国通对中国认识的先入观念很强，看不到中国正在前进的大势，最终迫使蒋介石陷入不得不亲苏容共的困境。""陆军中的中国通认为蒋介石没有统一中国的力量，由于中国是相当广阔且异质的国家，分治工作自然行得通，至少有必要在华北使其分离成立亲日满政权。"很明显，他不主张用武力征服中国，而是采取分裂的办法肢解中国。尽管矶谷廉介反对用武力解决中国问题，但是，陆军军部的大部分人仍主张利用军力征服中国。

1936 年 2 月 26 日凌晨，香田清贞大尉、安藤辉三大尉等 9 人为核心的"皇道派"军官带领千余名官兵分头去刺杀"天皇周围的坏人"。这就是二二六事件。26 日下午，枢密院决定由陆军宣布戒严，进行镇压。陆军部虽在 27 日凌晨颁布了戒严令，但却迟迟按兵不动。在外地的第 2 师团师团长梅津美治郎、第 6 师团师团长谷寿夫、关东军参谋长西尾寿造和副参谋长东条英机均发出通电,宣称反对“兵谏”,明确表示了坚决镇压的态度。

天皇非常愤怒,几次催问:“讨伐部队出发了吗?”“交上火了吗?”“如果陆军大臣无能为力,朕就亲率近卫师团去平定叛乱! 快快备马!”在天皇的一再催促下,1936 年 2 月 28 日,军部终于下了镇压的决心。奉敕命令随后正式传达给第 1 师团,戒严司令部于 29 日开始讨伐叛军,策动叛乱的军官随后被戒严部队拘捕。

为了平息二二六事件带来的影响,1936 年 3 月 23 日,矶谷廉介被任命为陆军军务局局长。他积极贯彻天皇的意旨,按照陆军大臣寺内寿一的要求,坚决果断地处理了叛乱的军官,裁撤了“皇道派”的背后指使者,稳定了军心,日本进入军人专政时代。由于二二六事件处理得力,同年 12 月,矶谷廉介晋升为陆军中将。1937 年 3 月,被任命为第 10 师团师团长。

四

卢沟桥事变后,矶谷廉介率第 10 师团出征华北,编入第 2 军。9 月,国民革命军第 29 军自卢沟桥退却后,在流河及其以西地区设阵地,阻击日军南侵,给入侵之敌以重创。日军正面进攻受阻,即绕道西侧两路夹击并占领了小王庄,中国守军一个营仅剩 30 余人,被迫撤离阵地。日军攻占小王庄后,进行了惨无人道的屠杀。小王庄这个只有 37 户 180 人的小村,被日军杀死者就有 30 人,第 10 师团制造了骇人听闻的小王庄惨案。

9 月中、下旬,矶谷廉介率部在津浦路北段东路作战,占沧县、泊头、德县,11 月上旬攻占临邑、商河。1938 年初,矶谷廉介轻而易举地占领山东兖州、济宁、邹县一线,徐州近在咫尺。此时的矶谷廉介非常轻狂,认为中国军队已不堪一击,攻占徐州易如反掌,便毫无顾忌地指挥部队沿津浦路向南突进。

2 月 16 日黎明,日军步骑约 5 000 人迫近滕县东郊,在飞机大炮的掩护下,向守备滕县的中国部队发起进攻。中国军队第 122 师师长王铭章等率部死守滕县,多次打退日军的进攻,誓死不退。在部队遭受巨大损失、援兵未到之际,王铭章亲临前线指挥战斗,遭敌密集火力射击,身中数弹,同参谋长赵渭滨及第 124 师参谋长邹绍孟等人一起当场阵亡。王铭章等人牺牲后,守城官兵并没有溃散,仍继续与敌搏斗。王铭章师长殉国的消息传到城内后,数百名受重伤的士兵以他为榜样,宁死也不投降,以手榴弹互炸殉国,全部壮烈牺牲。最后,除副师长税梯青率部分人从北门突围外,其余将士全部牺牲。

在攻占滕县之后,矶谷廉介又攻克临城,临城是日军大本营给华北方面军的南下禁止线。矶谷廉介自认为第 10 师团是一支机械化的精锐部队,加之有空军的支持,眼前的中国军队已不在话下。他判断,此时第五战区司令李宗仁的部队一部分被消灭,一部分已经在右翼与板垣征四郎的第 5 师团交手,手边可以调动的部队不足。他大胆决定孤军深入,企图越过临城与枣庄前线,直捣中国军队第五战区司令部,一举攻占徐州,彻底消灭此战区的中国军队。于是他拒绝接受大本营给第 10 师团的鲁南作战禁止线的命令,率部全速南下,指挥先头部队扑向台儿庄中国守军阵地,以期夺取打通津浦线的首功。

台儿庄为山东南部峄县境内的一个小镇,位于东西南北公路交叉点,是徐州的门户,起着拱卫徐州的作用,滕县失守后,这里成为保护徐州的最后一道防线,战略地位十分重要,不得不严加防守。战前,中国守军在此布置了一定兵力,并构筑了防御工事,筑石墙约 3 公里,设置碉堡 70 余座,准备在这里与日军决战。

矶谷廉介眼里,除了小小台儿庄以外,通向徐州的大门已经敞开了。当得知板垣征四郎师团在临沂战败退回而不能南下台儿庄与其会师时,他更是头脑发热,以为立功的时候到了,当即决定:不等援兵,师团单独进攻,拿下台儿庄!他不仅要独占台儿庄,而且企图一举攻占徐州,再打过淮河,独占打通中国南北战场,侵占中原腹地的战功!

在矶谷廉介的指挥下,日军打破以往惯例,不惜弹药,首先用重炮对台儿庄进行猛烈轰炸,台儿庄城墙经不起重炮轰击被炸开了口,日军蜂拥而至,攻破台儿庄北门。守军第 31 师在师长池峰城指挥下,退守庄内,与日军在庄内展开逐条街巷争夺战,还派出敢死队身穿日军服装,冲入敌阵,与敌近距离搏杀,双方均伤亡惨重。矶谷廉介见不能马上取胜,又从峄县调来 4 000 余人,增援伤亡惨重的日军,但这也没能击败中国守军的顽强抵抗,日军不惜血本一次又一次冲进城内,一次又一次被中国守军击退。双方呈拉锯状态,为争夺一村一地一座碉堡,反复肉搏,战斗异常惨烈。

4月6日，李宗仁亲赴台儿庄，调集部队，指挥各部全线出击。中国军队依令发起全线总攻，从不同方向杀向日军。此时，日军弹药汽油用尽，多数战车和坦克被击毁，未被击中的车辆也因缺汽油陷于瘫痪，不能动弹，已无防守之力，更别说进攻了，矶谷廉介只好命令日军撤退。日军收集残部，炸掉不易搬动的物资和设备，向峄县溃逃。中国军队乘胜追击，除濑谷支队数千人逃脱外，其余日军全部被歼。此时，艰难防守的孙连仲部，亦精神振奋，以疲惫之师冲向日军。日军伤亡奇重，遗尸遍野，各种辎重到处皆是，矶谷廉介已无法控制残部，只好拼命突围而去。

日军投入第5、第10两个精锐师团8个联队约3万人，其中台儿庄方向投入7个联队，以损失万余人、坦克30余辆、火炮70余门、机枪数百挺、步枪万余支和大量武器及其他军用物资的代价，杀死杀伤近2万名中国军人。日军不仅没有达到战略目的，而且“创造”了侵华以来第一次最大惨败。此役是抗战以来国民党正面战场取得的重大胜利。

1938年6月，矶谷廉介被任命为关东军参谋长，成为陆军中具有重要影响力的人物。

1939年5月，伪满洲国军队与蒙古军队在诺门罕发生小规模边境冲突，关东军参谋辻政信、服部卓四郎扩大冲突，演化成为日本关东军与苏联红军的正面对决。诺门罕战役不过半月，关东军参战部队就伤亡近半。7月14日，矶谷廉介亲临一线，与前线指挥官商讨对苏战事。大家一致认为，苏军炮兵有压倒性优势，关东军必须抽调重炮部队进行对抗，消灭其炮兵部队。为挽回颜面，关东军炮兵倾囊而出，连驻扎在旅顺要塞的重炮都拆了下来。但日军与苏军炮兵相比，数量和破坏能力均不在一个层面上，仅在24日这一天，日军炮兵阵地最多时一秒钟就落下十几发炮弹。日军阵地翻了天，所有的炮位或伤或亡，已经不能再战，持续了3天的大炮战以日军的彻底失败告终。

随后，苏联指挥官朱可夫出动远东军70 000多人，配以坦克为核心力量的装甲部队，在飞机大炮的掩护下，攻击日本关东军两个师团约4万人。最终，18 000名日军战死或受伤，武器装备损失殆尽。有人认为，加上后续部队，日本损失了近5万人，精锐的第1坦克师团几乎全军殆尽，11个特种兵联队彻底丧失了战斗力。

日本报纸哀叹："大量高级军官如此集中伤亡是日俄战争后从未有过的。"日本全国震动。关东军司令官植田谦吉被撤职，参谋长矶谷廉介也被撤职，并转为预备役。此战具有重要战略意义，打消了日俄战后苏军对日军的恐惧心理，使日军不敢小觑苏军，不得不放弃"北进计划"，为苏联远东边境地区的稳定奠定了基础，苏联避免了东西两线作战。

五

1941 年 12 月，日本海军偷袭美国太平洋珍珠港后向英、美等国宣战。就在偷袭珍珠港数小时后，由酒井隆中将指挥的日军华南方面军在空军飞行团支援下，从深圳罗湖等地进攻香港。经过 18 日的战斗，香港总督杨慕琦在 12 月 25 日向日军投降。

在外务大臣东乡茂德的推荐下，日本再度起用矶谷廉介，将其任命为香港第一任"总督"。1942 年 2 月 20 日，矶谷廉介正式就任"香港总督"，香港占领地"政府"正式成立，结束了军政府时期。香港占领地总督部成为当时香港最高的行政机关，亦是日本战时内阁的直辖机构之一。当时没有在香港筹组傀儡"自治政府"。日本人在新"政府"占据了多数重要职位，华人只可以担当一些中低级职位。为了达到"以华制华"的目的，成立了"华民代表会"及"华民各界协议会"这两个华人组织。与英治时期的行政或立法局不同，华民代表会或协议会并无法律上的权力。

将香港岛分成 12 区，九龙分成 9 区，新界分成 7 区。每个区指派一名亲日的中国人作为所长，协助日本人管理该区的大小事务、代表该区市民的意愿，形成了香港分区管治的格局。此外，还向香港市民颁发"住民证"，把香港居民牢牢控制在居住地，同时，实行疏散政策，迫使大批香港居民迁回内地。到日本投降时，香港的居民人数降至 70 万，仅及战前的一半。

1942 年开始，由日本定额配给香港居民日用品。每个家庭都有一张定额配给许可证，每人每天只可以买六两四的白米，食物严重不足。为了活命，很多人只能以树叶、树根、番薯藤、木薯粉或花生麸充饥。1944 年，取消定额配给制，改为日用品自由买卖,更多市民因买不起食物而饿死,甚至出现人吃人事件,街上常有皮包骨的弃尸。

矶谷廉介统治香港期间,日军从香港夺取各种各样物资,将其转为日本帝国的战略储备,强迫市民换取无保证的日本军票。废用公元,改以日本使用的“昭和”年号,并以纪念日本节日、天皇寿辰、胜利纪念日和周年纪念日加强日本文化对香港的影响。1943 年 2 月 11 日,开始日本纪元节,崇拜神武天皇。禁止使用英语,实行日语与日本文化教育,把香港街道及地点普遍改为日本名。1944 年 12 月 24 日,矶谷廉介调任台湾行政司长。

日本投降后,矶谷廉介被逮捕。1946 年,国民政府南京军事法庭以战争罪审判矶谷廉介,1947 年,判处其无期徒刑。1952 年 8 月,矶谷廉介假释出狱,1967 年,因病而死。

最后一任“台湾总督”安藤利吉

安藤利吉，日本陆军大将，曾任师团长、第21军司令、华南方面军司令、台湾军司令兼总督等职。日本投降后，代表台湾总督府和驻军向盟军投降，被中国军事法庭列为战犯。1946年4月，在上海监狱羁押受审期间自杀身亡。

一

安藤利吉，1884年4月3日出生于日本宫城县。1904年10月，安藤利吉毕业于陆军士官学校第16期步兵科。1914年，毕业于日本陆军大学第26期。随后，晋升为步兵大尉并以驻英使馆副武官身份赴英国留学，专门进行军事研究。1927年后，历任参谋本部部员、步兵第13联队联队长、第5师团参谋长、驻英国大使馆武官、参谋本部部附、步兵第1旅团旅团长、户山步兵学校校长、陆军教育总监本部部长等职。

1938年5月，安藤利吉接替板垣征四郎任日军第5师团师团长，此时，第5师团正在进行徐州会战，安藤利吉根据方面军的命令，率部参加徐州会战，将师团主力集结在徐州以南地区，并以一部兵力在徐州至宿县以南之津浦线沿线执行作战任务。

10月中旬，安藤利吉率部从青岛登船向广州进发，配合第18师团和第104师团于21日攻占广州，随后率第5师团换乘200多艘小船艇，在海军护卫下沿珠江而下，攻占虎门要塞，而后又攻占佛山、三水等地。同年11月，安藤利吉升任第21军司令。1939年2月，为了在海南岛北部建立空军基地，安藤利吉命令板田祥二郎少将指挥台湾混成旅团，开始向海南岛发起攻击，占领了海南岛，随后又组织兵力相继攻占了汕头、潮州等地，切断了中国军队的海上补给线。

1939年10月14日，安藤利吉遵照大本营命令，开始实施进攻广西，旨在切断中国军队西南补给线的作战计划。11月9日，安藤利吉亲自率部在钦州湾沿岸北海登陆，而后占领钦州、防城等地。在部署作战任务后，安藤利吉返回广州，委托第5师团师团长今村均中将代其指挥广西战事。日军推进迅速，24日攻占了南宁市，随后又占领龙州、镇南关等军事要地。为了确保国际陆路补给线安全，中国军队主力第5军奉命发起昆仑关战役。此役，双方围绕昆仑关反复争夺，日军损失惨重，中村正雄旅团长被击毙。安藤利吉命令第21军主力陆续增援昆仑关，死守阵地，战斗异常残酷。由于中国军队的殊死进攻，守卫昆仑关的日军渐渐不支，违背战争公约，开始施放毒气。中国军队不顾生死，冲锋不止，打出了威风，日军遭到重创。

二

在进行南宁作战的同时，安藤利吉制定了《宾阳会战指导方案》，决定进行宾阳会战。1940年1月24日，安藤利吉下达进攻命令，首先对宾阳的中国军队第38集团军总司令部驻地进行轰炸，出动90多架次飞机对中国军队及后方桥梁进行轰炸。与此同时，安藤利吉指挥日军主力彻夜强行开进。2月4日，安藤利吉进入宾阳城，会战结束。

“宾阳会战”失败，令蒋介石非常恼火。2月22日，在柳州军事会议上，气急败坏的蒋介石对总指挥白崇禧和中央督战大员陈诚给予降薪留职处分，将第38集团军总司令徐庭瑶上将以下8个将官撤职查办，同时宣布：取消叶肇、徐庭瑶、蔡廷锴3个集团军番号。

2月9日，日本大本营撤销第21军，组成新的华南方面军，同时任命安藤利吉中将为该方面军司令官。5月初，安藤利吉根据派遣军总司令官关于策应宜昌作战的要求，命令第38师团一部北进，牵制中国军队，另一部引诱中国军队出击，给中国军队造成极大伤亡。华南方面军组成不久，大本营先后把在中国台湾的第4飞行团、近卫师团、第48师团调归安藤利吉指挥，用于准备攻占福州以及必要时在温州一带登陆的作战。1940 年 4 月 21 日,安藤利吉指挥部队冒着狂风巨浪在福州附近登陆,攻占福州。

安藤利吉为彻底切断中国军队补给路线,利用参加福州作战后返回广州的机会,又命令所属部队占领甲子港一带。华南方面军主力切断香韶公路后,安藤利吉担心惠州一带的中国军队夺回该公路,于是,命令部队以惠川为目标从三面向中国军队发起进攻,在完成包围、"扫荡"作战后,返回原驻地。

1940 年 10 月 5 日,安藤利吉返回日本国内,任参谋本部部附。1941 年 11 月 5 日,出任台湾军司令官。1944 年 1 月 7 日,安藤利吉晋升为陆军大将。同年 9 月,台湾军改称第 10 方面军,安藤利吉任司令官,12 月 30 日,又兼任台湾总督。安藤利吉在台期间,积极扩建军事基地,打击对台湾进行连续不断轰炸的美国飞机,将俘获的美军飞行员全部枪杀。

三

日本投降后,1945 年 10 月 1 日,中国空军人员张廷孟奉命携带国旗从重庆单机冒险飞赴台北机场,直抵日本驻台湾总督府悬挂中国国旗。10 月 24 日,国民政府受降代表、台湾行政长官兼警备总司令陈仪等人启程前往台湾,当飞机降落时,欢迎人群如潮,人们欢呼跳跃,国旗、彩旗迎风飘扬,乐声、掌声响成一片。

1945 年 10 月 25 日早晨,受降仪式在公会堂举行。会场内外人头攒动,水泄不通,但又井然肃穆,人们都想目睹这庄严时刻。8 时 55 分,在乐曲伴随下,受降代表、台湾行政长官兼警备总司令——陆军上将陈仪率接收人员缓步走入大厅,按序就座。随后,安藤利吉为首的日本投降代表,在中方人员指引下低头进入会堂,垂头丧气地走到受降席前站成一排,向陈仪行礼。陈仪向他们扫视一下,示意他们在投降席坐下。

陈仪起立,环顾一下四周,接着以庄严的声调宣读受降书:本官奉命,为台湾受降主官,兹以第一号命令,交与原日本台湾总督兼第 10 方面军司令安藤利吉。依照此项命令,台湾全境及澎湖列岛应交还中国,所有日本在台湾及澎湖列岛的陆海空军和警察,均应缴出武器,听候处理,希即遵行。

随后，中国台湾警备司令部参谋长柯远芬双手将陈仪宣读的受降书与第一号命令递交安藤利吉。安藤利吉躬身接过，扫视一遍后签名。日军参谋长谏山春树双手把签了字的文本呈交陈仪，大厅里顿时爆发长时间的掌声。安藤利吉等面色难看，再次向陈仪行礼，低头快步走出大厅。

受降仪式只有短短5分钟，但这5分钟却是中国人民，尤其是台湾人民难忘的5分钟，从此结束了日本对台湾50年的殖民统治，宝岛重新回到祖国的怀抱。为永久纪念台湾从日寇统治下重归祖国怀抱，10月25日被定为“光复节”。

中国军事法庭确定安藤利吉为战犯嫌疑人，将其逮捕关押到上海监狱，听候审判。1946年4月19日，安藤利吉流泪给冈村宁次写了一封遗书，随后服毒自杀，了却罪恶一生。

日本投降的消息传到台湾后，安藤利吉等并不服输，认为驻台日军尚有40万之众，未损一兵一卒，且日本人经营台湾半个世纪，完全可以将台湾变成第二个“满洲”。于是授意部分“少壮派”军官，串联台湾部分汉奸发动所谓“台湾独立自治运动”，企图以台湾与伪满洲国等遥相呼应，作为日本振兴的海外基地。

“模范军人”今村均

今村均，日本陆军大将，曾任关东军副参谋长、第5师团师团长、第8方面军司令等职。日本投降后，被定为乙级战犯，判处有期徒刑。1954年释放。

一

今村均，1886年6月28日出生于日本宫城县仙台区，父亲今村虎尾是个法官。今村均小时候多病，体质很差，因为睡眠不足，上课时天天打瞌睡，后来转入新发田中学读书，身体才好起来。日俄战争后，日本军国主义盛行，1905年，日本天皇亲自在青山陆军练兵场举行阅兵。在参观完阅兵后，原本要学经济的今村均在母亲支持下，考入陆军士官学校第19期，1907年12月毕业，任步兵第4联队附，获少尉军衔。1915年，今村均以第一名的成绩毕业于陆军大学，获大正天皇赐刀。1916年8月起，今村均先后任陆军省军务局附，驻英国、驻印度使馆武官，上原勇作元帅副官，军务局征募课课长等职。

1931年8月，今村均任参谋本部作战课课长，虽为课长，但是由于没有参加任何组织，他竟然对九一八事变爆发浑然不知，随后任步兵第57联队联队长。1935年3月，今村均任第40旅团少将旅团长，1936年3月，今村均接替板垣征四郎出任关东军副参谋长，兼任驻伪满洲国大使馆武官，主要监督和调度伪满洲国的军队。1938年1月27日，今村均任陆军省军务局局长，1938年11月21日，出任第5师团师团长。

二

1939年10月，今村均率领第5师团奉命参加旨在截断中国外援、树立汪精卫政权、打击重庆中央军势力的南宁作战。10月下旬，第5师团由大连、旅顺上船，长途机动南下，划归第21军司令官安藤利吉统一指挥。11月15日，趁大风雨由钦州登陆，一路奔袭，深入广西腹地。11月下旬，占领南宁，并向中越边境进攻，切断了桂越交通线，对国民党政府造成了严重威胁。

12月，中国军队27个师、15万人大举反攻，将部署在南宁至昆仑关的800多名日军分割成数部分，准备在昆仑关地区予以歼灭。此时日军第5师团全部只有2.1万人，没有坦克等重武器，只有75毫米山炮20门、75毫米野炮12门，更没有空军支援，但面对十几万的中国精锐部队。攻打昆仑关的是中国陆军唯一一个机械化军——第5军，军长杜聿明，该军有3万多人、1个坦克团、1个150毫米德国榴弹炮营，并得到空军大力支援。此时昆仑关前线国民党军队无论人数上，还是火力配备上都明显占优势。

但被围日军并没有溃散，仍顽强抵抗并等待援军。12月18日，日军2个大队前往昆仑关增援，以解救被围日军。19日，这两个大队日军亦被完全包围，中国军队在100多架飞机和重炮、坦克支援下猛烈攻击。日军伤亡惨重，兵力、武器不足，逐渐支持不住。随后，日军旅团长中村正雄率第42联队2个大队前往增援再被包围，中村正雄旅团长被击毙，死前写道：“帝国皇军第5师团之所以在日俄战争中有‘钢军’称号，那是因为我们的顽强战胜了俄国人的顽强。但是，在昆仑关我应该承认，我遇到了一只比俄国军队更顽强的军队。”日军战史称：“通观中国事变以来全部时期，这是陆军最为暗淡的年代。”“中国军队攻势的规模很大，其战斗意志之旺盛，行动之积极顽强，在历来的攻势中少见其匹。我军战果虽大，但损失亦为之不少。”

此时，日军台湾混成旅团主动派出步兵增援昆仑关，12月23日，第1联队凭借“武士道”精神冲入九塘地区与被围的第21、第42联队会合，同时台湾步兵第2联队也于25日杀入七塘地区与第42联队会合。日军增援部队陆续到达，包围圈内的日军越来越多,从 2 个大队增至 4 个联队,中国军队的优势已不明显,聚歼数千日军十分困难。

就在昆仑关战事极为紧张之时,第 21 军司令部、中国派遣军本部甚至东京的参谋本部都对此极为忧虑。打红眼的今村均企图亲自上阵,以第 5 师团全力与中国军队决战,第 21 军司令官安藤利吉则主张,第 5 师团应当即从昆仑关后撤,与在南宁的部队相对集中地进行防御。

今村均断然否决了军司令部的指示,认为"这个时候让他们后退到南宁附近,在那里构筑防御阵地,等于是给第 5 师团全体官兵增加战败情绪,相反助长了中国军队锐气,形成一种无法收拾的支离破碎的局面。不仅如此,如果现在从九塘附近撤兵,都挤在靠近南宁的这一小块地区,那么中国军队就会把对付第 5 师团的全部兵力分出一部分去钦州附近,以很大兵力对付我军主力登陆,如果决定给敌人以致命打击,那么师团考虑必须以积极的姿态进行抗战牵制住中国军队的兵力,使得中国军队不能将全部或者大部兵力向其他方面转移"。因此,增兵猛攻,反复争夺昆仑关。第 5 军虽为精锐部队,此时也伤亡甚重,人员疲惫,已经不适合战斗,于 1940 年 1 月 12 日奉命转移,正式退出战斗序列。

昆仑关之战后,第 5 师团配合其他日军又发起"宾阳会战"。日军不费吹灰之力长驱直入宾阳,日军飞机炸毁了设在宾阳的第 38 集团军总部,中国军队通信中断,一片混乱,20 万人被一举击溃,日军顺利夺取九塘、昆仑关等阵地。南宁会战中中国军队虎头蛇尾,虽然前期第 5 军优势明显,给日军以打击,但是后期部队涣散,仍以失败告终,大片国土沦丧,国际交通线受阻。

三

1940 年,今村均任教育总监部本部长,奉东条英机指示制定《战阵训》,号召全军和全体"皇国臣民"向天皇效忠,每个人都要"献身奉公",以实现"大东亚新秩序"。1941 年 6 月,今村均任驻广东的第 23 军司令官,同年 11 月,任第 16 军司令,编入寺内寿一的南方军序列,任务是攻占荷属东印度。当时,今村均手里只有一个第 2 师团,还有预计攻克香港后转用的第 38 师团、攻克菲律宾后转用的第 48

师团,结果第48师团长期陷在菲律宾,只有第2师团和第38师团4万人。

为了攻击爪哇和苏门答腊,今村均横下了决死信念,出发前对全军训令说:"我会冲在第一线,如果本司令官淹死在海里,师团长接任本司令官指挥,如果师团长淹死在海里,本司令官就是师团长。"由于海军指挥混乱,今村均乘坐的运输舰被日本海军鱼雷击中沉没,今村均在海里漂了3个小时后终于游上爪哇岛。

随后,今村均指挥日军在不到1个月时间内歼灭10万荷兰军队,占领了190万平方公里的荷兰属地,又用伞兵空降夺取了日本海军梦寐以求的石油资源基地。今村均除了军事作战外,还颇具政治头脑,他把印尼民族领袖苏加诺从监狱里放出来,许诺将给印度尼西亚自由和独立,因此迅速恢复了当地治安。

1942年11月,今村均出任日本第8方面军司令,指挥百武晴吉的第17军和安达二十三的第18军作战。日本海军没有制海权,导致陆军缺少供给,因病饿损失惨重。今村均找到海军联合舰队司令山本五十六,指责海军配合不力。饱受指责的山本五十六不顾今村均的告诫去前线视察,被美军伏击战死。

四

今村均具有极强的忠君思想,在部属中有具有很高的威望。日本投降后,今村均代表日军在拉包尔向澳大利亚军投降。投降仪式上澳大利亚人问:"你们还有多少人?"今村均说:"加上周围岛屿,所罗门群岛大日本帝国陆海军军人及家属共有14万余人!"澳大利亚人根本就不相信,奚落道:"胡说。"今村均诚恳地说道:"是真的,我们带来了全部花名册,你们可以看。"澳大利亚人狐疑道:"这些人都在哪里?"今村均说道:"拉包尔周围有10万,周围岛屿有4万。"澳大利亚人根本就不相信:"怎么看不见呢?"今村均说:"基本上都在地底下的洞窟工事里,没事不出来。"澳大利亚人问:"你们吃什么?"今村均回答道:"我们有存粮,加上自己种的粮食,坚持10年没有问题。"澳大利亚人问:"武器怎么办?"今村均回答:"我们有兵工厂,能够自行生产,连飞机都能装配,现有的两架零式21型、22型战斗机和一架100式司令部侦察机都是自行装配的,如果有时间,我们还能装配更多的飞机。"为解决武器短缺问题,今村均把第8方面军里的帝国大学理工科教授、讲师及学生集中起来成立了一个兵器研究所，由他们负责武器的研究、生产及维修。战败后，他们将所有资料及成品、半成品全部销毁。

澳大利亚人听到这一切，更想不通了，迫不及待地问："那你们为什么投降？"今村均满脸狐疑回答道："我也不知道，我们天皇让我们投降的。"这时，澳大利亚人心里真的没底了：居然还有 14 万日本人，自己只有几条船、3 000 多人怎么办啊？开始担心他们能否完成接收任务。今村均看出了澳大利亚人的担心，笑笑，说："没事，我们投降，你们再在海上等几天，到时候我来通知你们。"

今村均下了军舰回到了拉包尔，发出了命令，不知从哪儿很快冒出来了数不清的日本人，这些日本人开始大兴土木，建造房屋。他们先为澳大利亚人盖了军营，军营舒适漂亮，质量很不错，然后又在澳大利亚军营周围搭起了草棚子，草棚子周围拉上铁丝网，又把擦得铮亮的武器整整齐齐地放好，最后自己就钻进了铁丝网，住进了草棚子。此时，今村均找来澳大利亚人，客气地说："现在你们可以入驻了。"就这样，约 3 000 名澳大利亚军人在 14 万日本俘虏当中住了下来，担惊受怕的状态可想而知。

今村均被指控为乙级战犯嫌疑者，1947 年，被澳大利亚军事法庭判处 10 年有期徒刑。1950 年 1 月 21 日，从印度尼西亚回国，移往东京服刑。3 月，提出愿与部下共同服刑而被关在马努斯岛监狱。1954 年 11 月 13 日，今村均获释出狱，获释后著写《今村均大将回忆录》。1968 年 10 月 4 日，今村均因心肌梗死死于东京。

最后一任关东军总司令山田乙三

山田乙三，日本陆军大将，曾任关东军师团长、华中派遣军司令官、教育总监、关东军总司令等职。日本投降后被苏军俘虏。1956 年被遣送回国。

一

山田乙三，1881 年 11 月出生于日本长野县，父亲是陆军经理官市川确，是山田贵之养子。山田乙三曾就读于东京成城学校，从小就接受“武士道”精神和效忠天皇的教育。1902 年 11 月 22 日，山田乙三毕业于陆军士官学校第 14 期骑兵科，第二年被授予骑兵少尉军衔，任骑兵第 3 联队附。1904 年，山田乙三随部队进入中国东北，参加日俄战争，先后转战大连、沈阳等地，经受了战争的锻炼，成为日军骑兵中的佼佼者，此后很长一段时间任职于骑兵部队，被公认为骑兵战专家。1912 年 11 月 25 日，山田乙三毕业于陆军大学第 24 期，随后任骑兵第 3 联队中队长、参谋本部部员、陆军骑兵学校教官、骑兵监部员、骑兵第 26 联队联队长、参谋本部通信课课长等职。

1930 年 8 月 1 日，山田乙三晋升为陆军少将，随后任陆军骑兵学校教育部部长、骑兵第 4 旅团旅团长、陆军通信学校校长、参谋本部第 3 部部长、参谋本部总务部部长等职。1934 年，山田乙三晋升为陆军中将，第二年调任陆军士官学校校长。1937 年，日本发动全面侵华战争后，山田乙三再次来到中国，历任关东军第 12 师团师团长、第 3 军司令官，驻防在东宁、虎林一带。这一带地处张广才岭和中苏边境，有崇山峻岭和茂密的森林，加之漫长的国境线，成为东北抗日联军活动的主战场之一。山田乙三到任后，多次指挥日伪军疯狂镇压中国东北的抗日武装力量，大肆搜捕和屠杀抗日军民。激励后人民族自信心和抗战精神的“八女投江”就发生在山田乙任内的 1938 年 10 月。以共产党员冷云为代表的东北抗日联军 8 名女战士，在顽强抗击日本侵略军的战斗中弹尽援绝，毅然投入滚滚江水，为国捐躯。

1938 年 12 月，因镇压我国东北人民抗日武装力量“有功”，大本营命令山田乙三接替畑俊六出任华中派遣军司令官。山田乙三一方面继续组织日军打击中国军队有生力量，另一方面开始实施诱降政策，积极与中国投降派接触。1939 年 7 月，山田乙三在南京会见了汪精卫，希望他早日建立新政权。1939 年底，山田乙三奉调回国担任教育总监，成为陆军“三巨头”之一。1940 年 4 月，山田乙三被授予勋一等旭日大绶章，8 月 1 日，晋升陆军大将，随后兼任军事参议官和防卫总司令官。他担任教育总监达 5 年之久，是日本陆军历任教育总监任职时间最长的，成为东条英机的得力干将。

二

1944 年 7 月 18 日，山田乙三再次进入中国东北，就任第 15 任，也是最后一任关东军总司令兼驻伪满洲国大使。但此时的关东军已经今非昔比，大量兵力被抽调到太平洋、东南亚和中国南方战场，与 1943 年最强盛时相比兵力已经减少了二分之一，且多为老弱病残。虽然关东军表面上仍是总军的架子，号称百万、“陆军的骄傲”，但实际上已经是不堪一击了。1945 年 1 月，日军大本营制定了《驻满洲兵备大纲》，要求关东军“通过增加战略单位及兵员，在外观上保持强大军备威荣，以尽量防止苏联参加对日战争”，“以外貌强大的军备威胁苏联”。1945 年 6 月，山田乙三与参谋总长梅津美治郎大将和中国派遣军总司令官冈村宁次大将在大连举行会谈，研究下一步作战问题，他明确表示，“关东军只能打一次会战，一次之后恐怕就不行了”。

但山田乙三仍顽固坚持侵略政策，按照大本营的指示，加紧对苏作战准备，残酷压榨剥削东北人民，打击反满抗日力量。他主持制定了《满洲方面军对苏作战要领》，命令各地日军及伪满洲国军警宪特，严厉执行《劳动强制法》，强征和抓捕劳工抢修地下防御工程。缺吃少穿,繁重的体力劳动,加之东北天寒地冻,致使大批劳工丧生。为了保密,在工事完工后,日军大量屠杀知情者,劳工所剩无几。

为弥补兵力和武器装备的不足,山田乙三竟违反国际法,把希望寄托在细菌武器的研制和生产上,企图借细菌武器完成战争任务。为此,山田乙三组织人员专门研究细菌武器的生产和使用问题,并亲自到731部队视察,解决细菌部队的扩建和"试验品"来源问题,还重新起用了因贪污受贿而被解职的细菌战"专家"石井四郎,敦促其加紧生产细菌武器。为了支援太平洋、东南亚和中国南方战场,保证对苏作战储备,山田乙三更加残酷地奴役和掠夺东北人民。凡被认为有"犯罪"可能的群众,均依据《保安矫正法》和《思想矫正法》加以拘禁、审核。宣布大米是军需品,禁止中国人食用,否则以"经济犯"论处。1年中,仅因此一项被治罪者即达31万多人,东北人民真正处在水深火热之中。

1945年8月8日,苏联按照《雅尔塔协定》对日宣战,8月9日,苏军150多万人分三路向东北发起攻击,名存实亡的关东军很快被分割包围。当时山田乙三并不在关东军司令部,而是在旅顺参加关东神宫的活动。9日下午,山田乙三匆忙赶回长春,鉴于苏军进攻的态势和关东军的实力,不得不紧急疏散有关机构和人员,向溥仪宣布关东军要退守南满,伪满洲国的"国都"包括溥仪等人迁往通化。8月15日,日本天皇发表了关于投降的广播,但日本国内大本营却没有任何命令和指示,关东军不知所措。8月16日夜,关东军召开高层会议,研究下一步行动。大部分人主张接受天皇御令,停止战争。而一部分青年军官则高喊坚决抵抗苏军,绝不投降。关东军总参谋长秦彦三郎中将坚定地说:"我们军人除了服从陛下的命令外,没有其他的忠节之道。主张抵抗到底的人,请把我的脑袋砍掉,然后再去!"面对总参谋长的坚定态度,在场的所有人都沉默了。山田乙三接着说:"我充分理解诸位的心情。但既然圣断已经下达,军队只能尊奉圣职。照参谋长的意见办,服从圣断!"

几乎同一时间,关东军接到了日本大本营的两道命令,要求关东军停止作战并同苏军进行交涉。8月17日下午,山田乙三致电苏联远东军司令部,"奉天皇之命停止军事行动",向苏军交出武器。至此,关东军大部停止继续作战。8月19

日,苏联外贝加尔方面军全权代表阿尔乔缅科飞抵长春,洽谈受降事宜。山田乙三摘下佩刀,递给苏军谈判代表,然后代表关东军在投降书上签了字。当晚,关东军司令部大楼上的太阳旗换上了印有锤子和镰刀的红旗。也就是在这一天,关东军开始有组织地向苏军投降,苏军还俘虏了末代皇帝溥仪。

三

8 月 19 日,关东军总参谋长秦彦三郎代表关东军前往苏联商谈投降事宜,9 月 6 日,山田乙三和其他高级军官一起被押往苏联伯力战俘管理所,准备在那里接受审判。之后苏军将投降的五六十万关东军押往苏联,这些日军官兵在西伯利亚服苦役。在自然环境极端严酷的西伯利亚,山田乙三和手下的士兵一样参加繁重的体力劳动,吃着一样的黑面包和菜汤。许多经不起苦寒和劳累的日军官兵死在了这里,昔日他们残酷折磨东北人民,今天也尝到了被奴役的苦头。

1949 年 12 月,苏联滨海军区军事法庭对以山田乙三为首的 12 名日本战犯进行了审判,审判从 12 月 25 日至 30 日,历时 5 天。起诉书指控他们犯有以下罪行:建立特种部队进行细菌战;在活人身上进行细菌实验;在对华战争中使用细菌武器;加紧准备对苏进行细菌战。此外还指控了各被告人个人的罪状行,同时指控山田乙三,作为关东军总司令的他对 731 和 100 部队负有领导责任。山田乙三完全接受法庭的指控,在最后的陈述中说:“我出生在一个军人家庭,从幼年起就在军队中生长和服务。我历来受到的都是听从长官命令和谨守军人职责的教育……我承认我自己在加强细菌战战斗准备方面应负的责任……这些罪恶行为是根本无法辩白的……我了解我所犯罪恶的全部深重性,所以我并不去想法庭将来对我这种罪过判决刑罚轻重的问题。”最后法庭判处山田乙三“禁闭在劳动感化营内,期限 25 年”。

1950 年 7 月,作为乙级战犯的山田乙三被转送中国,他和 1 000 多名日本战犯一起被关押在抚顺战犯管理所。在中国的生活条件可比在苏联时好多了,中国政府给予他们人道的关怀,既进行教育和挽救,又不歧视他们。给中国人民带来深重灾难的山田乙三等战犯深受震动,他对自己在中国犯下的战争罪行深深忏悔道:“我了解我所犯罪恶的深重性。”并表示愿意接受中国政府对他的惩处和改造。由于山田乙三认罪态度好,并积极接受改造,人民政府于 1956 年对其减刑,提前释放回国。1965 年 7 月,山田乙三病死。

“神风攻击之父”大西泷治郎

大西泷治郎,日本海军中将,历任航空兵器总局总务长、第1航空舰队司令、军令部次长等职,航空兵制胜的鼓吹者,神风特攻队创始者。日本战败后,在东京寓所内剖腹自杀。

一

大西泷治郎,1891年出生于日本兵库县。大西泷治郎早年先后毕业于江田岛日本海军士官学校和东京海军大学,学习海战技术和理论,毕业后获海军少尉军衔,晋升中尉时被选为初创的日本海军航空兵。由于学习刻苦,技术好,富有组织能力,他成为第一个被任命为海军飞行队长的士官。大西泷治郎是日本最早操作过降落伞的飞行员之一。

1915年12月,大西泷治郎与山口三郎等5名航空工程师开始学习飞行技术。1916年,日本海军组建三支飞机部队,大西泷治郎调入横须贺航空队服役,鼓动轮机中尉中岛知久平发展民间飞机制造工业,并协助他寻找资金。中岛知久平成立“中岛飞机公司”,成为日后日本军队国产战斗机的重要来源,同时也成为大西泷治郎鼓吹战舰无用论与航空决胜论的重要支援力量。

1918年11月,大西泷治郎被派往英法留学考察,专门学习航空技术和空战知识。1921年8月6日,大西泷治郎调回横须贺航空队,开始接受当时最新的海军战斗机及攻击机科技教育。

大西泷治郎是一名优秀的战斗机飞行员及航母舰长,对海军航空兵战术有着极浓厚的兴趣,积极推动日本海军航空兵建设,是日本最早提出海军航空兵主张者之一。他反对传统的大舰巨炮思想，主张优先发展航空母舰和舰载机，实施海空军并进，多次提出减少主力舰建造，继续加强航母舰队的建议。他反对建造大和号战列舰，认为造一条大和战舰的费用足够造3 000架飞机，而他用3 000架飞机能把十几条大和炸沉到海底去。他预见空军独立时代的到来，主张发展空中力量，是日本《关于航空军备的研究》的主要研究者和执笔者。

二

1937年卢沟桥事变爆发时，大西泷治郎被任命为海军军令部航空本部教育部部长，负责航空兵教育和培养。当时，从日本九州岛和朝鲜济州岛起飞轰炸南京的日本轰炸机经常被中国空军击落，大西泷治郎获知这一消息后，不顾危险，乘中型轰炸机渡海轰炸中国本土，亲身参加了对中国的空战和轰炸，了解了轰炸的情况。

1937年11月15日，大西泷治郎做了《关于我海军航空部队在中国事变中的活动》的讲演，大肆宣扬海军航空兵部队在对中国侵略战争中的作用，竭力主张对主要城市进行大规模的空中战略轰炸，破坏城市设施，打击抵抗力量，以摧垮中国军民的抗战士气。1939年，日军大本营任命大西泷治郎为驻汉口的第2联合空袭部队少将司令官，后调任第1联合空袭部队司令官。大西泷治郎的名言是："大佐以上的军官阵亡了几个，没有牺牲，哪有士气。"他曾亲自带队轰炸重庆等中国重要城市。

根据他的建议，在1940年4月10日，日军大本营下发《海军要务令续编（航空战部分）草案》，命令各舰队、各镇守府、各要港对中国实施“要地攻击”，即攻击中国的军事、政治、经济中心，破坏指挥体系，使其不能正常运转。同时，损毁中国的重要资源，炸毁交通运输线，以达到其战略目的。根据这个草案，日军大本营将国民政府所在地重庆定为“要地攻击”的首选目标，制订了“101作战计划”，实施对重庆的大轰炸。

1940年5月，日本大本营开始实施“101号作战计划”，由大西泷治郎具体指挥实施，组织陆、海军轰炸机同时对中国后方进行轰炸。陆、海军分别以山西运城和汉口为基地，利用这里的机场实施轰炸。轰炸重庆的日机超过 2 000 架次，一段时间内达到了不间断轰炸。8 月 19 日，日本海军 140 多架轰炸机，对重庆实施惨烈轰炸，摧毁 2 000 多户民居和大量建筑。到 1940 年底，日军对重庆投掷了 4 333吨炸弹。仅 1940 年 5 月 26 日到 8 月 23 日，日军就共出动海军飞机 1 737 架次、陆军飞机 286 架次，在 90 天内，对重庆攻击达 32 天，共计投弹 1 405 多吨，重庆整个市区一片瓦砾和灰烬，无辜群众死伤惨重，各种物资和财产损失不计其数。据《重庆抗战纪事》一书记载，这期间，炸死重庆市民 4 149 人，炸伤 5 411 人，损坏房屋 6 952 栋。重庆街头血肉横飞，群众生灵涂炭，到处都是死难的同胞和流离失所的人群，大西泷治郎将这座曾经十分繁荣的西南都市变成了人间地狱。

三

重庆大轰炸后，大西泷治郎回国，就任驻鹿屋航空基地的日本海军第 11 航空舰队参谋长。1941 年 2 月，山本五十六指示他秘密进行研究并制订出一个初步的袭击珍珠港作战计划草案。虽然大西泷治郎是突袭珍珠港计划的主要策划者之一，但是就个人而言大西泷治郎根本上反对这一计划。当时大西泷治郎曾提出，向美军挑战不仅无法战胜，且恐有灭国之灾的意见。他始终认为突袭珍珠港是投机冒险的表现，稍有差池后果不堪设想，直到偷袭珍珠港成功后，大西泷治郎仍然没有改变过这一看法。

1941 年 12 月，太平洋战争爆发，大西泷治郎率领他的第 11 航空队转战菲律宾，打垮了麦克阿瑟的航空队，战果辉煌。1942 年 3 月，他就被调任海军航空部总务部长，1943 年 11 月升任航空兵器总局总务长。在马里亚纳海战结束后，大西泷治郎写了份意见书在大本营海军部，也就是军令部内散发，说战争如果这样进行下去肯定失败，海军上层人物应该集体辞职。这份意见书在军令部引起了一场地震，弄得气氛很不和谐。

1944 年 10 月，大西泷治郎被任命为第 1 航空队司令，指挥驻马尼拉的联合舰队第 1 航空队。这支航空队是一只曾经拥有过 3 艘航母及包括驻陆地机场在内近 1 600 架战机的精锐部队。然而大西泷治郎接手这支部队时，全航空队没有一艘航母,所剩的 130 架战机中可出动战机只有不到 40 架,他要面对的却是小威廉·弗雷德里克·哈尔西将军的 8 艘巨型攻击航空母舰、8 艘轻航空母舰上的上千架舰载机。

1944 年 10 月 20 日,美军发起了对菲律宾的登陆战,700 多艘美舰开进了莱特湾。到了 10 月 21 日,成千上万的美军士兵已登上莱特岛。此时的日本联合舰队已经支离破碎,日军一切希望都寄托于准备突入莱特湾的栗田健男中将所指挥的战列舰编队身上,而大西泷治郎的任务是为这支战列舰编队提供空中掩护。对只有不到 40 架战机的大西泷治郎来说,这是一项几乎不可能完成的任务,大西泷治郎清楚地知道他的航空队无力和美国航空兵在空中一决高下,但是大西泷治郎认为只要击沉或重创美军的航母,那么来自空中的威胁也就会自然消失。他认为,要想实现此目的,日军唯一的办法就是“敢死冲撞攻击”。向美军航空母舰的飞行甲板俯冲撞击,炸沉或炸伤美军舰只,企图以一人、一机换一舰。

其实这一想法并不是大西泷治郎的独创,早在 1943 年 11 月,“千代号”航母舰长长城大佐曾提出过自杀式攻击的建议,并请缨自任指挥官。当时任兵器局总务长的大西泷治郎坚决地拒绝了这一建议,并痛斥了他的疯狂想法。在此后的海战中虽然也不乏飞行员载弹撞击美舰的撞击式攻击,但是基本都属于飞行员的自发行为,基本没有有组织的自杀式攻击。

但是时隔 1 年,面对越来越不利的局面,大西泷治郎不得不亲自着手实施这一计划。他召集 201 大队参谋人员研究这一计划,对他们说:“形势已到了十分严重的地步,保卫菲律宾成功与否,关系到整个帝国的命运。”随后,恶狠狠地说,“我的意见是,只有用零式战斗机,装满每枚重 250 公斤的炸弹,向敌人航空母舰飞行甲板俯冲撞击,才能制服敌人。”在场的人员均十分震惊,从此神风特攻队开始正式亮相。

大西泷治郎招募成绩优秀并自愿加入的 23 名十七八岁飞行员学徒,由他亲自训练。之后,大西泷治郎询问上尉关行男,是否愿意带领此种史无前例的神风特攻队,据闻当时 23 岁,刚刚结婚才 4 个月的关行男,闭起了双眼,低下头沉思了十多秒,才说出“请让我去带领他们”。就这样,关行男带领 23 名飞行员组成世界上第一个神风特攻队小组。

10 月 20 日晨，大西泷治郎召见神风特攻队队员，眼含泪水向他们发表了讲话。他呜咽着说："日本面临着可怕的危机，拯救我们国家已经不是那些部长的力量所能做到的，也不是总参谋部和其下属单位指挥官及像我这样的人所能做到的。如今，这样的责任将由像你们这样的纯洁的有为青年担当起来。"并且直言，"诸位是不知道自己袭击的战果了……我会来向各位告知的。"满脑子都是"武士道"的飞行员们对这一自杀式突击表现出了异乎寻常的热情。大西泷治郎鼓励神风特攻队队员们说："愿天照大神保佑你们实现你们的誓言，一机换一舰，英名传千秋！"

10 月 25 日，大西泷治郎下达了出击令。第一批出击的 10 架战机中虽然有 9 架被击落，但最后一架命中了美国"普林斯顿"号航空母舰飞行甲板，引发了冲天大火。大火引爆了弹药库，该舰随即爆炸沉没。旁边赶来救火的"伯明翰"号巡洋舰也被普林斯顿号的大爆炸所殃及遭到重创。这一天大西泷治郎的神风特攻队又连续击沉了美国的"圣路易斯"号航母及若干辅助舰只。神风特攻队成功撞击的消息传遍日本海军。

单从动员令中很难看出大西泷治郎的疯狂，但是这一命令打开了日军有组织的自杀式攻击的先河，大西泷治郎组织的自杀式攻击取得了令人瞠目的战果。这使一直严禁飞行员做自杀式攻击的日本统帅部转变了看法，随着战局的恶化，特攻的目标也不再局限于航母而扩大到战区内几乎所有美舰。有经验的老牌飞行员驾驶的零式战机在更多的时候是负责护航，更简易的战斗机甚至教练机则被用于自杀式撞击。此后日军还制造了樱弹机、橘花机、藤花机等自杀飞机。

1944 年 10 月，神风特攻队第一次有组织地出现在太平洋战场上，在此后的硫黄岛，冲绳海空大战中神风特攻队几乎成为日军航空兵的主力，给美军带来了巨大的伤亡。1945 年 8 月 15 日，在日本宣布投降几小时后，日本第 5 海军航空兵司令宇垣中将率领 8 架战机对冲绳的美军舰队进行了最后一次神风特攻。截至战争结束共有 5 822 名日军士兵成为这种自杀式攻击的牺牲品，其中飞行员 4 615 名，他们给美军造成了巨大的物质损失和精神压力。

四

1945年5月，大西泷治郎升任军令部次长，回到了日本本土。在天皇准备接受无条件投降时，大西泷治郎极力劝阻接受投降协定。他泪眼汪汪，近乎疯狂，歇斯底里地说：“我们必须制订一项计划，为天皇陛下赢取胜利。”并丧心病狂地说：“我们必须亲自投身于这项计划。如果我们准备牺牲2 000万日本人，胜利就是我们的。”外相重光葵批评他说：“赢得一场战斗，并不会为我们赢得整个战争。”就此，制止了他的企图。

在日本投降后的次日，即1945年8月16日，大西泷治郎在东京自己的寓所内剖腹自杀。大西泷治郎留书一封：“对参加神风特攻队的英灵生前的善战，个人深深感谢。你们相信必胜的信念而以身殉国，但是我们共同的信念却没有达成。我必须以一死以谢部属的英灵。其次我要向一般的青年陈述。……希望你们能够按奉终战大诏的旨意，忍其所难忍耐其所难耐。隐忍并不会让你们失去身为日本人的矜持。你们都是国家的栋梁。即便在平时也必须坚持特攻精神，为日本民族的福祉与世界和平尽于至善。”为了表达对死去的神风特攻队的队员的歉意，大西泷治郎没有请“介错”（即为减少剖腹自杀者痛苦，协助其自杀之人），在切腹后15小时后痛苦死亡。

大西泷治郎有时像一位“学者”，时不时地吟诗挥毫，二战时期在日本军界名气很大。他的“遗书”《神风特攻队员咏》，至今仍供奉在靖国神社，成为其罪恶历史的见证。狂热的军国主义情结和“武士道”精神，使大西泷治郎从“学者”变为战争狂人。

济南惨案制造者酒井隆

酒井隆，日本陆军中将，曾任日本驻天津驻屯军参谋长、驻蒙疆联络部长官、驻蒙军军附、第23军司令官等职。曾制造济南惨案，逼迫何应钦签订《何梅协定》，率军占领香港时大肆残害无辜平民。1946年被南京军事法庭判处死刑并执行枪决。

一

酒井隆，1887年10月18日出生于日本广岛贺茂郡，从小喜欢阅读中国的古典小说，先后在大阪陆军地方幼年学校、陆军中央幼年学校学习。1908年，酒井隆毕业于陆军士官学校第20期，同年任步兵第38联队附，开始职业军人生涯。1916年，酒井隆毕业于陆军大学28期。由于其爱好研究中国问题，随后任日本驻华公使馆副武官，专门负责收集中国的军事情报。1924年，酒井隆晋升少佐，调任日本驻济南领事馆武官，独当一面，专门负责山东地区日军对华联络工作。

1928年春，国民革命军开始第二次北伐，北上攻击日本人支持的奉系军阀张作霖，很快就攻入了山东省，引起了日本人的恐慌。为阻止北伐军北进，酒井隆以日本驻济南领事馆武官身份，立即以山东局势混乱，保护日本侨民利益为借口，要求国内增兵山东。田中义一内阁根据酒井隆的报告和请求，以保护侨民为借口，于4月下旬，派遣日军第6师团5 000余人登陆青岛，入侵山东。酒井隆见日军已到中国，喜出望外，但又担心登陆日军进展缓慢，于是就以局势极为混乱，日侨受到侵扰为由，擅自要求第6师团师团长福田彦助率部火速赶赴济南。在酒井隆的一再催促下，按照首相田中义一抢占济南的训令，福田彦助只好率部星夜兼程，于

4 月底赶到济南城。日军随即在许多路口筑起沙袋堡垒,修起防御工事,设置活动电网,进行了军事部署。5 月 1 日,北伐军开进济南城,一方面维持地方秩序,一方面做继续向北进军的准备。为进一步扩大事态,酒井隆唆使日军四处寻衅,不仅随意捕捉北伐军士兵,还枪杀了北伐军的运输队长。

对日军的不断挑衅,蒋介石再三忍让,为避免冲突,派外交部部长黄郛到侵华日军司令部交涉,同时命令北伐军各部指挥官“约束士兵,不准开枪还击”,并准备脱离与日军的接触,离开济南“绕道北伐”。酒井隆见挑衅不成,干脆致电给陆军省和参谋本部:第 6 师团正在进行紧急部署,冲突事件正在交涉中,请求政府“采取断然措施”。

5 月 3 日晨,日军一面以武力将商埠区的北伐军全部缴械,一面派部队占领外交部部长办公处。堂堂中国外交部部长黄郛及其卫士亦被缴械,只好退出其办公处,迁往北伐军总部办公。正当中日双方交涉时,恰有两个日本兵被流弹打死。日本侵略军找到了挑衅借口,酒井隆借机再次给国内发电报,恳请军部下令攻击。当天下午,第 6 师团悍然轰击济南城内居民区和北伐军的驻地,一时尸体遍街,血流成河,中国军队 7 000 余人被迫缴械,当场死伤中国军民 1 000 多人。

当晚 11 时,酒井隆又指使数十名日军闯入国民党山东省交涉公署,剪断电话、电灯线,将国民党山东交涉员蔡公时及 17 名公署职员全部捆绑起来。蔡公时等人据理辩争,争相痛骂、怒斥日本强盗。日军极其残忍地将蔡公时等人的耳、鼻、舌、眼剜下来,又断其腿臂,然后用机枪将蔡公时等 18 人全部杀害。

此后,日军在济南城进行大规模的奸淫掳掠活动,见人就开枪射击,致使中国军民死伤万余人,制造了骇人听闻的“济南惨案”。“济南惨案”引起全中国人民的愤怒,强烈要求日本撤军,惩办肇事者,世界舆论也强烈谴责日军暴行。5 月下旬,日本大阪、京都、名古屋、神户、奈良、福冈等地,爱好和平的日本群众结成反对干涉中国同盟,并举行“反对出兵”的游行。但由于国民党政府一味退让,1929 年 3 月,同日本政府签订了《济南协定》,日本从山东撤兵,“济南惨案”不了了之。

二

因“济南惨案”屠杀中国军民“有功”,酒井隆回国担任参谋本部作战部中国课课长,专门指导对华战事。1934 年 8 月,酒井隆调任日本驻天津的驻屯军参谋长,协助梅津美治郎司令官实施对华北的侵略。上任后,酒井隆借天津日租界两名汉奸报人白逾桓、胡恩溥被杀风波和抗日武装孙永勤部进入非武装区的“孙永勤事件”,大做文章,企图以武力为后盾,达到“不战而取华北”的目的。

5 月 25 日,酒井隆给参谋本部发电称:“天津租界内发生的暗杀白逾桓、胡恩溥事件,经调查,终于判明系蒋介石系统所策动”,“白逾桓系我军机关报的社长,属于我军的使用人员,依据条约,应受到保护。然而在中国官宪的指示下,不断发生此类恐怖事件,至为遗憾”。并请参谋本部批准:“我方为了自卫之需要,将来不经警告随时采取认为适当之行动,并声明由此发生的不幸事件概不负责。”

5 月 29 日,酒井隆发表通告,宣称鉴于白逾桓、胡恩溥被杀和“孙永勤事件”,“日军不仅有必要再次越过长城线,而且实际上北平、天津两地,也有必要包括在停战地区内”。同一天,酒井隆等人还面见了国民党北平军分会代理委员长何应钦,威胁道:“今后如再发生如此行为,日本军将采取自卫行动。”6 月 8 日,酒井隆在天津主持召开会议,讨论《华北交涉问题处理纲要》。会上,酒井隆提出了“以武力为后盾,采取强硬态度”的方针,准备以武力相逼,以达到侵占平津一带军事要地的目的。随后日本关东军向山海关、古北口一带派出步兵,海军两艘驱逐舰驶入天津大沽口,空军在锦州集结,做出武力解决问题的威胁态势,向国民党政府和军队施压。

南京政府坚持“一面抗日一面交涉”的国策,一味妥协退让。6 月 10 日,国民政府代表何应钦按蒋介石的训令,决定接受日方的要求。何应钦最后在“备忘录”上签字,接受日方的各项要求,表示:“6 月 9 日酒井隆参谋长所提各事项均承诺之。”这就是酒井隆亲自炮制的《何梅协定》,协定规定撤出国民党在河北的一切驻军,日军不费一枪一弹侵占了中国平津一带的军事要地,为日军向华北地区发动全面进攻打开了方便之门。

1937 年 3 月,酒井隆晋升陆军少将,被派到土肥原贤二任师团长的日本陆军第 14 师团步兵第 28 旅团任旅团长。七七事变爆发后,酒井隆率部向北平及其以南地区进犯,参加了保定会战和太原会战。次年,在师团长土肥原贤二的指挥下,酒井隆旅团南下,策应徐州会战,深远大迂回,切断了陇海线,相继占领了考城、内黄、开封、中牟等地,中国军队相继溃散。

1938 年 6 月起,酒井隆先后担任日军驻张家口特务机关长、日本"兴亚院"驻蒙疆联络部长官、驻蒙军军附等职,主要从事谍报和特务工作。他一面大力收集内蒙古、察哈尔、绥远、山西等地的军事、政治、经济等情报,为日军进占这些地区提供保障,同时策划满蒙一些亲日王公贵族组成伪蒙古军,配合日军向中国军队发起进攻;另一面大搞经济侵略,策划成立了"蒙疆联合自治政府"和"北支那开发株式会社""蒙疆电业株式会社""东亚烟草公司""蒙疆造纸公司"等一大批经济机构和实体,垄断内蒙古、察哈尔、绥远和山西地区的煤炭、金融、石油、电力、盐、畜产品、粮食、烟草、水泥、木材等重要行业,把掠夺的资源不断输送各地战场,"以战养战",支持日本法西斯不断扩大的侵华战争。

三

1941 年 11 月 6 日,酒井隆被任命为驻广东省的日本第 23 军司令官。赴任后,酒井隆接到大本营的密令,开始调遣部队,协同海军准备进攻中国香港九龙半岛及香港岛。当时负责防守香港的主要有 7 个步兵营,包括英国两营、加拿大两营、印度两营步兵和香港义勇军 6 队,加上皇家炮兵团和港星炮兵团,及皇家海军等,总共约 15 000 名守军。太平洋战争爆发当日,酒井隆立即指挥日本空军轰炸驻港英国空军基地和海军舰艇,将英军的 5 架空军飞机及 8 架民航飞机悉数摧毁。随后,在空军的配合下,派步兵进攻九龙要塞,并于 12 月 13 日占领整个九龙半岛。

在九龙半岛站稳脚跟后,日军向固守香港岛的英军发出投降通牒,遭到拒绝。酒井隆随即指挥日军在炮火的掩护下强行登陆,近万名日军士兵乘船强渡九龙湾,在香港登陆。日军登陆后,一路先攻占了山顶水库,山顶水库是全岛饮用水的主要来源,控制了它也就等于扼住了香港的命脉,另一路攻击香港电厂,屠杀了防守电厂的志愿队，占领了电厂。面对日军的进攻和断水断电，弹尽粮绝、惨遭失败的英军只好无条件向日军投降。12 月 25 日，日军迫使英国殖民总督杨慕琦率英军、加拿大军和印度兵及义勇军共 1.2 万人投降。由于此日是圣诞节，因而香港市民称其“黑色圣诞”。

日军占领香港后，大肆捕杀抗日人员，国民政府交通部驻港官员全部遇害。日军威逼利诱国民党要员陈立夫内侄孙伯年投降，遭孙伯年拒绝后，竟给孙伯年打了一针，致孙伯年全身浮肿，最终凄惨死去。日军还将 7 000 多名战俘（包括英军及香港市民）囚禁于深水埗和赤柱，战俘们饱受饥饿、折磨，痛不欲生。同时日军封锁维多利亚港，控制海边的货仓，截获了大量物资。

四

1943 年 4 月，酒井隆被编入预备役。1945 年 2 月，酒井隆来到北平，寻求和重庆的和平谈判，并兼做军品生意。日本投降后，酒井隆躲藏在北平，终日胆战心惊。中国军队得知酒井隆藏身北平后，以做生意为名，通过日本人诱使他出面，将其秘密逮捕，随即用飞机押往南京接受审判。

酒井隆是南京国民政府“战争罪犯处理委员会”公布的第 4 批战犯，检察官以在入侵香港时唆纵部属违反人道以及违反国际条约与惯例实施种种暴行等罪状，对他进行起诉。面对检察官的指控，酒井隆始终拒不承认自己的罪行，称自己作为指挥官并未下达屠杀平民的命令，战争期间有可能误伤平民。多名证人走上法庭予以控诉，其中加拿大陆军随军牧师巴莱特作为目击证人回忆道，被俘英军士兵被杀后身体往往被肢解，耳朵、舌头和鼻子都被割掉，眼珠也被挖去。女护士均遭强奸，其中一位护士被日本士兵按倒在两具英军士兵的尸体上，随后惨遭轮奸。但酒井隆却把这些罪行都说成是部下所为，与他无关，他本人“实属督查不严”，想通过这样的狡辩蒙混过关。

经过 3 个月的审判，1946 年 8 月 27 日，南京军事法庭判处酒井隆死刑。判决书副本抄大英博物馆陈列。1946 年 9 月，酒井隆被绑赴南京雨花台刑场执行枪决。

被中国判处死刑的军阶最高的日本陆军将领田中久一

田中久一，日本陆军中将，曾任台湾军参谋长、华南方面军第 23 军司令，兼任香港总督。日本投降后，在广州以战争罪被盟国起诉，被枪毙。他是在中国被判处死刑的最高军阶日本人。

一

田中久一，1888 年出生于日本兵库县。1910 年，田中久一毕业于日本士官学校第 22 期，1915 年 11 月，进入陆军大学深造。田中久一学习颇为刻苦，军事技术娴熟，从下士起入伍，至 1937 年升至陆军少将。田中久一是狂热、残酷成性的军国主义分子，他及部下残忍嗜杀，铁蹄所至，中国军民饱受摧残，在侵华战争中欠下中国人民无数血债。1938 年 2 月，田中久一被任命为驻台湾军参谋长。同年 9 月任新建的第 21 军参谋长，10 月参与指挥第 21 军在广东大亚湾登陆，然后攻占广州。

为封锁中国的海上交通线，策应武汉会战，1938 年 9 月 17 日，日军大本营下达了对广州的攻击令，把熟悉华南地区情况的田中久一调任新组建的陆军第 21 军参谋长。田中久一赴任后，立即派出密探到广东沿海侦察布防情况，并很快主持制定了侵粤作战方案，协助军司令官古庄干郎做了全面军事部署。10 月上旬，田中久一以军参谋长的身份下达了第一号命令，命令第 21 军下辖的 3 个师团分别从青岛、上海、大连出发到澎湖集结待命。9 日，第 21 军主力乘船，在海军的掩护下出发，于 11 日晚抵达广东大亚湾。经过一夜休整，12 日凌晨，趁着薄雾，第 18 师团在大亚湾左面和正面虾涌一带登陆；及川支队在盐灶背登陆；第 104 师团在大亚湾右面玻璃厂登陆；第 18 师团 1 部在虾涌以西澳头登陆后，稍做休整，即向淡水发起进攻。

当时，广东绥靖主任余汉谋部第 12 集团军，下辖 4 个师及 2 个团，总兵力 8 万人，但兵力分散，部队集中部署在大亚湾至广州、珠江东岸一线，且事先准备不足，戒备松弛。14 日黄昏，日军以优势兵力向惠州发动猛烈攻击，中国守军第 151 师稍做抵抗后于当晚撤退。15 日，日军轻易占领惠州。

10 月 19 日，田中久一在博罗湖镇命令日军 18 师团分兵两路直取广州。他还命令日本空军出动飞机百余架次，对广东各地进行狂轰滥炸，以摧毁各地军事设施和抗日军民的意志。仅广州一地，炸死炸伤平民 10 余万人，全城多处大火，哭声一片，广东省主席吴铁成仓皇逃命。当时有"余汉无谋、吴铁失城"之谣。10 月 21 日下午，日军攻占沙河，并占领广州市区，广州沦陷。田中久一进城后，严令部下肃清抗日分子、修筑碉堡工事，还一手扶持起以彭东原为首的汉奸政权。

广州会战，日军第 21 军切断中国由华南接受外援的交通线，实现了对中国海上交通线的封锁，策应了武汉作战。对中国来说，不仅失去了重要的国际海上物资补给线，而且影响了全国战局。鉴于广州陷落，坚守武汉已无任何意义，中国军队遂撤出武汉。日军打通了南北交通线，封锁了中国的外援通道，但同时他们也发现由于战线过长，兵力分散，防守困难，已无力再发动大型战役了。广州、武汉的沦陷标志着抗日战争进入相持阶段。

二

1940 年 8 月，田中久一晋升为陆军中将。同年 12 月，第 21 军改编为华南方面军，他继续担任该军参谋长。次年年中为配合进攻香港，华南方面军撤销，改成第 23 军，田中久一担任该军参谋长。第 23 军于 1941 年攻占香港，开始对香港长达 40 多个月的残酷统治。

1943 年 3 月，田中久一任第 23 军司令。1944 年 12 月，他兼任香港总督。侵华战争后期，田中久一是侵粤日军最高指挥官，对广东和香港人民犯下了不可饶恕的罪行。

日本大本营为挽救孤立在菲律宾、新加坡等南洋地区的日军，摧毁美国在华空军基地，企图打通平汉、粤汉、湘桂铁路，掌握一条陆上交通线，打通华北到华南以至印度支那的大陆交通线，于 1944 年 4 至 12 月，发动豫湘桂会战，这是日军在中国战场上的一次大规模战略进攻。田中久一亲率第 23 军主力参加“湘桂会战”，于 9 月 6 日由广东清远等地沿西江向广西梧州进攻。

驻守此地的是中国第四战区司令长官张发奎指挥的第 27、第 16、第 35 等集团军，及第六战区孙连仲第 24 集团军、汤恩伯兵团，共 9 个军、2 个桂绥纵队、空军一部，飞机 217 架，共约 20 万人，可谓兵多将广，实力不容小觑，既有地方部队，又有中央军主力部队。但参加作战部队分属 4 个系统，即蒋介石的嫡系部队及新桂系部队、粤系部队、杂牌部队。这 4 系部队，名义上归张发奎统一指挥调遣，实则不然，4 支部队各自为政。张发奎只能调动本系部队，指挥不动其他系部队，张发奎原来的作战部署被彻底打乱，处于被动之中。

22 日，日军第 23 军攻陷梧州，随后，继续向前推进，至 10 月 11 日相继攻占平南、丹竹、桂平和蒙圩等地。张发奎鉴于全州地区日军尚无行动，遂调整部署，将所部编组为桂林、荔浦、西江 3 个方面军，南宁、靖西 2 个指挥所，以大部兵力固守桂林，阻止日军继续推进，同时，集中一部兵力向西江方面之敌发起进攻，双方遂发生激烈战斗。

10 月 28 日，田中久一的第 23 军主力逼近武宣，中国军队遂停止反击，主动退守武宣。同日，第 23 军第 104 师团等部队突破中国军队的防御阵地，攻向柳州。随后，第 104 师团击溃中国军队防守，先头第 161 联队进至柳州机场南侧，对柳州机场构成威胁。11 月 9 日，受方面军司令冈村宁次委派，临时指挥第 11 军和第 23 军。11 月 10 日凌晨，日军第 3 师团第 34 联队与第 104 师团第 161 联队攻占柳州机场，摧毁了 30 架美国陆军航空队支援战机及机场。负责柳州城区防务的中国军队第 26 军伤亡过半，奉命撤离，柳州陷落。第 23 军乘机沿柳邕公路（柳州—南宁）向西南进攻，沿途几乎未遇中国军队抵抗，如入无人之境。11 月 24 日，日军在攻占广西大部后，占领广西首府南宁。在两个多月时间内，日军攻占 79 个县市，占当时广西全省 100 个县市近 80%。

湘桂会战使中国蒙受巨大损失，日军攫取了巨大利益。当时，湘桂粤 3 省的工厂占大后方工厂的三分之一，这些工厂几乎全部落入日军之手；日军攫夺了湖南著名的钨、锑等重要战略物资；日军所到之处残暴地烧杀抢掠，仅萍乡一地，就杀害1.9万余人，侮辱妇女6 000余人，毁坏房屋700余间，毁坏农具价值4 700余万元，劫掠米谷5万余担、棉花9 500余担。几十万无辜平民颠沛流离，每天数百人因疾病冻饿而死。日军方面尽管达作战目的，但损失也很大，虽然占领西南广大地区，却无兵力保障和巩固，大陆交通线亦无法畅通。

三

1945年8月15日，日本天皇宣布无条件投降，中国抗日战争取得胜利。田中久一的末日也到来了。同年底，他被指控为战争罪犯，被国民政府军事委员会广州行营军事法庭逮捕入狱。在审理此案过程中，无数广东人民纷纷控诉田中久一及日军的暴行，要求严惩凶手。田中久一辩称并未下令作恶，声称下属所做之事，他不知情，也不能负责，还以“既然是战争，就有正常伤亡，不足为怪”为自己开脱。但是，他不能逃脱罪责，必须为他下属灭绝人性的行径负责，死有余辜。

1946年5月18日，广州行营军事法庭公审田中久一，起诉书中历数了他的罪行，指出他“肆意屠杀平民，破坏财物，奸淫掳掠，强拉夫役，滥施酷刑，无恶不作，为祸之烈，史无前例。平民无辜遭其荼毒者不知凡几，财产损失更难以数计”。最后，军事法庭判处田中久一死刑，经核准就地执行。宣判书中指出：“田中久一身为侵犯华南日军之最高指挥官，任其部属为此滔天罪行，其纵兵殃民之责，亦万咎无可辞核。其所为不仅违反战争法规及惯例，抑亦有伤人道。”面对大量事实，田中久一不得不承认：“日中之战争，实由日本政治家观察错误，至有今日之祸，应接受审判。”但田中久一不服判决，提出上诉被驳回。1947年3月27日，田中久一在广州市区游行示众后，被押往流花桥刑场枪决，时年59岁。

七七事变罪魁牟田口廉也

牟田口廉也，日本陆军中将，曾任日本中国驻屯军步兵第1联队联队长、团师团长、第15军司令官等职，是挑起“七七事变”的罪魁。战后，被逮捕押送至新加坡受审，没有被起诉。

一

牟田口廉也，1888年10月出生于日本佐贺县。日本陆军士官学校第22期毕业，1917年毕业于日本陆军大学第29期。1918年8月，牟田口廉也随部队到苏联，参加了干涉苏联革命的武装侵略，后任日本驻法国武官等职。

1937年7月7日，牟田口廉也时任侵华日军中国驻屯军步兵旅团第1联队联队长。侵华日军中国驻屯军是日本政府根据《辛丑条约》，以“护侨”“护路”为名，在中国境内驻屯的军队，兵力部署于北平、天津、塘沽、秦皇岛、山海关等地，威胁着中国华北核心地区的安全，积极策划和参与了很多在中日关系史上具有重大影响的事件。驻屯军步兵旅团，是驻屯军的主力，拥有5 000余人，由于其经常无端挑衅，制造事端，因此臭名昭著，也自然成为发动七七事变的急先锋。当年夏天，日本驻屯军不断向负责华北防务的中国第29军寻衅滋事，一时间剑拔弩张，战争的乌云弥漫华北上空。

七七事变当日，驻屯军步兵旅团长河边正三少将未在北平，8日下午才赶到丰台镇直接指挥一线部队，所以牟田口廉也成为了事变现场的日军最高指挥官。当晚7时30分，日军在北平西南约10公里的卢沟桥附近进行军事演习，借口一名士兵“失踪”，要求进入宛平县城搜查，被守卫卢沟桥和宛平城的中国第29军第

219团严词拒绝。牟田口廉也紧急从联队部赶赴前线，一面请日方人员假意与中方交涉，威胁要武力解决；一面紧急从丰台调来增援部队，在宛平城外列成攻城架势。第29军第37师师长冯治安接到请示后，当即命令部队："为维护国家主权，寸土不能让，可采取武力自卫。"

7月8日凌晨4时，牟田口廉也威逼中方谈判代表，强令中国守军让出宛平城东门，被中方谈判代表王冷斋等严词拒绝。牟田口廉也见要求被拒，遂于4时20分左右，下令炮兵向宛平城和第219团阵地开炮，宛平城内专署、县府首当其冲，被炮弹轰塌，打响了卢沟桥第一炮。5时30分左右，牟田口廉也指挥步、炮兵400多人，向宛平城外第219团阵地发起进攻，杀害第219团执勤官兵并占领卢沟桥桥头堡。第219团第3营在团长吉星文和营长金振中的指挥下奋起抗战，英勇还击，两个排官兵几乎全部壮烈牺牲，日军没能攻占宛平城。为夺回桥头堡，团长吉星文亲自挑选出150名精干人员组成敢死队，编成5个组，每人带步枪1支、手榴弹2枚、大刀1把，于7月8日夜，用绳梯爬出宛平城，出其不意，果敢出击，消灭了占领桥头的日本兵，一举夺回了桥头堡。

9日凌晨，经谈判中日双方达成停战协定，明确规定双方部队向后撤退，脱离接触。日方不履行协定后撤军队，却以监督中国军队是否履行协定为借口，按兵不动，并将第1联队主力集结于卢沟桥车站附近，其中一部分兵力占据沙岗拒不撤退。9日清晨6时，当中方河北省第三区行政督察专员兼宛平县县长王冷斋和团长吉星文率队执行撤兵协定时，河边正三、牟田口廉也等违背协定，下令再次炮轰宛平县城，日军共发射100余发炮弹。

七七事变的第二天，中国共产党中央委员会就通电全国，呼吁："全中国的同胞们，平津危急！华北危急！中华民族危急！只有全民族实行抗战，才是我们的出路！"并且大声疾呼"不让日本帝国主义占领中国寸土！"号召人们"为保卫国土流最后一滴血！"

7月8日，蒋介石致电第29军军长宋哲元及秦德纯等人，明确指示"宛平城应固守勿退，并须全体动员，以备事态扩大"，"卢沟桥、长辛店万不可失守"，表达了抗日决心。7月17日，蒋介石在庐山发表谈话，指出"卢沟桥事变已到了退让的最后关头"，"再没有妥协的机会，如果放弃尺寸土地与主权，便是中华民族的千古罪人”,宣布准备守土应战,表达了抗战到底的决心。7 月 19 日,蒋介石发表了《最后的关头》的演说,正式宣布开始全面抗战。此次事件,导致日本侵华战争全面爆发,也标志着中华民族全面抗日战争的开始。

牟田口廉也后来时常对人夸口说:“大东亚战争,要说起来的话,是我的责任,因为在卢沟桥射击第一颗子弹引起战争的就是我,所以我认为我对此必须承担责任。”他在笔记中也写道:“我挑起了卢沟桥事件,后来事件进一步扩大,导致卢沟桥事变,终于发展成这次大东亚战争。”日本国视牟田口廉也为大“英雄”,为表彰其“功劳”,天皇裕仁亲授其金鹰三级勋章,并晋升其为陆军少将。

二

1938 年 3 月,牟田口廉也调任关东军司令部副官,不到 4 个月又升至新组建的第 4 军参谋长。第 4 军驻扎在黑龙江沿岸,负责对苏防御和守备伪满洲国国境线。牟田口廉也配合军司令官中岛今朝吾一方面做“向北推进”准备,抽调一部分兵力参加了诺门罕战役;另一方面镇压伪满洲国内的反满抗日力量,大批抗联战士惨遭杀害。1940 年 8 月,牟田口廉也又晋升为陆军中将。

1941 年 4 月,牟田口廉也任第 18 师团师团长,随后编入南方军序列,走上太平洋战场。在新加坡战役中,第 18 师团于 1942 年 1 月 23 日登陆,而后沿着马来半岛迅速扑向新加坡。牟田口廉也亲自冲杀在第一线,受伤后用一条绷带斜吊着负伤的右手,继续指挥战斗。第 18 师团与近卫师团、第 5 师团 5 万人联合攻打 10 多万英军和附属部队防守的号称“远东第一要塞”的新加坡,仅用 1 周时间,就摧毁了英军防线,迫降了包括英军总司令帕斯瓦尔中将在内的 10 多万英联邦军队。占领新加坡后,第 18 师团奉军司令官山下奉文之命,残忍折磨、大批杀害爱国华侨。

为切断美英等同盟国向中国提供物资的战略交通线滇缅公路,保障东南亚地区日军侧翼的安全,日军大本营又发动了缅甸战役。4 月,牟田口廉也率第 18 师团在缅甸仰光登陆,开始与英中联军作战。中国远征军虽然取得了同古保卫战、斯瓦阻击战、仁安羌解围战的胜利,但由于英军惧怕日军,又瞧不起中国友军,屡次擅自临阵脱逃，中英联军全面溃败，日军占领了缅甸中部交通枢纽曼德勒。随后，第18师团在其他日军配合下，以极小的代价击垮了中国战区参谋长美国人史迪威指挥的中国远征军部队，追击到云南西双版纳边界，侵占中国云南省龙陵、腾冲等地，中英军队向印度和中国境内撤退。部分中国远征军被迫北上进入被称为“野人山”的胡康河谷，短短的数百里热带丛林之行，竟至少葬送了15 000名远征军将士生命，写下了印缅抗战中极其悲惨的一幕。之后，第18师团在缅北各地对远征军余散部队展开讨伐作战，中国远征军第6军余部被迫放弃手里的阵地，回到国境线内，29 000人的部队损失高达16 000人以上。

1942年10月，第18师团奉日军大本营之命，继续向缅北搜索，意图干扰、破坏和阻断中国驻印度军队和美国兵开始铺设的通往中国的中印公路和输油管道；同时，穿过原始丛林扫荡怒江西岸，配合第56师团对中国远征军的游击区进行了残酷打击，将抗日游击区的基层组织彻底摧毁，中国军队和腾冲地方政府在遭受打击后被迫撤到怒江以东。由于第18师团在日军发动的东南亚诸战中，尤其是在缅甸战役中连连得手，被日本人称为“亚热带丛林之王”。1943年5月，牟田口廉也凭借“赫赫战功”晋升为驻缅甸日军第15军司令官。

三

1944年初，日军企图通过春季攻势占领英帕尔和科希马等要地，消灭这里的抵抗力量，进而控制整个东印度地区，改变不利的局面。1月7日，大本营以“大陆指第1776号”命令，下达了“乌”号英帕尔会战计划，由牟田口廉也指挥的日军缅甸方面军主力第15军担任进攻任务。战前，牟田口廉也集合司令部全体官兵说道：“如果此次英帕尔作战不成功，无法晋升为陆军大将，我是决不会返回日本的。”牟田口廉也还站在印缅边界钦敦江畔，狂妄宣称：“陆军现已达到天下无敌的地步，太阳旗将宣告我们在印度肯定胜利的日子为期不远了。”随后牟田口廉也率第15军3个师团及特种兵团计10多万人出发，向科希马、英帕尔、伊姆法尔等缅印地区进攻。为减轻长途奔袭的疲劳，规定每人只携带1—2周口粮、1.5—2个基数的弹药，牵着20 000余匹马、牛、象和数千只山羊与猴子轻装上阵。他们企图采取破釜沉舟的办法,用这些牲畜驮运物资并兼做食物,以支持作战 1 个月,期待“打下英帕尔,坐吃丘吉尔”保证后期的后勤补给。

但战争并不如他预想的那样,在反复残酷的冲杀之后,日军不但没有完成任务,反被有准备的中美、英印联军和中国远征军打得大败,整个部队处于被动挨打状态,并陷入弹尽粮绝的境地。牟田口廉也并不死心,以“武士道”精神鼓励日军士兵,忍着饥饿在连绵的阴雨中拼死战斗,日军竟奇迹般地闯过了英印军的堵击防线,打到了英帕尔的边沿。不过,此时日军已经没有力量再组织攻击了,虽然经过数月苦战,打到了英帕尔,却无力再前进了。

1944 年 6 月 5 日,牟田口廉也的老上级缅甸方面军司令官河边正三视察前线,在东枝接见了牟田口廉也,就战役的继续实施进行专门研究。河边正三认为本次战役已处于胶着状态,缺少后续部队援助,没有获胜的希望,继续拖下去只会给日军带来不利,不如及早后撤。牟田口廉也则不赞成撤退,态度坚决地说:“英帕尔之战关系重大,决不能半途而废！请方面军司令官阁下支持我军继续进行下去。”河边正三只好同意牟田口廉也把这次战役继续进行下去。

到 6 月末,日军所剩残兵败将缺衣少食,又大多患痢疾、疟疾等疾病,在大雨和饥饿中挣扎,10 多万人马已所剩无几。到此时,牟田口廉也仍死不服输,埋怨师团长无能:“没有武器弹药和食物就不能打仗？这决不能成为正当的理由!”他蛮横地说:“‘皇军’即便没有了食物,也必须继续战斗。”几个师团长认为“我军已无可攻击之弹,如今在暴雨和泥泞之中,饱受伤病饥饿折磨,战斗力尽失。事情走到这个地步,完全是第 15 军军长牟田口的无能所致!”不理会牟田口廉也,直接向航空兵求救。

牟田口廉也再也打不下去了,又不好收回自己说的话,向河边正三提出:“在万一停止进攻转入防御时,根据我军现状,认为退到印缅国境线上的钦敦江西岸高地经莫莱西北高地至铁定一线,较为合适。”河边正三复电说:“当目前南方军总司令部尚无任何命令时,你军提出如此消极意见,实感意外,仍应一心为完成我军任务向前迈进。”牟田口廉也无奈之下,只好硬着头皮直接上书南方军司令部,才获得撤退命令,最终第 15 军下属 3 个师丢弃数万具尸体和全部重装备从印度大败而回。面对如此惨败的战局,牟田口廉也羞愧难当,一怒之下将 3 个师团长全部撤职,创日军建军以来的最大奇闻(师团长由日本天皇任命),成为日军的笑话。第15军死里逃生的人都称他为“鬼畜牟田口”,很多日军官兵愤恨地呐喊“不打死牟田口死不瞑目”。

当英帕尔作战失败已经不可挽回时,牟田口廉也在军司令部,当着众多总部军官的面,以微弱的声音对藤原参谋说道:“藤原,这次作战死伤了那么多部下,损失了那么多武器,作为司令官,我应该负起责任。如果我切腹自杀的话,是不是可以求得天皇和众多阵亡将兵的原谅呢?我想听听你的意见,请毫无保留地说出来。”藤原写字的手丝毫没有停下,看都没有看司令官一眼,甚至面部表情都没有变化,以激昂的语调说道:“自古以来,口头上喊着要死要死的人从未有过真正想死的。如果司令官和我商量关于自尽的事情,作为下属幕僚,在形式上我有责任不得不制止您。只是,如果您真的感受到了作为司令官的责任,想要以死谢罪的话,那么请在没人的地方悄悄地切腹,谁都不会阻拦您。请您毫无牵挂地自尽好了。”

战后,牟田口廉也为日本图书馆留下口述,谈及一意孤行发动作战的原因时说:“根据自己的力量进攻印度,如能对贯彻大东亚战争带来决定性影响,那么作为制造这次大战爆发原因的我,就算给国家尽了绵薄之力。”他还说因为个人挑起战争给国家带来了灾难。可以说包括板垣征四郎、土肥原贤二等亦基于同样心理:以个人之力挑起事端,成功了,自有天皇和军部追认,成为国家“功臣”;不成功,个人没有损失,走一步看一步。这种“战争赌徒”心理,几乎可以说是日本军国主义的基本特征。可悲的是,这些人又都是能惹祸不能收场的主儿,战败后,没有一个敢于以“武士道”方式自杀承担责任,反倒在战犯审判时百般为个人辩解。他们的做法,让活下来的日军官兵瞧不起,许多人鄙视他们为懦夫。

日军大本营对缅甸惨败异常恼怒,将指挥失误的缅甸方面军司令官和参谋长全部撤换,同时,也解除了牟田口廉也军职,将其编入预备役。牟田口廉也在羞愧和恼怒之下企图自杀,经抢救未死。1945年12月,牟田口廉也被作为战争罪疑犯逮捕,1946年9月,牟田口廉也被移送至新加坡受审,不过没有被起诉。1948年3月,牟田口廉也被释放回国。1966年8月2日,牟田口廉也病死。

“缅甸屠夫”木村兵太郎

木村兵太郎，日本陆军大将，曾任师团长、关东军参谋长、陆军次长、驻缅甸方面军司令等职。第二次世界大战期间在中国和东南亚犯下多起屠杀平民的战争罪行。1948 年被远东国际军事法庭判处绞刑。

一

木村兵太郎，1888 年 9 月 28 日出生于日本埼玉县，是陆军少佐木村伊助长子。木村兵太郎曾就读于广岛一中、广岛陆军地方幼年学校、陆军中央幼年学校。1908 年 5 月 27 日，木村兵太郎毕业于陆军士官学校第 20 期炮兵科，被授予陆军炮兵少尉军衔，任野战炮兵第 16 联队附，从此开始了炮兵生涯。

由于木村兵太郎喜欢，又进入陆军炮工学校高等科学习并于 1912 年 11 月 26 日毕业，毕业后任陆军野战炮兵学校教官，从事炮兵教学工作。1916 年 11 月 25 日，木村兵太郎毕业于陆军大学第 28 期，后进入参谋本部，任参谋本部部员。随后，木村兵太郎先后任第 3 师团参谋、参谋本部附、参谋本部部员兼陆军大学教官、野战炮兵第 24 联队大队长、陆军野战炮兵学校教官等职。其间，他还专门赴德国学习欧洲先进的步炮兵协同作战知识，开阔了视野。1929 年，木村兵太郎以随员身份参加了在伦敦举行的世界裁军会议，面对飞扬跋扈，主宰世界的欧洲列强，他反对听命于西方的号令，积极主张自主发展，摆脱西方国家对日本的约束。

1930 年，木村兵太郎任野战炮兵第 22 联队联队长，随后，出任陆军技术本部部员兼野战炮兵学校教官、陆军省整备局统治课课长等职。1936 年 8 月 1 日，木村兵太郎晋升陆军少将，任兵器局局长，随后兼任大本营野战兵器长官，始终负责野战兵器，尤其是火炮的研制、开发与利用，为日本现代重兵器的发展“呕心沥血”。

二

1939年3月，木村兵太郎晋升为陆军中将，被任命为第32师团师团长。随后被派到中国山东，打击山东地区抗日力量和深入敌后的八路军，围剿共产党领导的抗日根据地。1939年4月，刚到山东不久的木村兵太郎就迫不及待地开始对抗日根据地进行围剿，亲自率领8 000多名日军对鲁南抗日根据地进行大“扫荡”。出发前，木村兵太郎发誓要全歼八路军，摧毁抗日根据地，不达目的决不收兵。木村兵太郎进入根据地后，不但没有消灭八路军，反而遭到了八路军第115师游击战的重创，损兵折将。

恼羞成怒的木村兵太郎找不到八路军，无处撒野，便命令日军士兵施行“三光政策”，屠杀无辜百姓，抢掠财物，将2 000多名老百姓关押在集中营做苦工，建立了“新华院集中营”。每一个被送到这里的劳工，每天都会被抽出200 mL的血，日军欺骗劳工们说是做化验，其实是供日军伤员输血，有很多劳工因抽血过多而致死。劳工中反抗者均会遭受严刑拷打，甚至被放出的狼狗撕咬，惨不忍睹。集中营的墙上围着高压电网，很多逃跑的劳工都被电死，而没有死被抓回来的，也会被日军以极其残忍的手段杀害。从此，每年有10多万名中国劳工被掳掠到东北、日本的矿区做苦工，有些劳工被直接运送到伪满洲国国境线，给日军修筑工事。在恶劣的生活条件下，在刺刀的驱使下，劳工们从事繁重的体力劳动，冻死、饿死、累死、病死者甚多，成批劳工死在劳务区，山东、吉林、辽宁、山西等地从此出现了许多罪恶的“万人坑”；一些侥幸在军事工事完工后活下来的劳工，在为了保密、不留活口的原则下被秘密集体处死，或葬身沟壑，或沉尸荒野任凭野兽撕咬。时至今日，死难的中国劳工数量究竟有多少、尸骨埋葬何处仍是个谜。可以说木村兵太郎对中国人民犯下了累累罪行。

1940年10月，木村兵太郎调任关东军参谋长，协助梅津美治郎司令官讨伐东北地区的抗日武装和准备对苏“北进”。当时由关东军挑起的日苏诺门罕战役刚刚结束,日军惨败。日本大本营迁怒遭受重挫的关东军,由梅津美治郎和木村兵太郎接替关东军司令官和参谋长职务。木村兵太郎上任后,继续坚持陆军的强硬立场,提出并积极酝酿关东军进行演习,即后来的关东军特别大演习(简称“关特演”),升任陆军次官后,连续下发指令,抽调50万人进入东北,使东北日军总数达到80多万人,东北大地到处都是日军兵营和太阳旗。

1941年4月,木村兵太郎晋升陆军次长,协助陆军大臣东条英机。东条英机任首相后,仍兼任陆军大臣,因木村兵太郎深受东条英机信赖,虽为次官但实际负责陆军省事务,调兵遣将,积极为东条英机内阁筹划更大规模的军事冒险计划。8月之后,东条英机多次主持召开大本营联席会议,听取木村兵太郎和参谋本部汇报,否决了“1941年内解决北方问题的计划”,形成了“专心致力于解决南方的方针”,并研究了对美开战计划。会后,南方陆军部队迅速向作战地点集结,海军也以鹿儿岛为模拟作战场所,终日进行袭击珍珠港的作战演习。木村兵太郎是这一系列的军事部署的具体策划者和指导者,忙得不亦乐乎。

11月5日,御前会议召开,天皇批准了木村兵太郎等人提出的对美、英、荷作战计划,即“南方综合作战计划”,决定于12月初正式宣战。次日,日军大本营即发布南方作战部队战斗序列,正式成立了以“陆军三高峰”之一寺内寿一为总司令官的南方军。12月7日,日军联合舰队偷袭美国海军基地珍珠港,重创美军太平洋舰队,并向美国宣战;与此同时,南方军先头部队在英属马来亚的哥打巴鲁成功登陆。次日,美、英、荷等国对日宣战,太平洋战争爆发。日军登陆后向泰国、马来亚、菲律宾等东南亚诸国及岛屿发动进攻,全面实施蓄谋已久的“南进”计划,占领了东南亚及太平洋广大地区。

三

1943年3月,木村兵太郎转任军事参议官兼兵器行政本部长,回老本行继续负责兵器的开发和调度。1944年9月,木村兵太郎再次被起用,被派到缅甸接替战败撤职的河边正三出任缅甸方面军司令官。木村兵太郎到任后,及时整顿、充实了千疮百孔,只剩残兵败将的缅甸方面军,使其尽快恢复军力。同时,加快修筑坚固防御工事的步伐,以做永久的抵抗。他组织人员立即制定了3个超出作战能力的作战方案:一是切断中印之间的地面联络,阻止中国驻印军与远征军会合;二是攻击曼德勒及伊洛瓦底江畔,控制军事要地,摧毁中缅交通线,断绝中国军事物资补给;三是抗击印度洋沿岸登陆的美英部队,确保南洋地区日军侧翼安全。

但这些计划只能是纸上的空谈了,日军的每一次作战均以失败告终。当时的美英部队已非昔日的疲惫之师,尤其是中国驻印军,经过在印度的休整、补充和训练,士气和战斗力有了空前的提高,已非昔日的远征军了。这是一支装备精良、训练有素、士气高昂的部队,打回祖国,一雪前耻,已经成为官兵们的一致心愿。这是一群沉睡了多时的猛虎,在战机的掩护下,向缅北发动进攻。

反击中的中国驻印度军队英勇顽强,凭借先进的美式装备,一路上过关斩将,所向披靡,击败了缅北地区曾经的对手,打得日军无还手之力,接连攻克南坎、孟拱、密支那、八莫、瓦鲁班等地。在攻占瓦鲁班战斗中突袭了日军第18师团司令部,远征军装甲战车碾压日军官兵数十名,缴获了第18师团发布作战命令的关防大印,成为抗战史上绝无仅有的奇迹,也使骄横的日军第18师团战史上遭受奇耻大辱。此战,不仅重创最凶悍的第18师团,打乱了日军第33军在缅北的作战部署,还有利地策应了英帕尔之战。日军怎么也想不到,两年前曾败在自己手下的中国军队会在这么短时间内成为一支屡战屡胜、战无不胜的威猛之师。

与此同时,由中国远征军司令长官卫立煌将军指挥的西进远征军也渡过怒江,先后攻克腾冲、龙陵、芒市、遮放、畹町等地。两支远征军在芒友会师,完成了消灭缅北地区日军、打通中缅印公路的任务。缅北和滇西反攻战,歼灭了日军大批有生力量,打破了日军对我国西南地区的包围,解除了日军对中国大后方的威胁,同时收复了大片沦陷国土,为1945年全国大反攻创造了条件。

经过半年的激战,到1945年初,木村兵太郎率领的日军缅甸方面军虽依险要地形和工事顽强抵抗,但在美英联军,尤其是中国远征军打击下已损失大半,一些部队几乎被成建制地消灭,先后丢弃了以占领的缅甸大部分地区和中国云南省西部地区。回天无术的木村兵太郎将战败的原因归咎于不再与日本人合作的"同盟者"——缅甸国防军和当地民众,向部下下达了屠杀的命令,对部下樱井省三说日军损失多少士兵就两倍于这个数字去屠杀缅甸百姓。屠杀了大量手无寸铁的缅甸民众,因此得到“缅甸屠夫”的恶名。当时,日军损兵 6 300 多人,按两倍计算,被屠杀的缅甸民众和战俘至少达 13 000 多人。被屠杀的战俘中有中国的士兵,也有英美军队的士兵。此外,木村兵太郎还采取了在山东的做法,强征 30 余万名印度尼西亚壮丁充当“兵补”,驱赶他们到缅甸和新几内亚等地为日本人服劳役或充当“炮灰”,其中 90% 的人悲惨地死在热带丛林中。最后,日军在缅甸会战中被中美英联军彻底击败,木村兵太郎丢下部属和军队,只带几名随从乘侦察机仓皇逃出仰光,日本在缅甸等地的殖民统治宣布崩溃。

1945 年 5 月 7 日,在出逃仰光的途中,木村兵太郎晋升日本陆军大将,但此时他已是无兵之帅了。日本投降后,盟军在仰光举行了受降仪式,木村兵太郎代表日军缅甸方面军在投降书上签字。随后,木村兵太郎作为甲级战犯嫌疑人被逮捕并押送回日本。经过两年的审理,1948 年 11 月 12 日,远东国际军事法庭判决木村兵太郎犯有破坏和平罪(对华、对美、对英、对荷实行侵略战争)和违反战争法规惯例及违反人道罪,处以绞刑。1948 年 12 月 23 日,木村兵太郎被处决。他是 7 名被处死的甲级战犯中最后一个被绞死的。1978 年 10 月,灵牌被送靖国神社合祀。

“日军之智”石原莞尔

石原莞尔，日本陆军中将，曾任日本参谋本部第1部部长、关东军副参谋长、师团长等职。日军侵略战略的策划者、理论家。军国主义鼓吹者。有日本第一兵家之称。

一

石原莞尔，1889年1月18日出生于日本山形县，父亲石原启介曾任鹤冈市警察署署长并在当地很有影响。在石原莞尔很小的时候，石原启介就用“武士道”精神教导他，希望他将来能勇敢无畏。石原莞尔接受了父亲的教诲，逐渐养成不信邪、不畏权势、目中无人、颐指气使的性格。

1902年，石原莞尔进入仙台陆军地方幼年学校第6期学习，而后以第三名的成绩毕业。在此期间，石原莞尔读书不怠，大量阅读历史、哲学以及人物传记等，尤其喜欢读关于拿破仑的书籍，他文思敏捷，反应较快，经常以最简洁的语言和文字回答问题。但是，他却不愿与同学交往，经常与老师和同学闹别扭，在同学们的眼中是一个另类，被称为“7号”（精神病患者之意）。当时分为学科（文化知识）和术科（体育、马术、军事技能等），由于石原莞尔身体素质较差，学科考试往往能轻松拿到高分，但术科成绩却不敢恭维。

在各兵种中，最让幼年学校学生们羡慕和神往的是挥舞马刀纵马驰骋的骑兵，许多同学争先恐后去当骑兵，但石原莞尔因身体原因和对未来战争的预想选择当了步兵。通过阅读各种书籍以及对日本近期战争的了解，石原莞尔开始有了将来在中国大陆作战的意念，他认为未来大陆作战的主力是陆军，是步兵，因此他选择了步兵。1905年,石原莞尔转入日本陆军中央幼年学校学习。

1907年12月,石原莞尔进入日本陆军士官学校学习,与横山勇、饭村穰并称为第21期的三羽乌。1909年5月,石原莞尔仅以第21期步兵科第六名的成绩毕业。石原莞尔本来应为第三名,但因为其没有处好与教官的关系,被评定为第六名,没能拿到让每个同学朝思暮想的天皇御赐银怀表。陆军士官学校毕业后,石原莞尔到第32联队任职,由于其我行我素,瞧不起其他人,与联队长及同僚关系不佳,在成立第63联队时,联队长顺水推舟,把他推荐到了第63联队。

1915年,石原莞尔进入日本陆军大学,与阿南惟几同期同学。石原莞尔聪明好学,加之基础较好,轻松自如地应付陆军大学繁重的功课,给人的感觉是永远无所事事,不急不紧。由于过于狂妄自负,不受羁绊,与教官的关系不佳,被剥夺了第一的资格,1918年,以第二名的成绩从陆军大学第30期毕业,获天皇授军刀。

1919年4月,石原莞尔任步兵第65联队中队长,1919年7月,调入日军教育总监部。1920年4月,石原莞尔被派往中国武汉,任驻汉口的日军司令部参谋。他利用任职的便利,在1年多的时间里考察了中国湖南、南京、上海、杭州等广大地区,还进入四川等西南地区实地考察,全面了解当地的风土人情,搜集政治、经济和军事情报,分析了中国中央和地方、各阶层以及政治派别之间的关系,形成了自己“大陆扩张”侵略战略思想,总结出了对付中国军阀的办法——“比起武力会战,收买、宣传具有更大的价值”。这一思想得到日本侵略集团的广泛认可。

1922年7月,石原莞尔奉命赴德国留学,学习德国的先进军事理论。在此期间,他爱上了摄影,购买了一整套摄影设备,边学习边到处拍照。石原莞尔一生钟爱军刀和照相机,拍摄了大量的照片,现存的九一八事件历史照片,许多都是石原莞尔亲自拍摄的。

1924年8月,石原莞尔晋升步兵少佐,第二年10月,任日本陆军大学教官。1928年,石原莞尔晋升步兵中佐,同年10月10日,调任关东军作战主任参谋,与板垣征四郎一见如故,以石原莞尔之智和板垣征四郎之胆,开始了二人的“精诚合作”,实施了肢解中国东北的罪恶活动。

二

为了给侵略“满洲”做准备,1929 年 7 月初,关东军司令官畑英太郎命令,从 7 月 3 日开始,由板垣征四郎主持在“满洲”实施参谋旅行,对“满洲”进行实地军事考察,石原莞尔参加了这次考察。在旅行途中,石原莞尔向“旅行者”分发了他的 3 篇论文:《战争史大观》、《作为扭转国运的根本国策的满蒙问题解决案》和《关东军满蒙领有计划》。3 篇论文充分表达了他的军事思想,是他侵略战略的核心内容,全面系统地阐述了他分裂东北和内蒙古,进而侵略中国的战略思想。他主张为了实现“以战养战”、持久作战,取得最后决战胜利,必须占领中国东北并将其作为日本实施侵略的资源供应基地。他还煞有介事地说,积极解决“满蒙问题”不仅为了日本的利益,也是为了大多数中国国民的利益。他竟恬不知耻地把侵略东北说成正义战争,为了正义日本必须果断行动。他甚至歪曲历史,大言不惭地说,从历史的观点来看,与其说满蒙属于汉民族不如说应该属于日本民族。经其本人在 1938 年和 1940 年两次修改,于 1941 年正式出版,完整地表现石原莞尔思想的《战争史大观》,就是石原莞尔此次旅行中发给大家的 3 篇论文的基本思想和 1929 年在长春的一篇讲话提纲。他的这一军事战略思想在关东军和日本国内都有广泛影响,直接引导了日本关东军发动九一八事变和侵占中国东北。

所有参谋对石原莞尔的“最终战争论”和“满洲土地无主论”都感到震惊和佩服,均有一种找到源头和依据的感觉。比石原莞尔高一级军衔的板垣征四郎大佐最为信服,他十分认真,一字不漏地将石原莞尔的主张全记在笔记本上。旅行结束回沈阳后,板垣征四郎又找来石原莞尔再次讨论研究,两人的认识进一步趋同。随后,臭味相投的石原莞尔中佐、板垣征四郎大佐、花谷正少佐和今田新太郎少佐结成了小团体,每星期碰头一两次,专门研究分裂中国、占领和统治“满洲”的问题,并提出了具体方案。根据大家的意见,石原莞尔还叫人拟了一份实施侵略的计划,分送桥本欣太郎、根本博、建川美次、重滕千秋、永田铁山、小矶国昭和二宫治重等一批持积极侵略中国态度的军官并由他们提出修改意见。但关东军参谋长三宅光治少将以及手下的不少参谋幕僚当时并不知道这个计划。

石原莞尔最早并没有主张“满蒙独立”，而是主张日本直接军事占领“满洲”。他在 1930 年 5 月说：“我怀疑中国人是否有建设近代国家的能力，不如在我国的治安维持下让他们自然发展。”他主张像当时的朝鲜、中国台湾一样，以军队占领“满洲”，对“满洲”实施殖民统治。但是这个计划被军部否决了，他不得不退一步去搞“满洲独立”。当石原莞尔改变意见后，他竟然变成了一个彻底的独立国家主义者。

石原莞尔、板垣征四郎策划的“满洲事变”是昭和军阀三大“下克上”事件的第一件，即由参谋人员导演并实施，最高统治者最后被迫接受事实，促成事变的进一步发展。

石原莞尔和板垣征四郎原定事变日期 9 月 28 日，接到参谋本部俄罗斯班班长桥本欣五郎发来的参谋本部派作战部长建川美次来东北，阻止关东军行动的密报后，板垣征四郎、花谷正、今田新太郎开了个紧急会议，研究建川美次部长来劝阻行动的问题，为了使事变顺利进行，将事变时间提前到 9 月 18 日。

建川美次是侵略东北的倡导者，赞成关东军策划的“满洲事变”计划，他不愿意来劝阻石原莞尔和板垣征四郎停止行动，可是军令在身，又不得不来。为了帮石原莞尔、板垣征四郎和关东军争取时间，建川美次采取拖延战术，不坐飞机，走陆路坐海船横穿朝鲜进入中国，等他坐火车到沈阳时，已经是 9 月 18 号傍晚了，当晚，在“保护”之中听之任之事变的发生。

为了彻底击败东北军，石原莞尔事先通过日军驻朝鲜军参谋神田正种串通了朝鲜军司令官林铣十郎大将。林铣十郎无视军法，擅自将驻朝鲜军调至中朝边境，随时准备越境支援关东军，有两个大队没有得到陆军部命令，当天晚上已经越过了边界，而林铣十郎第二天才向上边报告。

此时，沈阳的东北军已经被全部解除了武装，全国最大的沈阳兵工厂和制炮厂连同 9 万余支步枪、2 500 挺机关枪、650 余门大炮以及飞机和坦克，还有大量弹药、物资等，全部落入日军之手。据估计，仅 9 月 18 日一夜之间，沈阳损失即达 18 亿元之多。关东军不但占领了沈阳，随后又陆续占领了整个东北。

事变之后，9 月 22 日，奉司令官之命关东军参谋长三宅光治召集板垣征四郎、石原莞尔、刚被任命为“沈阳市长”的土肥原贤二和关东军参谋片仓衷大尉开会,讨论下一步行动问题。经过研究和讨论,基本上按照石原莞尔的设计,形成了《满蒙问题解决方案》,主要内容是:“在我国的支持下,领有东北四省和蒙古,以宣统帝为首树立中国政权。”《满蒙问题解决方案》以关东军意见的形式上交陆军省和参谋本部,供国内决策。

1932 年 3 月 1 日,伪满洲国宣告成立。

由于成功策划了“满洲事变”,石原莞尔和板垣征四郎成了全日本的“英雄”,得到日本各界的拥戴。日本著名音乐指挥家小泽征尔的父亲小泽开作是当年的“满洲”日本侨民,为了不忘记这两位“英雄”,将其儿子取名为征尔,取自板垣征四郎和石原莞尔二人名字中的各一个字。

石原莞尔并不满足仅占领中国东北,还跃跃欲试向华北和西北进攻,掠夺那里的资源。1932 年 1 月,石原莞尔对访问“满洲”的东京帝国大学教授土方成美说:“我从来没有说过满洲是日本的生命线,也没有这样考虑过。满洲只不过是个脚手架,一定要从这里出发到山西、陕西去,听说陕西有丰富的石油。”

三

1932 年 8 月 8 日,石原莞尔晋升步兵大佐,1933 年 8 月 1 日,调任步兵第 4 联队联队长,1935 年 8 月 1 日,调任参谋本部作战课课长。

1936 年,二二六事件后,石原莞尔被任命为戒严司令部参谋,参与处理事变。石原莞尔听到政变消息后,立即赶到参谋本部上班,并将该事件定性为“紊乱朝宪的反乱”,坚守岗位,果断指挥严厉镇压,得到统制派好评(石原莞尔非统制派成员)。随后转任参谋本部战争指导课课长。

1936 年,石原莞尔主持修订了《国防国策大纲》,其核心是:日本要成为东亚的指导者,一定要具备能够排除苏美英压迫的实力。为此,第一要充实能够对抗苏美英的军备特别是航空兵力;第二做好稳固日满和华北工作,完成进行持久战的基础准备;第三开始积极推进对苏工作,迫使苏联尽快放弃进攻远东的计划;第四努力与美国保持亲善关系,并与屈服后的苏联建立亲善关系;第五将英国驱逐出东亚,解放东亚各民族。

石原莞尔主持修订的《国防国策大纲》全面分析了欧美列强和东亚地区的形势，计划的针对性和指向性都很强，具有一定的现实性和可行性。石原莞尔的战略是高明的，对中国也是最危险的，因为这个战略准确地抓住了矛盾各方的心理，苏联的主要精力在欧洲，在远东求稳，美英的主要利益在南方，乐见有人在东北挡着苏联。而蒋介石对铲除异己和对付共产党更上心，东北原本就不是他的地盘，所以他也不会想着夺回东北。这就可以使日本有相对稳定的环境及较长的时间来经营东北，使其成为日后全面侵华的后方基地。

在今天看来，如果日本人按照石原莞尔的路子走下去，日本依靠东北资源、力量肯定比 1937 年全面发动侵华战争时更强大，中国的抗战会更艰难。如果石原莞尔的计划付诸实施，战争会被拖得更久、更惨烈，各国（包括日本）人民将遭受更大的损失。

1937 年 3 月，石原莞尔晋升为陆军少将，升任参谋本部作战部部长。石原莞尔上任后几乎改组了参谋本部，第 1 部成立了一个“战争指导课”，把原来总务部所管的战争动员和编制职能扩充到对未来战争的动员和编制规划，划归到“战争指导课”。改组以后的作战部加入了“战争指导课”，集中了参谋本部百分之九十的权限。由于当时的参谋总长载仁亲王只是挂名，不管具体事物，行使实际权力的是参谋次长，因此作战部部长石原莞尔成为实际上的参谋次长。

在“速战速决”思想鼓动下，日本国人普遍头脑发热，狂妄地叫嚣“3 个月灭亡中国”。石原莞尔却头脑很冷静，他曾说：“如果进入战争状态就一定是长期持久战，惩罚中国，数月间蒋政权就会崩溃，所以只需要短期决战是极大的错误。”“中国有自古而来的高度文明，而物质生活又极为原始，各个地方有高度的自给自足的可能，这些都成为对持久战极为有利的条件。如果开战，有可能逼迫中国进行决战，但是会不会变成持久战则主要取决于中国的意图。”

当时石原莞尔是名扬一时，权重一时。林铣十郎组阁时竟居然去征求石原莞尔的意见，请他帮忙确定内阁人选。石原莞尔毫不客气地提议让他的盟友板垣征四郎出任陆军大臣，由于陆军次长梅津美治郎极力反对陆军大学 28 期的毕业生爬到他头上去做陆军大臣，板垣征四郎才没有入阁。

四

七七事变后,日本国内对侵略中国的进一步走向有各种不同意见,军部内部总的思路是一致的,即坚决支持对中国实施侵略,但在如何处理后续问题上也分成了两派,即以参谋本部作战部部长石原莞尔少将和战争指导课课长河边虎四郎大佐、陆军省军务课课长柴山兼四郎大佐为首的相对稳健的不扩大事态派和以陆军大臣杉山元大将、参谋本部作战课课长武藤章大佐为首的激进主战派,两派各不相让,发生激烈争吵。石原莞尔的不扩大方针,是担心马上进行全面侵华战争会使日本陷入战争泥潭而不能自拔,他主张先东北再华北,逐步向南推进,最后占领全中国。

当时,中国驻屯军司令官田代皖一郎中将病入膏肓(他 7 月 15 日死去),无法理事,参谋长桥本群少将主张慎重行事。参谋总长载仁亲王向中国驻屯军下达了不扩大的命令,内阁也做出了不扩大的决定。但是,关东军司令植田谦吉、关东军参谋长东条英机、朝鲜总督南次郎、朝鲜军司令官小矶国昭等纷纷上书,要求中央"决断"。在他们再三鼓动下,局势已经无法控制,全面侵华战争开始。

1937 年 9 月,在板垣征四郎的推荐下,石原莞尔又调往中国东北,出任关东军副参谋长。石原莞尔为了准备和美英苏等国进行"最终战争"而建立伪满洲国,此次再回东北,他要把伪满洲国建设成为一个具备完整工业体系,能为日本发动最后战争提供强有力支援的后方基地。参谋长东条英机非常信服石原莞尔的军事才能,因此把所有有关军事的事项都移交给了石原莞尔,由他全权处理。但石原莞尔并不满足,他要的是对伪满洲国的政治控制权,统领这个"新生的政权",掌控不了伪满洲国,就无法实现他建立后方基地的目的。而东条英机恰恰没有给他这个权力,伪满洲国已经完全掌控在东条英机手中。

因此,石原莞尔与他的顶头上司东条英机水火不容,闹到不能共事的程度。后来成了甲级战犯的大川周明到伪满洲国出差时看望石原莞尔,顺便问了一句:"东条参谋长的办公室在哪儿?得去和他问个好。"石原莞尔的回答竟是:"噢,那个东条上等兵啊,就在对面。"

为了增加自己的实力,石原莞尔指示山口重次和小泽开作把原来自发成立的"满洲青年联盟"解散,收罗一批闲散游民无赖,成立了由关东军资助的"协和党",意图在他控制下,插手伪满洲国事物。东条英机却不以为然,不屑一顾:那是一伙成不了事的地痞流氓,也只有像石原莞尔那样的流氓才会和他们情投意合。

1938 年 5 月,东条英机任陆军次官,由石原莞尔代理关东军参谋长半个月,最后由第 10 师团师团长矶谷廉介中将接任关东军参谋长,石原莞尔受到极大打击,心中愤愤不平,和东条英机的矛盾越来越深。

但石原莞尔并没有懈怠,1938 年 6 月,他仍向矶谷廉介提出包括加强"协和会"、约束日本官吏和废除关东军主管伪满洲国事务的第 4 课等 3 个改革构想方案,矶谷廉介很快就否决了他的方案。从来就没有被别人拒绝过的石原莞尔一怒之下,脱下军装留下一份辞职报告不辞而别,回了日本。后到手下没有一个兵,完全是一个闲职的舞鹤要塞就任司令。

1939 年 8 月,石原莞尔晋升陆军中将,在好友板垣征四郎推荐下出任第 16 师团师团长,于师团长任上言行过激且成绩欠佳,于 1941 年被罢免职务,8 月编入预备役。退役后的石原莞尔回到了他的故乡山形县,在宪兵的监视下,从事研究和写作,继续时不时地发表反东条英机言论。太平洋战争爆发后,石原莞尔认为在战略上除了寻找敌方的弱点之外,还必须看到本方的优势,只有发挥优点才能扩大敌人的弱点,并击败敌人,反之则不能取得胜利。战争进程的每一步都印证了石原莞尔的预见,大家越来越信服他,甚至部分监视他的宪兵都成了他的信徒。

五

1945 年 8 月,日本天皇宣布投降,石原莞尔认为自己将成为战争罪犯,心里十分惶恐。为了逃脱战争罪责,免于战争惩处,石原莞尔竭力把自己打扮成受东条英机迫害的和平主义者,否定侵略战争,发表了《我们的世界观笔记》《新日本的出路》,主张"放弃战争",并建设"不要战争的文明"。一些顽固的战争狂人对他的做法十分反感。

远东国际军事法庭以东条英机划界,鉴于石原莞尔与东条英机关系非常恶劣、水火不容,且反对扩大战争,不追究其战争责任。石原莞尔觉得自己连个“战犯”都没有混上很没面子,又开始为自己凑战犯素材。当远东国际军事法庭向他调查时,石原莞尔竟说:“想说的话堆积如山,满洲事变的中心人物就是我这个石原,但是这个石原为什么不是战犯?这根本不合逻辑,所以想说的话堆积如山。”石原莞尔证词中提到过的人,像板垣征四郎、土肥原贤二等成了甲级战犯,其他人也大部分成为战犯,就他没有列入战犯名单。

1949 年 8 月 15 日,石原莞尔因膀胱癌病死家中,终年 60 岁。石原莞尔没有子女,他去世后,由他的弟弟石原六郎整理遗物并办理丧事。

“无德”将军武藤章

武藤章,日本陆军中将曾任华中方面军副参谋长、华北方面军副参谋长、第14方面军参谋长等职,是南京大屠杀和“马尼拉惨案”的主要责任人之一。被远东国际军事法庭判处绞刑。

一

武藤章,1892年12月15日出生于日本熊本县上益城郡一个小地主家庭,是家中幼子。武藤章自幼被父母视为掌上明珠,百般呵护溺爱,养成了任性自大、唯我独尊的性格,以至于后来他在日本陆军省内被送绰号“无德”(日语中“无德”与“武藤”发音近似),大家对他普遍的评价是“有学有识但无德”。小学毕业后,武藤章进入一家普通中学就读,学习成绩一直名列前茅,但顽劣异常。1906年9月起,武藤章先后进入熊本陆军地方幼年学校、东京陆军中央幼年学校、陆军士官学校第25期步兵科学习。1913年6月,武藤章毕业后,进入驻大分县的步兵第72联队担任参谋。青少年时代的武藤章喜好舞文弄墨,这为他后来长期担任幕僚工作打下了文字基础。

1920年,武藤章进入陆军大学第32期,由于其聪明好学,后以第二名的成绩毕业,并被送往德国进一步学习和研究军事。当时,德国法西斯纳粹主义已悄然崛起,德国严谨而近乎极端的治军方式,深深吸引了武藤章,对他日后极力主张武力、拼命鼓吹扩大侵华战争产生重要的影响。武藤章从德国回来以后,任职于教育总监部。1928年,武藤章回到陆军大学,进行专项课题研究。随后,被分配到参谋本部第2部,升任该部第4班班长,主要负责整理各部门搜集来的国外情报。

1933年3月，时任参谋本部第2部部长的永田铁山少将，派武藤章到中国的中部和南部地区进行考察。经过1年的考察，中国的地大物博与日本的贫瘠土地形成巨大反差，极大地刺激了武藤章，使其下定了侵略野心，对他日后疯狂鼓吹侵华产生巨大影响。回国后，调东京步兵第1联队任职。

二

1936年，武藤章重被调到中国，任关东军参谋部第2课课长。武藤章在其任期内，工作十分"勤奋"，带领手下对以往的资料进行了认真的整理。他还专门进行了多次实地调查，足迹遍布东北的大部分地区。武藤章擅长搜集整理各种情报，经他整理的情报和实地调查报告对日本侵略中国发挥了很大作用。

为了达到分裂中国并侵占绥远的目的，7月中旬，在关东军参谋长板垣征四郎中将的指挥下，武藤章前往内蒙古德化，准备阴谋策动"蒙古军政府"所辖蒙军进攻绥远东北部，扩大"蒙古军政府"控制的地盘，建立一个受日本操纵的"蒙古帝国"。早在武藤章就任关东军司令部第2课课长以前，紧临热河省的内蒙古地区就成立了以德王为首的"蒙古军政府"，并辖有军队。日本关东军利用这个组织企图进一步侵占察哈尔和绥远，所以承认了该组织并给予各种援助，以便展开侵略和诱降的工作。

德王的军队企图侵占绥远，这正合关东军和武藤章之意。武藤章奉命前去策划，在他和关东军情报参谋田中隆吉的"指导"下，11月中旬，伪蒙军穆克登宝部进驻百灵庙，另以伪蒙骑兵5 000人驻多伦、沽源、平定堡地区，伺机向绥远发动进攻。

百灵庙处于今内蒙古自治区包头市达茂旗，该地是我国与蒙古国接壤的边远地区，军事地位十分重要。当时是日军建立伪蒙组织的巢穴，驻有日本特务机关"善邻协会""大蒙公司""稽查处"等，著名日本特务山本、盛岛和小宾都潜伏在这里，日本间谍、特务和伪蒙组织活动十分猖獗。

为了打击日本人和伪蒙军的嚣张气焰，1936年11月20日，国民党绥远省主席兼35军军长傅作义采用奇袭、先发制人的方法，指挥部队向百灵庙发起全面进攻,激战至24日上午,第35军歼灭敌军大半,大获全胜,胜利收复百灵庙。日本特务机关长盛岛角芳、顾问烟谷草以及伪蒙军第7师师长穆克登宝见大势已去,不得不率残部狼狈逃窜。

百灵庙胜利在绥远抗战中影响最大,因而人们通常把绥远抗战称作“百灵庙战役”或“百灵庙大捷”。百灵庙大捷是中国军队自1933年长城抗战以来取得的又一次胜利。此战胜利震惊中外,极大地振奋了中国人民的抗战热情,打击了日本人和伪蒙组织分裂中国势力。日本人及德王企图侵占绥远的阴谋失败后,武藤章不得不出面善后,因而他不得不让德王指挥退兵,以便保存实力免遭全歼。

1937年3月,武藤章奉调回国,任参谋本部第3课课长,主要承担作战、兵站、编制、动员等任务,还拥有制订作战计划的权力。当时,日本国内正在加紧准备发动全面侵华战争,处于重要岗位的武藤章,自然不遗余力地研究制订侵略中国的作战计划。

三

1937年7月7日,日本军队在河北省宛平县卢沟桥挑起事端,与当地的中国驻军发生武装冲突。日军参谋本部接到报告后,武藤章兴奋异常,迫不及待地打电话给时任关东军参谋部第2课课长的河边虎四郎大佐说:“愉快的事情发生了!”

7月8日,即事变后的第二天,武藤章就将连夜拟订好的《处理时局纲要》送到参谋本部。9日,他又指导作战课拟订了《处理华北时局要领》,该要领充分体现了他主张扩大侵华的强硬态度,明确提出“增加中国驻屯军必要的兵力,将与我国敌对的中国军队驱逐出平津方面”,而且建议“必要时亦可以向山东方面出兵”,竭力推动进一步扩大侵华战争。

同时,武藤章坚决反对顶头上司——参谋本部第1部部长、号称日本第一兵学家石原莞尔的主张:应尽可能首先通过谈判达成协议,好为日后在适当时机侵占中国预留回旋空间。即使是谈判破裂,在不得已的情况下必须出兵时,也应将作战范围严格限定于华北地区,不可向青岛、上海方面发展。武藤章认为,必须在中国完成战备之前给其以致命一击。一时间,双方争执不下,石原莞尔与武藤章之间的关系后来竟然发展到“有我没你、有你没我”的地步。最后武藤章冒出一句“我们现在就是学石原先辈在满洲的做法,有什么不对”,把石原莞尔给堵了回去。

首相近卫文麿不得不觐见天皇,召开紧急内阁会议,商讨是否出兵。7 月 11 日,内阁通过了向中国增派 5 个师团兵力的决定。为了适应战争形势的发展,武藤章指导制定了《在华北行使兵力时对华战争指导纲要》,确定了进一步扩大侵略的具体计划——首先,击败平津地区的国民党第 29 军,然后攻打国民党中央军主力,以摧毁国民党中央政权为目标,最终“通过全面的战争从根本上彻底解决中日间的问题”。这份《指导纲要》很快于 7 月 17 日在参谋本部获得通过,并向侵华日军颁布。而武藤章不遗余力地参与和出谋划策,推动了这场侵略战争向着愈演愈烈的方向发展,也得到参谋本部的赏识,参谋总长闲院宫载仁亲王破例让其以随员身份赴皇宫晋谒天皇。

武藤章不仅推波助澜,借七七事变提出扩大侵华战争的主张,而且亲自走上前台,杀奔侵华战争的主战场。淞沪抗战后日军进攻上海,但遭到了中国军队的顽强抵抗,死伤惨重,日中双方呈胶着状态,日军速战速决的计划破灭。当此紧急时刻,武藤章并不退缩,提出组建新的兵团在杭州湾登陆,迂回包围上海。日本陆军中央采纳了他的建议,决定由 3 个半师团组成第 10 军登陆中国,支援已疲惫的上海日军。新编第 10 军成功登陆后,与上海派遣军合编为华中方面军,由原上海派遣军司令官松井石根大将任司令官,同时任命时任参谋本部第 3 部部长的冢田攻少将为华中方面军参谋长、武藤章为副参谋长。

按照预先的计划,一旦第 10 军登陆成功,即立刻颁布华中方面军司令部成立的命令。11 月 5 日这天清晨,杭州湾大雾弥漫,日军以此为掩护开始登陆。登陆得手的战报传来之后,武藤章旋即在舟山群岛乘飞机赶往上海,与松井石根会面。是日,华中方面军司令部宣布成立。日军在杭州湾登陆成功后,迅速向上海方向进击。遭受前后夹击的中国军队面对日军穷凶极恶的狂轰滥炸,被迫全线撤退。

日军陆军中央预先下达给华中方面军司令官的作战任务是“协同海军作战,以挫败敌之战争意志、迅速结束战局为目的,扫灭上海附近之敌”,因此,将其作战地域限制线划定为“苏州与嘉兴连接线以东”地区。武藤章对此深感不满,他认为日军应该趁中国军队全线溃退、立足未稳之机,穷追不舍,以尽快结束华东战局。

武藤章认为:“现在立即发起对南京的攻势,以华中方面军目前的兵力总能设法攻克之。倘若给敌人以喘息之机,反而会增加攻克南京的难度。从目前的情况来看,蒙受严重损失的上海派遣军大致已恢复元气,而新锐的第 10 军正保持着势如破竹之势。”为此,他命令手下参谋立即发电给大本营,请求允许立即发动对南京的进攻。

在此情况下,日军大本营于 1937 年 12 月 1 日以天皇诏书的名义向华中方面军下达了“协同海军攻占敌国首都南京”的命令,时任参谋本部副参谋长的多田骏于次日亲抵上海督战,上海派遣军和第 10 军开始争先恐后地向南京开进。经过十余天的激战,1937 年 12 月 13 日,南京陷落。

1937 年 12 月 17 日,华中方面军为庆祝日军占领南京,在一片血泊中举行入城式,武藤章紧跟在松井石根后面检阅列于两旁的侵略部队,心情异常激动,庆幸自己的计划终于变成了现实。当时武藤章负责安排日军在南京地区的宿营,他明知日军已开始烧杀抢掠,但仍宣布由于南京城外宿营地和饮水不足,日军官兵可以在南京市内随意选择宿营地。一声令下,各路日军犹如冲出牢笼的野兽,冲进南京城,涌向南京城的大街小巷,杀人、放火、抢夺财物、强奸妇女,酿成了举世震惊的南京大屠杀惨案。

四

1938 年 7 月,武藤章调任华北方面军副参谋长,时任方面军司令官是寺内寿一大将,而参谋长则是山下奉文中将。同年 10 月,武藤章晋升为少将。

华北方面军是日寇入侵并控制华北的重要军事力量,所属军队部署范围相当广阔,包括:河北、山西、山东、河南以及绥远等省的一部分。为了加大对华北及其外围地区的控制,日军大本营从察哈尔到内蒙古另外配置了蒙疆军,虽然该部仅有作战指挥权,军政与华北方面军分开,直接接受东京的指挥,但实际上增强了华北方面军的侧翼力量，使其更加有恃无恐。

1938年，华北方面军的作战重点转向针对中国共产党及其所领导的抗日游击活动，进行所谓“治安”战。武藤章到任后，积极调动各路日军，于当年秋季参与指挥了对晋察冀边区的围剿，冬季至第二年春季，又参与指挥了对冀中地区的五次“大扫荡”，残酷屠杀抗日军民。

1939年初夏，日军在华北多次“扫荡”，但收效甚微，仍不能完全控制华北地区。参谋长山下奉文据情报分析认为，天津租界是抗日分子的重要根据地和军需供应来源，要“强化华北治安”，必须先控制天津租界。

当时天津有英、法、意和日本4国租界，其中主要是英、法租界，按照租界条例，受日军控制的政权力量或日军自己的军事力量都无权干涉其他租界内部事务。虽然英、法对日本侵华采取绥靖态度，但本身也不希望日本独占中国，因而暗中支持和保护中国抗日力量，这使日军极为不满。日本驻天津总领事和驻天津负责维持治安的第27师团师团长本间雅晴中将再三与英、法租界当局交涉无果。1939年6月，日军为了向租界当局施加压力，干脆封锁了英、法租界。日、英两国于7月上旬在东京举行日英谈判，以解决封锁租界的问题，武藤章以驻军代表身份参加了谈判。英国想息事宁人，接受了日方条件，双方缔结了《有田－克莱琪协定》。

在两年的侵华战争中，武藤章意识到要“重新认识中国人”，他感叹道：“我在华中、华北两年间，见到的中国人全部带有同样的抗日、排日色彩，这种抗日思想是全民族的”，这是“中国的收回国权、收复失地的民族运动和日本的大陆发展政策的冲突”，“实际上应该看作大和民族与中华民族的民族抗争”，“深切感到日本在政治和外交方面是多么贫乏无力”。

五

1939年，武藤章又升任日本陆军省军务局局长。在军务局长这一位置上，他一干就是两年多的时间，是这一时期干得好，任职时间最长的一位局长，深得畑俊六和东条英机等的赏识，也得到参谋本部和大本营高层的关注。

1941 年 6 月 22 日,法西斯德国对苏联发动闪电突袭,苏德战争爆发。武藤章将此视为发动对苏进攻的绝好时机,多次参加参谋本部和大本营研究对苏作战问题会议,不遗余力地鼓吹进攻苏联。7 月,他指使关东军进行所谓的“关东军特别大演习”,调动部队和物资加紧对苏备战。8 月 3 日,武藤章参与讨论并制定了《帝国对日苏现状所应采取的措施方案》,核心是“对苏联的正式进攻应不失时机立即应战,同时迅速由最高会议决定开战”。由此可见,武藤章侵略野心之大昭然若揭。

当时,大本营并不想直接与美、英等国开战,亦做过谈判努力。武藤章也深知日本自身的实力,认为:“日美战争是日本的自杀行为,应该始终坚持达成外交谈判。”近卫文麿首相准备赴美会见美国总统罗斯福,进行高层会谈,武藤章被内定为此行的随员之一。随着局势的发展,这一缓兵之计最终以破产告终,武藤章于是转向积极主张发动“太平洋战争”的立场。

10 月 18 日,东条英机作为新首相组阁,并兼任陆军大臣留在现役,同时还兼任内务大臣,集军政大权于一身。岛田繁太郎大将被任命为海军大臣,东乡茂德为外务大臣。东条英机出任首相之后,对于日美谈判已不寄太大希望,指派武藤章负责督导外务省对美谈判。武藤章此时与东条英机态度一致,因而同海军省军务局局长冈敬纯以及外务大臣东乡茂德,炮制了条件更为苛刻的对美谈判方案。

1941 年 11 月 5 日,武藤章等人炮制的对美谈判方案在御前会议上公布时,引起了相当激烈的争论。一些阁僚认为这种不可能被接受的苛刻条件,只能更加刺激美国,因而表示反对。看到会议无法继续下去,武藤章提议先休会 10 分钟。他与东条英机利用这一间隙在另一房间说服了持反对意见者,最终使此案得以通过,并追加了第 4 条款,即美国不得妨碍日华间达成和平(即劝降国民政府)协议。如此苛刻的条件,美国当然不可能接受,谈判破裂。12 月 8 日,日军偷袭珍珠港美国海军基地,发动了太平洋战争,而武藤章则是协助东条英机发动太平洋战争的重要“功臣”之一。

1942 年 4 月,武藤章被任命为驻扎在苏门答腊的近卫师团师团长,突破苏门答腊的荷军防线,迫使荷兰军队无条件投降。该师团屠杀了大量放下武器的荷军俘虏和当地平民。

1944 年,武藤章调任驻菲律宾的第 14 方面军参谋长,协助山下奉文司令官,对抗麦克阿瑟的登陆战。在美军强攻马尼拉期间发生持续达 1 个月之久的屠杀事件,日军在撤退过程中,更是对马尼拉进行了疯狂的破坏和屠杀,大约摧毁了四分之三的建筑,杀戮了 125 000 多名菲律宾人。美军缴获的一份日军命令写道:"杀死菲律宾人时,尽量集中在一个地方,采用节省弹药和人力的方式进行,处理尸体很麻烦,应把尸体塞进预定烧掉或炸毁的房屋里,或扔进河里。"作为第 14 方面军参谋长的武藤章是制造菲律宾"马尼拉惨案"的主要元凶之一,犯下了滔天罪行。

六

1945 年 8 月 15 日,日本宣布无条件投降。率领残部躲于菲律宾碧瑶山中负隅顽抗的武藤章于 9 月 3 日才走出山区向盟军投降。投降后的武藤章被关押在菲律宾,半年后,被释放回日本。在中国政府的正义要求之下,盟军以战犯嫌疑罪名逮捕了武藤章,将其关押在日本东京巢鸭监狱。

1946 年 3 月 31 日,远东国际军事法庭将武藤章作为发动侵略战争的甲级战犯起诉,其主要罪行包括犯有参与策划发动侵略战争、制造"南京大屠杀"和"马尼拉惨案"等。

尽管武藤章为自己的罪行百般辩护,拒不认罪,但是,事实证明武藤章一直是日本侵略扩张政策的积极倡导者和执行者,积极鼓吹、推动扩大对华和对东南亚的侵略战争,是制造"南京大屠杀"和"马尼拉惨案"的元凶之一,对中国人民和东南亚人民犯下了不可饶恕的罪行。远东国际军事法庭经过调查认定:武藤章在菲律宾任第 14 方面军参谋长期间,日本军队大批杀害平民,大搞刑讯和其他暴行活动,刑讯折磨战俘和被拘禁人员,并把他们杀掉。武藤章对此等令人发指的违反战争法规的行为负有指挥责任。1948 年 11 月 4 日,远东国际军事法庭判定武藤章有罪,对其处以绞刑。

12 月 21 日,武藤章接到两天后执行死刑的通知后,写下绝命句:霜夜时,横下铁心,出门去。尘世间,妻儿固可恋;壮士豪杰,岂可苟且偷生。写完后,武藤章将其交给了教诲师花山信胜博士。其中,看不出武藤章对战争的反思悔过,反而是一副“壮士”赴刑场的模样,可见他不思悔改的顽固态度。12 月 23 日,武藤章在东京巢鸭监狱被送上绞刑架,在绞架前他仍然和另外 3 人大喊:“天皇陛下万万岁!”卒年 56 岁。

“关东军三羽乌”之一花谷正

花谷正，日本陆军中将，曾任日本关东军参谋、沈阳特务机关辅助官、第1军参谋长、第18方面军参谋长等职，是发动九一八事变的“关东军三羽乌”之一。

一

花谷正，1894年1月5日出生于日本冈山县胜田郡广户村。早年曾就读津山初级中学、大阪陆军地方幼年学校、陆军中央幼年学校。1914年5月，花谷正毕业于陆军士官学校26期，同年12月任步兵少尉。1922年11月，花谷正毕业于陆军大学34期，随后，任参谋本部部员、参谋本部研究员、关东军参谋、步兵第33联队大队长。

1929年7月，石原莞尔、板垣征四郎、花谷正三人就“满蒙问题”进行了“热烈的讨论”，之后三个人每周都要聚会进行研究。1930年，花谷正任沈阳特务机关辅助官，成为土肥原贤二的助手，正式开始从事谋略与情报工作，积极与土肥原贤二、石原莞尔、板垣征四郎等人一起谋划武装占领东北、“满蒙独立”事宜，成为九一八事变的发起者和核心人物之一。到1931年春天，石原莞尔、板垣征四郎、花谷正三人不但制订了“制造柳条湖事件的概略计划”，而且考虑到“制造战争借口轻而易举，可是问题在于处理善后难”的问题。当时他的上司土肥原贤二在东京，没有参与这一活动。

1931年6月至7月间，花谷正携带他们几人起草的《满蒙问题解决方策大纲》赴东京，与参谋本部第1部部长建川美次、参谋次长二宫治重、中国课课长重藤千秋、中国班班长根本博、俄国班班长桥本欣五郎和军事课课长永田铁山相见会谈。这些法西斯分子相互沟通、磋商,原则上同意了《满蒙问题解决方策大纲》。花谷正还委托重藤千秋等人帮助筹措5万日元活动经费,供日本浪人在中国东北制造事端。

1931年6月下旬,石原莞尔、板垣征四郎向花谷正及今田新太郎大尉说明9月下旬要在沈阳柳条湖开始行动。从那时起,花谷正和今田新太郎便开始物色作为骨干的人选,他俩颇费心机地挑选了沈阳宪兵队队长三谷清中佐、东北边防军军事顾问矢崎勘十少佐、步兵第29联队第1大队大队长名仓少佐等人。8月中旬,花谷正召集今田新太郎、三谷清等人在沈阳特务机关召开研究"柳条湖计划"的秘密会议,确定了最后行动方案,进行了具体分工,最后还订立了誓约书,并在上面按了血手印。

8月下旬,花谷正再次赴东京,他对参谋次长二宫治重及建川美次提出要求:在"中日两军冲突"时"不要干涉过细",两人明确保证:"尽量努力贯彻贵军的主张。"随后花谷正又会见了桥本欣五郎和根本博,并直言不讳地告知:"事到今日,更待何时,箭在弦上,唯有一发。"

回到东北后,花谷正进一步布置今田新太郎大尉担任柳条湖现场爆破任务;由驻沈阳独立守备队岛本大队的川岛大尉、小野大尉,以及日军驻沈阳第29联队的小岛少佐、名仓少佐等人发动进攻,由甘粕正彦、和田劲负责"辅助作业"。9月1日,花谷正还特意去拜访日本驻沈阳总领事林久治郎,要求他不管东三省方面态度如何,均应采取积极态度。

板垣征四郎、石原莞尔、花谷正等人已经预定在9月28日发动事变。之所以选中9月28日,是因为从日本秘密运来的两门重炮"虽在9月10日安装完毕,但还要教会临时炮兵操作技术,因此仍需花费时间。而且割倒高粱后才适于作战,高粱繁茂就难以发现躲藏的敌人"。

9月5日前后,关东军要在中国东北发动事变的消息传播出来,为外界所知,引起了日本驻沈阳总领事馆及日本国内的关注。为此,板垣征四郎等人大为恼火,板垣征四郎曾与花谷正气势汹汹地去责问日本驻沈阳总领事林久治郎。为了掩人耳目,他们还放风:"9月下旬的'柳条湖计划'不搞了。"

9月15日晚,板垣征四郎、石原莞尔、花谷正、三谷清、今田新太郎、川岛、小野、小岛、名仓等人再次聚集沈阳特务机关,先由花谷正宣读了桥本欣五郎从东京接连发来的三份电报,内称:“败露,建川去前动手。”三谷清、今田新太郎等人强烈主张断然行动;而花谷正则主张既然参谋本部反对,动了手也没有用,还是作罢,另找时机,他还表示:“等看到建川后再决定吧。”结果多数人同意了花谷正的意见,而早已下定决心发动事变的板垣征四郎、石原莞尔却闭口不语,蒙在鼓里的三谷清、今田新太郎等人于16日凌晨2时愤然离去。

可就在几小时之后,也就是9月16日早晨,今田新太郎、川岛等人又被石原莞尔叫去,告知最后决定于9月18日动手,今田新太郎闻讯兴奋不已。因酒后吐真言及一度主张中断行动,而被石原莞尔视为“危险分子”的花谷正,还不知道18日动手的新决定,他沮丧地对片仓衷说:“不行了,延期了。”

9月10日,就在宪兵队队长三谷清的机关宿舍里,河本大作给了甘粕正彦3万日元,也给了花谷正一些钱。17日,今田新太郎跑来告诉花谷正18日动手的新决定。花谷正马上与执行现场任务的“游击队”成员及和田劲等人取得联系,立即开始进行布置。18日夜,岛本大队川岛中队的河本末守中尉以巡查铁路线为名,带领数名部下向柳条湖走去,一面观察北大营的兵营,一面选了离兵营约800米的地点。河本亲自把骑兵用的小型炸药安装在铁轨下并点火,铁轨和枕木都被炸飞。

二

9月18日晚7时零5分,花谷正前往沈阳火车站去迎接建川美次和板垣征四郎并安排住处。随后,板垣征四郎借故离去,只留花谷正陪同。10时20分左右,震惊世界的九一八事变爆发了。事变爆发24小时后,板垣征四郎、石原莞尔、花谷正、片仓衷等人与建川美次会谈。建川美次主张吞并中国东北应分三步走,而石原莞尔则主张一步到位,即“满蒙占有论”,双方争执不下。最后在9月22日,终于达成一致:在中国东北建立一个亲日傀儡政权,即实施“满蒙独立论”。

在事变前,他们就已经关注溥仪,他们认为溥仪可以担当独立政权首领:一,为3 000万民众所景仰,出身皇族,当过皇帝又德高望重;二,家世属于“满洲”系统；三，同张学良或蒋介石都不能合流；四，能够同日本合作。于是，关东军派土肥原贤二大佐去天津迎接溥仪。土肥贤二原按预定计划，在天津挑起暴动，在骚乱中，帮助溥仪从天津逃出，乘船到营口。1932 年 3 月，溥仪以执政的名义，登上伪满洲国元首的宝座。

日本人建立伪满洲国后，英国人李顿爵士率国联调查团来到中国调查，花谷正等软硬兼施，胁迫大批中国人营造和平共荣的气氛。为了制造中国人欢迎的假象，给每个人发一块钱，要去参加欢迎会。然而在东北爱国人士冒死提供材料的证实下，国联调查团最终做出报告，指出“至少百分之九十九的当地居民认为自己是中国人”。

此后花谷正历任参谋本部部员、第 2 师团司令部附、留守第 2 师团参谋长等职，1937 年 8 月，晋升陆军大佐。1939 年 1 月 31 日，花谷正任伪满洲国军队顾问，指挥伪满洲军参加了诺门罕战役。1939 年，花谷正到奉天伪满训练学校视察，召集全部伪军官训话。凶神恶煞一般蛮横地说：“满洲人把自己当成主人，把日本人当成客人，那就大错特错了。在满洲的日本人绝不是客人，是地地道道的满洲主人。谁不承认这一点，就可以请他自便，另投地方，不能容许这种人存在满洲的土地上。我在济南时曾从广播里听到郑孝胥国务总理的讲话，郑说满洲国是个小孩，需要日本抱着走，但是，这个小孩逐渐长大了，就可以脱离怀抱了。他说的这是什么话？这真是岂有此理，难道满洲国可以脱离日本的怀抱么？我听了很气愤，当即打电话给关东军司令部，把郑撤职了，这就是前车之鉴（此事发生在 1935 年）。满洲国皇帝的‘后见人’（即监督人）是日本关东军司令官，任何一个满洲人，要想把日本人当成客人，那是万万做不到的。再重复一句，有这种想法的人，就请他自便吧！”在场的伪军官面面相觑。

三

1940 年 3 月，花谷正晋升陆军少将，1940 年 8 月，任驻信阳地区的第 3 师团步兵第 29 旅团旅团长，1941 年 7 月 31 日，调任关东军第 29 师团步兵指挥官。1941 年 12 月 1 日，花谷正任第 1 军参谋长。花谷正接任之后便派出陆军航空兵轰炸阎锡山的藏身处克难坡和晋绥军在黄河渡口附近修建的钢丝木板桥。阎锡山则是一面做“大保卫战”准备，一面派出亲信到太原去再和日方商谈，希望缓和局势。

花谷正对阎锡山的代表赵承绶说：“你来了，好！你能代表阎锡山吗？我看你代表不了他。阎锡山诡诈多端，把中国人都骗遍了，派谁当代表，都当不了他的家，必须与阎锡山直接谈判，才能解决问题。阎锡山要想从日本军手里得到《汾阳协定》中规定的东西，必须先通电脱离重庆，才能办到。”面对日本人的威逼利诱，阎锡山不得不前往安平与日方会谈。会议开始之后，阎锡山首先发言，大讲其所谓“相需”的谬论，最终令日方极不耐烦，花谷正拍案而起说：“我们是来开会的，不是来听讲演的。”“珍珠港一战，美国被日本一下子打垮，蒋介石更不在话下，阎阁下和日本合作，对你自己有利，也正是时候，观望没有什么好处，最好马上跟我们回太原去。”花谷正说话时，气势更凶，口说手比，旁若无人，弄得阎锡山十分难堪。阎锡山不辞而别，安平会议没有达成预期妥协，日方亦不得不承认“会谈终于破裂”。“安平会议”破裂之后，日本方面决定改变对阎锡山的招降手法。

1942 年 5 月 17 日，在经过日本方面军司令部核准后，花谷正通知其部属：“一，日本决定废除基本协定、停战协定，停战协定细目，17 日已通告阎锡山。二，今后的态度是对阎锡山采取严肃对立的态度，促使其反省。”

四

1943 年 6 月，花谷正晋升陆军中将。同年 10 月到缅甸任第 28 军樱井省三属下的第 55 师团师团长，参加第二次若开战役。由于花谷正指挥不利，日军损失惨重，不得不请求第 54 师团增援。此役日军虽部分达到牵制盟军的目的，但损失甚大，第 55 师团提前退出战斗，日军第一次在缅甸战场阵地战中被英军打败。

花谷正在当师团长的时候经常无理打骂属下将校，同时仗着自己是陆军大学毕业生，欺负那些非陆军大学出身的“无天组”中级军官，整个部队从将军到士兵都讨厌他。他还很怕死，在行军休息的时候也要部下挖自己专用的防空壕。1945 年 7 月，任驻泰国的第 39 军参谋长，6 天后，第 39 军原地升级为第 18 方面军，他也就成了方面军参谋长,直至战争结束。

1946年7月,花谷正复员,靠军人养老金组织了一个叫"曙会"的右翼团体。1957年,花谷正因病倒下,片仓衷号召为他的病捐钱,不过,由于他坏事做得太多,旧日的部下没有一个去捐款。死去时,旧"满洲"有关人员出席了盛大的丧葬仪式。

玩弄“和平”的高级特务今井武夫

今井武夫，日本陆军少将，曾任参谋本部中国课课长、中国派遣军第2课课长与第4课课长、中国派遣军副总参谋长等职。长期从事联络和对华招降工作。1982年6月12日病死。

一

今井武夫，1898年2月23日出生于日本长野县。青少年时代的今井武夫经历了日本军国主义发展的极盛时期，日本继打败中国之后又打败了俄国，整个日本都在军国主义氛围笼罩之下。颇受此风影响的今井武夫从小立志当一名军人，1918年，他从军入伍。1935年12月2日，今井武夫赴中国北平，任日本驻华大使馆驻北平的陆军辅助武官。在北平期间，他广泛接触北平的军政要员，收集各种情报，一心想成为像前辈青木宣纯那样的中国情报专家。

1937年7月7日，卢沟桥事变爆发。今井武夫获得消息后立即赶赴日本驻北平驻屯军联队部，听取事变情况并研究如何对外发布消息。8日凌晨4点多，今井武夫等人破例在半夜召集驻北平的日本《朝日新闻》《每日新闻》《读卖新闻》等报界记者，举行了新闻发布会，抢先将经过“加工”的七七事变消息以日方口径公布于世，企图混淆视听，掩饰日军挑起侵略战争的事实真相。

8日下午，今井武夫奉命赴中国第29军副军长、北平市长秦德纯家，经与秦德纯等商定，双方派人进行沟通。9日凌晨3时，双方达成协议，中日军队撤离现防地，各自撤回原驻地。10日，今井武夫接到东京不扩大事态、就地解决的训令后，立即与驻北平特务机关长松井太久郎大佐沟通协商。日方采取颠倒黑白、恶人先告状的做法，诬陷中国军队挑起事端，还提出了非分的要求：第 29 军代表向日军道歉，处分肇事者，并保证今后不再挑起类似事件；卢沟桥附近永定河东岸不得驻中国军队；鉴于此事多半是由蓝衣社、共产党以及其他抗日系统各团体所引起，今后对上述各团体应彻底取缔；等等。中方为防止事态进一步扩大，就事变与日方进行了谈判，但同时也拒绝了日方的无理要求。最后，日方理屈词穷，今井武夫以中国保安队可在卢沟桥维护治安作为让步条件，于 11 日双方达成初步协议。

7 月 17 日，日本内阁迫于军部借此挑起全面侵略战争的压力，要求中国驻屯军以更高更苛刻的条件来改订 11 日的协议，要求把中方道歉人由原定的师长改为军长宋哲元，把处分的负责人也由团长升格为师长冯治安，借此故意刺激和激怒中国方面，达到战争的目的。同时指令驻华日军做好准备，随时以武力打击第 29 军，促成事变升级。见中国军队仍无动静，日军遂于 28 日发表无理声明，妄称中国军队不遵守协议，并全线向中国守军发起进攻。为防止事态扩大，中国军队只好忍气吞声，于当日晚 9 时陆续后撤，只将第 132 师改编为保安队，负责维持地方治安。29 日，今井武夫与特务机关长松井太久郎商议，决定成立地方由汉奸和亲日分子组成的维持会，维持北平治安。

为了应付国际社会的压力，制造舆论假象，在精心准备之后，今井武夫分别于 9 月和 10 月两次组织各国武官到张家口和保定现场参观。极力造成先由中国军队挑衅，日本军队被迫应战的舆论氛围，欺骗日中和世界各国民众。

二

1937 年 12 月，今井武夫回国，就任参谋本部中国班班长，负责中国事务对策研究，为大本营侵略中国提供情报和决策依据，专门从事对蒋介石等人的诱降，并开始炮制亲日伪政权，其目的就是以最小的代价实现侵略中国的野心。

这一时期，国民政府经蒋介石批准，一直以搜集对日情报为借口，暗中与日本进行“和谈”活动。蒋介石曾指示相关部门：日本若要提出和平建议，不予以拒绝。并派人转告日方：“我们绝不是绝对反对和平，但不能做到反共以后再谋求和平。只要能够停战，必然进行反共。”但此时日本上下妄想速战速决，乐观于短期解决中国问题,军部也正全力忙于徐州会战,企图凭借会战一举击垮中国军队,中方的意图虽传至东京,但已无人在意。

1938年7月初,在蒋介石侍从室副主任周佛海授意下外交部亚洲司司长高宗武亲自赴日本,直接与日本政府联系,希望就有关问题进行沟通。参谋本部指示今井武夫与高宗武进行秘密会谈,明确转达了日方的意见:蒋介石必须下野,日本将以汪精卫为交涉和平的对象。实际上表达了诱降汪精卫的意向。日本方面按照会谈的基调于8月底调整了对华关系方针,形成了对汪精卫和平工作的基础。

11月12日,今井武夫奉命亲赴上海,开始与高宗武等人密谈。经过双方反复磋商,就诱降一事达成了初步协议。11月15日,今井武夫带着协议草案返回东京,迅速向板垣征四郎陆相和多田骏参谋次长汇报了会谈情况,呈报了协议草案。陆军省和参谋本部均认为协议草案可以作为诱降初步框架,研究决定,以这个协议内容为基础,大力推进对汪精卫等人的诱降工作。

为了尽快签署这份协议草案,陆军省和参谋本部迅速做出反应,分别派军务课长影佐祯昭和今井武夫再次返回上海,作为日方代表进行谈判。11月20日,影佐祯昭、今井武夫与中方代表高宗武等人进行秘密协商,双方讨论后同意签字。当晚双方在《日华协议秘密记录》和《日华协议记录谅解事项》上签字盖章,同时也决定了《日华秘密协议记录》的处理办法。此次会谈完成了双方的基本任务,会谈结果成为日后建立汪伪政权和汪伪政权处理与日本政府关系以及形成《日华基本关系条约》的基础。

12月22日,日本内阁根据谈判结果,调整了对华方针,发表了对华政策声明,既表达了武装侵略不变的决心,同时,也提出了和谈的意愿,以示对汪精卫招降。29日,一周之后,逃居到越南河内的汪精卫发表声明,响应日本内阁对华方针,公开打起了卖国降日的旗帜。

1939年3月9日,由于今井武夫招降汪精卫的功劳"卓著",晋升陆军大佐,升任中国课课长。1939年5月6日,今井武夫再次前往上海,这次是汪精卫亲自接见了他,他们在停在上海附近海面上的"北光丸"号船上举行了密谈。汪精卫就成立"和平政府"问题提出几点意见,并打算去日本与相关部门沟通并交换意见。汪精卫将意见交给今井武夫,并“诚恳”地托他与日本政府联系,尽快促其赴日。会谈后,今井武夫急返东京报告,并安排汪精卫赴日会谈。5 月 31 日,汪精卫飞抵东京,会见了多位日方军政界要员,开始商讨组建傀儡“和平政府”。

9 月 8 日,为便于就近与未来汪伪政权的要员沟通,今井武夫被调往中国,担任中国派遣军第 2 课课长,兼第 4 课课长,主要的任务是推进建立伪政权。11 月起,今井武夫一方面与汪精卫的代表高宗武等人进行会谈,协调日本与汪精卫的关系,推进伪政权建设;另一方面积极促进汪精卫本人与伪政权其他领导人间的政治谈判,调节他们之间的矛盾和不同的利益诉求。1940 年 1 月 22 日,高宗武、陶希圣二人最后因职权分配问题与汪精卫闹僵,宣布与汪精卫脱离关系,并公开了日华协议和正在协商的秘密协议草案,几乎断送了前期工作的“成果”。今井武夫只好加紧工作,采取各种手段推动汪精卫建立伪政权,1940 年 3 月 30 日,汪精卫在南京正式建立了伪国民政府。

三

日军攻占广州和武汉后,占领地域扩大,兵力明显不足,无法继续维持占领地区,更无法发动大战打击中国军队,国内亦经济困难,无法长久支持战争,日军已处于骑虎之势。为尽快结束对中国的战争,日本内阁决定重新对重庆政府进行“和平工作”,实施所谓“桐工作”计划。1939 年秋季开始,今井武夫在促建汪伪政府的同时,还受命开辟与重庆政府间的联络路线,以求尽快联系上蒋介石等。

1940 年 2 月 10 日,今井武夫从南京奔赴香港,与一个自称是宋子文胞弟宋子良的人会见。此人是戴笠的得力干将曾广。曾广提出:“在中日两国政府正式和平会谈前,希望 2 月底先由双方代表各三名以私人名义在香港举行预备会议,对和平条件进行商讨。……重庆政府对此次秘密商讨寄予莫大期望,所以代表都要携带委任状。另外,宋美龄也准备来香港,从侧面给以援助。”

会见后,今井武夫于 29 日回东京,向日军参谋本部和陆军省汇报情况。经部省协商,同意中国方面提出的召开预备会议的方案,并决定派今井武夫等三人为日方代表,参加此次会谈。3 月 4 日,今井武夫等赶到香港,约见中方代表。此次中方谈判代表规格很高,除曾广外,还有重庆行营参谋处副处长陆军中将陈超霖,前驻德大使馆参事、时任最高国防会议主任秘书章友三。3 月 7 日开始,中日双方进行了多次秘密谈判。

今井武夫有备而来,仗着强大的军事实力,蛮横提出了中国必须停止抗日、承认伪满洲国、缔结两国防共协定、日本在华特定地驻军、将内蒙古作为特殊地区等无理要求。中方代表据理力争,并提出自己的方案。会谈结束后,今井武夫和臼井茂树大佐分别返回南京和东京,向中国派遣军总司令部及参谋本部和陆军省汇报。4 月 11 日,曾广向日方反馈说,国民政府已研究,要求双方再次举行预备会议。

5 月 13 日,双方代表开始新一轮谈判。双方讨论的焦点为:是否承认伪满洲国,如何处理蒋介石和汪精卫的关系、国民政府与伪国民政府的关系,日本在华驻军问题。此外还有反共防共、停止抗日等问题。日方对每一个问题都不肯放松,尤其是第一个问题没有一点松动的表示,谈判处于停止状态。

5 月 17 日晚,曾广支开其他人,邀请今井武夫登上小艇,在离岸稍远的海面上划着小艇进行了会谈。曾广神秘地透露:"蒋介石委员长表面上姑且不谈,内心希望和平却是事实,因此,在香港第一次秘密会谈的备忘录中,日本方面如能认可第一条和第三条中中国方面的意见,估计必然可以签订协定。"同时明白无误地说:"目前,在重庆政府内部,反对达成和平的是共产党和冯玉祥。"

6 月 4 日,双方继续举行会谈,今井武夫根据国内指示明确表示,日方现在的谈判条件与香港会谈时的内容并无变化,不准备就谈判条件让步,希望中方做出让步,接受日方意见。中方表示鉴于目前的形势和日方提出的苛刻条件,如果日方不做让步,难以形成一致意见。虽经多次商讨,但谈判条件并未改变,最后双方一致同意将谈判升格,由板垣征四郎、蒋介石、汪精卫进行三人会谈,由他们最后确定中日双方意见。6 月 24 日,板垣征四郎偕今井武夫特地拜访了汪精卫,介绍了香港会谈经过,请其做好会谈准备。

今井武夫同时与重庆方面联系,要求国民政府保证"三人"安全并出具保证文书。国民政府答复可以保证"三人"安全,但拒绝出具任何书面材料,并要求日方取消"第一次近卫声明",也不再介入蒋汪之间的和谈。双方就此产生争议,暂时搁置下来。

7月31日,今井武夫奉命到东京向东条英机详细汇报了与重庆政府和平会谈的经过和现状。东条英机听后很不高兴,认为中国派遣军直接介入和平谈判这类政策性行动是越权行为,今后没有命令应绝对禁止。与此同时,日本正在加紧与德、意间的结盟谈判,国内拥护汪精卫政权的市场越来越大,日本已无意与国民政府进一步会谈。今井武夫不得不暂时停止推动“桐工作”,“桐工作”就此结束。

四

1941年8月1日,今井武夫被任命为新编步兵第141联队联队长,隶属第14军第65旅团。12月,今井武夫随部队参加侵略菲律宾的战争,攻占了马来亚,俘获大量英、菲军士兵。当接到辻政信以大本营口气命令屠杀战俘的电话后,今井武夫立即表示“这么重大的问题,一定要书面命令”,放下话筒释放了全部战俘。书面命令没有等到,今井武夫也因此逃脱了战后上绞架的惩处,许多执行命令的联队长却因一念之差丢了性命。

1942年8月31日,今井武夫再次调回中国,任中国派遣军第4课课长。11月,今井武夫奉调回国,出任新成立的日本大东亚省调查官,专门负责对华及东南亚各国的情报工作。1943年3月1日,今井武夫晋升为陆军少将,升任大东亚省参事官。

随着太平洋和中国战场的接连失利,日本又回到了企图以谈判挽回命运的轨道上来了,今井武夫再次得到重用。1944年8月,今井武夫第三次来到南京,出任中国派遣军副总参谋长,继续负责情报和“和平工作”,但此时的日本及驻华日军已经不是三年前趾高气扬的样子,形势越来越不利。同年9月30日,今井武夫兼任驻南京伪国民政府大使馆副武官。

1945年2月,通过汪伪政权军事参议院院长杨希一介绍,今井武夫结识了国民政府第十战区副司令长官兼第15集团军司令官何柱国上将派来的特使吴树滋。今井武夫明知陆军省禁止中国派遣军对中国国民政府进行“和平工作”,但他更明白,只要能直接会谈,肯定可以得到意想不到的收获,也可以为自己将来找一条生路。于是,他不顾禁令,决心抓住机会以个人名义进行联络。

与吴树滋数次联系后,7 月 9 日,今井武夫与何柱国开始会谈,现实的境遇让原本傲慢的今井武夫不得不先低下头,为保证会谈能继续下去,首先避开了承认伪满洲国及在华驻兵等焦点问题,试探道:"日本希望日华两国直接和平谈判,但中国方面是否有接受的打算?"同时放口风说:"日本以维护国体、保全国土为绝对条件,这点若不被采纳时,则决心继续交战到底。同时,对于满洲国和南京政府的处理,想努力做到不违背对他们的道义关系,但想知道中国方面如何设想。"

何柱国明确指出:"日华单独和平在《开罗宣言》以后的今天,无论如何也没有实现的可能性。从而日本如果希望同中国和平,那么必须同时要把世界和平作为不可缺少的重要事项。"同时明确指出:"日本因战败结果而灭亡之事,绝不是中国所希望的。毋宁是希望即使在战后仍作为东洋的一个强国留下来,与中国携手协力维持东洋的和平。从而热切希望在必要的国力尚未完全耗尽的时候,以日本政府的聪明和妥善处理来早日结束战争。"

何柱国接着又说:"日本万一如果有什么请求,中国决不吝把日本的提议转达给盟国。特别是蒋介石主席对日本天皇制的继续存在寄予好意,并对各国首脑也表明了这一意向。"

何柱国最后明白无误地指出:"战后,日本首先从'满洲'以及海外撤走全部兵力自不待言,朝鲜、台湾、库页岛等地也必须交还。""本条件已经盟国协议完毕,所以没有再更改的余地。"

与何柱国的谈话,以及盟国之间协商好的既定条件,使今井武夫非常震惊。他意识到双方的距离已经很远,日本已没有继续讨价还价的余地了,最后一次"和平努力"无果而终。

五

1945 年 8 月 15 日,日本无条件投降。8 月 18 日,今井武夫奉驻中国派遣军命令赴湖南省芷江机场,联系洽降事宜。8 月 21 日上午,今井武夫乘拖了两条 3 米长红色布条的运输机来到芷江机场上空,先绕机场低空飞 3 圈,随后降落。下机后，又分乘两辆插有白棋的吉普车在机场绕行一周。21日下午，双方开始会谈洽降。会场庄严、肃穆，前方飘扬中、美、英、苏四国旗帜。参加会谈的中国方面代表是中国陆军总司令部参谋长萧毅肃中将、副参谋长冷欣中将及中国战区美军参谋长巴特勒准将等。今井武夫等被解除佩刀，被引领到靠门口的一张桌子中间就座，参谋桥岛芳雄等其他人员坐在今井武夫两旁，面对中方会谈代表。此外，还有中国军政两界要员以及中外记者100多人亲睹这一时刻。

双方就投降交接的具体事宜，如航空交通、无线电联系等进行了沟通，形成了意见。萧毅肃还把载有接受投降事宜的中国战区中国陆军总部中字第1号备忘录交给日方代表，请其转递给冈村宁次。萧毅肃在递交备忘录时，特别强调日军应保管好各地武器和财产，不得交给没有接受权限的任何军队和团体，否则唯日军是问。这实际上是解除了共产党及其领导的八路军、新四军的接收权力。双方还确定，中国陆军副参谋长冷欣中将先行到南京设立前进指挥所，负责联络工作，中方人员在南京期间，由日方提供安全保证。美方同时提出要确保美军俘虏的安全。

8月23日下午，中国陆军总司令何应钦召见今井武夫等一行人，对今井武夫等人不辞辛苦远道来芷江洽谈表示慰问，同时再次要求将备忘录转交冈村宁次，并告诉今井武夫8月底空降一部分中国部队到南京，要求日军加以协助，提供安全保证。随后，今井武夫等返回南京。8月24日，经冈村宁次的同意，今井武夫急忙面会南京伪政府主席陈公博，秘密安排陈公博赴日本“旅行”。

1945年9月9日上午9时，中国战区日军投降签字仪式在南京举行。今井武夫以日本驻中国派遣军副总参谋长的身份参加了签字仪式。今井武夫在回忆录中描述当时的心情：“降使一行沉痛地陷于伤感之中”，“内心中充满了绝望孤寂感和不安的心情”，“作为战败国使节，我们等于铐着双手来中国投降”。

此后，奉中国陆军总司令何应钦的命令，今井武夫被任为中国战区日本官兵善后联络总部涉外部委员长。至1946年7月，经过半年多的努力，200多万在华日军及日侨大部被遣返日本，善后联络总部开始迁往上海。但冈村宁次、今井武夫等14人则继续留在南京，组成南京总联络组，负责处理各种遗留问题。1946年底，遣返人员和处理遗留问题结束，南京总联络组及各地联络组撤销。1947年

1月4日,今井武夫回到日本,当日接到通知从陆军退役,随后,回家乡安居。

20世纪60年代,今井武夫撰写战争回忆录,包括《今井武夫回忆录》《中国事变回忆录》《近代的战争——与中国的斗争》《昭和阴谋》《对汪兆铭运动的回忆》,详细回忆了侵华战争期间的对华“和平工作”情况,并附记了自己掌握的第一手文献资料,为后人研究历史提供了依据,做出了些许贡献。1982年6月12日,84岁的今井武夫病死。

“豺狼参谋”辻政信

辻政信，曾任华北方面军参谋、关东军作战参谋、参谋本部兵站班长、中国派遣军第3课课长、第39军参谋、第18方面军参谋等职，制造了一系列惨案。他的上级全部获刑，他却逍遥法外。

一

辻政信，1902年10月出生于日本石川县江沼郡山中町东谷奥村，是六兄妹中的第三个孩子，家境贫寒。辻政信幼年时向往成为一名能保证温饱生活的乡村教师，小学毕业旅行时，因羡慕军官的体面转而立志当军官，报考名古屋陆军地方幼年学校。由于家庭无法承担中学学费，只能以小学高等科毕业的程度报考，并与中学二年级考生竞争。在录取50人的情况下他考了第51名落榜。1917年9月，辻政信替补入名古屋陆军地方幼年学校学习。1920年3月，凭着顽强的毅力和刻苦钻研，辻政信竟超越所有同学以第一名的成绩毕业，从皇太子（之后的裕仁天皇）手中接过了银怀表。随后，辻政信进入了东京陆军中央幼年学校学习，两年后又以第一名的身份毕业，回到家乡石川县，以上等兵入伍金泽步兵第7联队，直至与石原莞尔、濑岛龙三并称昭和三大参谋，成为日本军国主义的忠实信徒。

1922年，辻政信进入陆军士官学校第36期学习，1924年7月，仍然是以第一名的身份毕业，再次拿到了作为奖励的银怀表。毕业后被授予少尉军衔，回第7联队任职。1927年10月晋升中尉。1928年12月，辻政信考入陆军大学第43期。1931年11月，辻政信以第三名的成绩从陆军大学毕业，并得到天皇授予的军刀。在陆军大学期间辻政信学习了汉语和俄语，中俄的文化和政治深刻影响了他的人生观和亚洲历史观。陆军大学毕业后,辻政信回到第7联队任第2中队中队长。

二

上海一·二八事变爆发后,步兵第7联队被派往中国上海参与作战,联队长林大八中弹身亡,辻政信膝盖被击伤,只好退出战斗,获得五级金鵄勋章。1932年9月,辻政信奉调到参谋本部总务部第1课,时任课长东条英机大佐十分赏识辻政信,次年,辻政信被调到作战部第3课。1933年8月,辻政信参加了参谋本部组织的"苏联对新疆渗透情况调查"项目,在甘肃的兰州等地活动了一个多月,主要从事情报的收集整理。

1934年8月,辻政信被调陆军士官学校任学员中队长,实际上是"统制派"东条英机派辻政信去压制"皇道派"。辻政信启用间谍学生监视"皇道派"学生的言论和活动,并派间谍学生打入"皇道派"学生内部结社研究右翼代表人物北一辉的"国家改造论"。煽动"皇道派"学生发动"政变",再于1月20日,伙同宪兵司令部、参谋本部情报部向陆军次官桥本虎之助中将要求镇压这次"政变"。后来虽开除了所有涉案学生(包括间谍学生),但查明"政变"为辻政信一手策划。辻政信虽清除了"皇道派"在陆军士官学校的势力,但自己也得到停职处分,1935年4月,辻政信被赶出陆军中央,发配到驻水户的步兵第2联队。此后一年都在联队长横山勇大佐的安排下负责给青年军官进行战术教育。

1936年4月,辻政信被关东军第3课主任参谋花谷正少佐调往关东军兵站课补缺。辻政信花了一个月时间研读"满洲事变"的有关资料,深深被石原莞尔等"下克上"的精神所征服,感叹道:"先觉的导师(指石原莞尔)对物体的观察方法,对中国、满洲、东亚的思维方式,使我从权益思想到道义思想来了个180度的大转弯,见识的不同,就有这么可怕的力量。"从此辻政信以石原莞尔为偶像,以"大亚细亚主义"为终身信仰。

1937年6月3日,在辻政信的主张下关东军花费十万大洋为皇姑屯事件中被炸死的张作霖下葬。后来做过伪满洲国经济大臣的韩云阶一半奉承一半佩服地对辻政信说:“辻参谋真行,用十万大洋就做到了关东军花了上亿大洋的宣传费都没有做到的事,一扫了九一八以后的沉闷空气。”1938 年 5 月,在辻政信的多方奔走下,占地 20 万平方米的“满洲建国大学”在“新京”(今长春)南郊的欢喜岭成立。同时辻政信在伪满洲国的“剿匪”工作也十分出色,成功地招降了 5 000 多人的抗日武装。

卢沟桥事件爆发后,关东军和朝鲜军主张扩大事态,派辻政信和田中隆吉去天津军游说。辻政信极力主张关东军从山海关机场出动轰炸机轰炸卢沟桥附近,天津军作战主任参谋池田纯久中佐反对扩大,见他们极力主张出兵,就生气地说:“好,你关东军敢出动轰炸机,我就敢出动战斗机把它打下来!”随后辻政信被华北方面军高级参谋下山大佐派往山西板垣征四郎第 5 师团负责联络,华北方面军参谋长园田直三郎中将让辻政信留在山西,任华北方面军参谋。

1939 年,辻政信任关东军作战参谋。此时的关东军司令植田谦吉大将,是原来辻政信任职的金泽第 9 师团师团长,参谋长东条英机中将是辻政信任职参谋本部的老课长,东条英机卸任以后接任的矶谷廉介中将,是辻政信任职步兵第 7 联队的联队长。参谋副长矢野音三郎少将是辻政信从陆军中央幼年学校毕业时的联队长。所有的上级全是老上司,而且关系都比较亲密。作战课内部也一样,亲朋好友一大帮。高级参谋寺田雅雄大佐和辻政信一样是从参谋本部派来的,而且也出身第 9 师团;作战主任参谋是刚从参谋本部编制课来的服部卓四郎中佐;参谋岛贯武治少佐是从参谋本部作战课转过来的,他和辻政信是陆军士官学校、陆军大学的同期同学。辻政信如鱼得水,左右逢源。

有了这些关系,辻政信也就更加肆无忌惮了,竟敢以关东军司令植田谦吉大将的名义起草下达《满苏国境处理纲要》,毫不顾忌地公开鼓励前线部队向苏军挑衅,还亲自深入苏联侦查情况,最终引发诺门罕战役,日军彻底失败。植田谦吉司令官、矶谷廉介参谋长被撤职,一大批高中级军官被查办,辻政信也被调往台湾,出任台湾军研究部部员。但是他始终不认可失败,认为再打下去的话,日军一定能胜利。辻政信抵达台湾后,分析了日本对苏、对美的形势,敏锐地预见到日本将来会实施“南进计划”,为实现“大亚细亚主义”目标,极力收集东南亚各国民事、军事与自然状况的情报,并与人合著了一本关于南方作战的手册——《只要读了就能赢》,就民情、地形、气象、卫生、防疫、战法、兵器等方面做了十分详细的叙述,成为日后日军进攻东南亚的实战手册。

三

太平洋战争爆发后,辻政信随部队一路参与了对菲律宾、马来亚、新加坡、缅甸、泰国等地的入侵作战。辻政信针对马来半岛有一条直通新加坡的柏油公路,展开作战后,左右无法超过两公里的特点,大胆地把移动工具改成了汽车和自行车,仅第25军就配备了6 000多辆自行车。但辻政信嗜杀成性,每到一处均对当地民众实施大屠杀。1943年3月,辻政信擅自下达了对菲律宾最高法官桑托斯一家老小的灭门令,除桑托斯长子一人逃脱外,其余人均被处死。随后又毫无人性地胆大妄为,以“减少麻烦”为借口,假借大本营命令残杀美菲军俘虏。日军攻占新加坡以后,辻政信又鼓动司令官山下奉文下令严厉镇压当地华侨的反抗活动,制造“新加坡大屠杀”,屠杀在新华侨,时至今日,到底有多少华人华侨被无辜屠杀已无法查证。

1943年,日军在瓜达尔卡纳尔岛与盟军作战失败,这次失败使日军由进攻转入防守。辻政信不找陆军的过失,将战役失败的原因归结为海军的无能与不作为,认为海军应为战役失败负责并要追究海军的责任,甚至奚落大和号战列舰是“大和宾馆”。辻政信不在乎年轻和军阶低,竟多次当众诘责与攻击日本海军联合舰队总司令山本五十六大将,搞得山本五十六十分狼狈。山本五十六对其恨之入骨,蔑称辻政信“这种上蹿下跳的小丑,什么东西”。

1944年7月,辻政信出任新组建的第33军作战参谋。在缅甸,日军遭受了中美、英印联军和中国远征军的沉重打击。辻政信命令水上源藏少将以个人名义死守阵地,致使水上源藏自杀身亡。恼羞成怒的辻政信对缅甸的抗日力量和手无寸铁的民众同样下达了屠杀命令,又导致一场大屠杀。

四

日本投降后，英美等国将罪孽深重的辻政信列为重要的战争罪犯嫌疑人，然而由于中国国民政府包庇掩护，他们没有找到辻政信。原来，狡猾的辻政信在担任华北方面军参谋时，就给自己留下了“暗道”，曾经以畑俊六司令官的名义，在溪口亲自操办过公祭蒋老夫人的仪式，还另辟蹊径，给前来吊孝的国府要人提供了一切方便，使国民政府要员深受感动，因而与重庆方面搭上了钩。日本投降时，辻政信自知杀人如麻、罪责难逃，化名“青木宪信”冒死前往国民党当局设在曼谷的军统特务机关救助。军统局没有忘记昔日的“好友”，第二天就派出包括两名少将军衔特派员在内的 15 人护送辻政信经河内前往重庆，后转到南京。

辻政信抵达南京后，并没有被逮捕，而是得到重用，先在中华民国国防部二厅任职，不久又归拨国防部严格保密的第三研究组，可见对其重视程度。他成为日本战犯进入国民政府任职的第一人，先后编撰了《西伯利亚作战纲要》《对三次大战的预想》《共军与国军军事形势评判》《冬季作战的参考》《东北国军与共军作战设想》等，对当时的国际军事形势和国共两党的军事力量进行分析，为国民党当局对付共产党出谋划策，发挥“才智”，成了国民党发动内战的忠实走狗。

解放战争爆发后，国防部派辻政信和另一位日本陆军中将参与编制东北军用地图。1948 年，辻政信等人完成了编制东北军用地图和用兵概要任务，随即被国民党当局放回日本，躲藏在东京杉并区的宝昌寺，过起了与世隔绝的隐居生活。1950 年 1 月，盟军宣布不再追索日本战犯的第二天，辻政信才在日本公开露面。

辻政信回国后又撰写了一本以自己潜逃生涯为蓝本的书《潜行三千里》，叙述了自己的潜逃经历和遭遇，该书成为当时日本的最畅销书。1952 年 11 月，辻政信当选为众议院议员，1959 年 6 月，又当选为参议院议员，但总是念念不忘过去，对战争及战争给人民带来的灾难没有悔改之意。

1961 年，不甘寂寞的辻政信变卖家产筹集经费，以“对东南亚进行实态调查”为名，前往东南亚各国，企图偷掘日本军队撤离老挝前藏匿于此的黄金。不久就化装成和尚潜入老挝，但还没有找到黄金就被老挝人民解放军抓获。老挝人民解放军最终以“间谍罪”将辻政信枪决，结束了他罪恶的一生。但还有被 CIA 所杀，被英国情报机关所杀等等传闻。

五

辻政信在中下级军官和士兵中很有威望，他很能收买人心。辻政信不贪财、不嫖娼，总是以一个正直、敢于坚持“原则”、不畏权势的军人形象出现。在上海、哈尔滨、武汉等地，辻政信带领宪兵检查军纪，曾亲自去砸饮酒嫖娼的高级军官的汽车。在泰国的曼谷，辻政信到任后的第一个命令就是禁止军官坐汽车兜风并亲自上街拦截，要求全体军官一律剃光头，交出洋房，私事不准用汽车，参谋军官全部搬进司令部。但也正是辻政信“勇敢”“正直”“清廉”的“武士道精神”，误导了许多青年军人，使他们一群一群地走上了为帝国殉葬的死路。

辻政信又是一个集胆大、狂妄、残暴于一身的人。在诺门罕，他胆大到抹去飞机标志飞入苏联领空侦察苏军布防。飞机出故障迫降在茫茫雪原，飞行员吓得瑟瑟发抖，辻政信却打气说：“别怕，我会俄语。有苏联兵来了，就骗他们说我们是来投诚的，正好还可以绑架个俘虏回去。”没有一点胆怯。马来战役之前，为了验证他制订的作战计划是否可行，辻政信竟把飞机涂上泰国的记号，冒充泰国军机，毫无惧色地飞入马来腹地，在英军上空来回飞行，一处一处确认布防兵力和炮火配置。参谋本部原准备动员四个师团攻占新加坡，当时的作战参谋辻政信却提出只需要三个师团就可以攻下新加坡，在他的建议下，司令官山下奉文将原来准备参加马来战役的第 7 师团退给了参谋本部。

说他狂妄，“皇军以一当十”的口号就是他发明的。1952 年 8 月，辻政信在竞选众议员时说，自己和俄国人、中国人、美国人、英国人、法国人、印度人、澳大利亚人、爪哇人、菲律宾人、缅甸人都打过，负过七次伤，身上有 30 多处伤疤，身上还有 20 多颗子弹。如果大家武器一样，最强的是日本兵，其次是中国兵，再其次是诺门罕的俄国兵，接下来是印度的廓尔喀兵，第五才是美国兵，英国兵大概第七第八。到了战败后，还这样大言不惭，其狂妄气焰可窥一斑。

辻政信在日军中的残暴是出了名的。辻政信的残暴已经到了极点，不仅体现在所到之处毫无人性的屠杀，更在其残忍的兽性，有些行为令人发指。在中国东北，为了锻炼士兵，他强迫士兵吃人胆；在马来群岛，为了生存，他下达命令要日军吃英军人肉。辻政信所到之处，肯定有大屠杀，或者说这些大屠杀肯定与辻政信有关。他杀人不眨眼，杀平民，杀战俘，甚至杀受伤的日军士兵。由于辻政信的残暴，给中国、菲律宾、马来亚、新加坡、缅甸、泰国人民都带来无穷的灾难，大批民众和战俘死在他的屠刀下。他的长官们也都因为受他牵连而一个个丢官或丧命，成为他的替罪羊：关东军司令植田谦吉、参谋长矶谷廉介因他擅自挑起对苏战争罢官。第 14 方面军司令官山下奉文、第 14 军司令官本间雅晴、近卫师团师团长西村琢磨、第 224 师团师团长河村参郎均因他获罪，被以绞刑处死。

“满洲夜皇帝”甘粕正彦

甘粕正彦,日本宪兵出身,曾参与策划九一八事变,炮制伪满洲国傀儡政权活动。曾任伪满洲国民政部警务司司长、协和会中央本部总务部部长兼规划部部长、满洲电影股份公司理事长等职。宣扬所谓“王道政治”,从思想和文化上奴役东北人民,巩固日本对殖民地的统治和掠夺。日本投降后自杀。

一

甘粕正彦,1891 年 1 月 26 日出生于日本宫城县仙台市的一个士族家庭,父亲春吉在仙台市警察局工作,甘粕正彦是家中长子,二弟甘粕二郎是银行家,三弟甘粕三郎是陆军大佐,叔叔甘粕重太郎陆军中将是日本驻蒙军司令。1905 年,甘粕正彦进入名古屋陆军地方幼年学校,5 年后,升入陆军士官学校,在这里认识了教官东条英机,东条英机成为他一生崇拜的对象。1915 年 9 月,甘粕正彦在一次骑马训练中不慎落马负伤,从此打消了当陆军军官的念头而转为宪兵。1922 年起,甘粕正彦先后出任东京涩谷和鞠町宪兵分队长。

1923 年 9 月 1 日,日本关东地区发生大地震,甘粕正彦乘混乱之际杀死了日本著名无政府主义者大杉荣和他的妻子伊藤野枝,并将大杉荣的孩子裹上棉被投入井内。灾后这件惨案被揭发出来,甘粕正彦的残暴行径一时震惊日本,从此,“甘粕正彦”成了惨无人道的法西斯分子的代名词。同年 12 月 8 日,军法会议判处甘粕正彦有期徒刑 10 年,但日本军方却认为甘粕正彦此举源自于忠君爱国,倾全力暗中营救,甘粕正彦仅服刑两年零 10 个月,就提前保释出狱。

甘粕正彦出狱后,到法国学习绘画,1929 年 2 月,从法国回到日本。1929 年 7

月,他到吉林省公主岭看望他弟弟,后又用“服部正男”的假名字,携带妻子神秘地住进沈阳宪兵队院内的军属宿舍,拜见了日本关东军沈阳特务机关长土肥原贤二,二人一见如故,后经人介绍,又同关东军高级参谋板垣征四郎搭上关系,成为策划入侵我国东北的急先锋。

九一八事变的第二天,按事先计划,甘粕正彦赶到吉林市,伙同日本驻吉林市特务机关长大迫通贞中佐,炸毁了日本侨民的住宅,然后贼喊捉贼,嫁祸于中国人。关东军为了制造出兵哈尔滨的借口,指使甘粕正彦和日本驻哈尔滨特务机关在哈尔滨市制造混乱。9 月 21 日,日本在哈尔滨的银行遭投弹袭击,随后,日本驻哈尔滨总领事馆也被投掷了炸弹。直到 9 月 25 日,哈尔滨市一直不断发生日本驻哈机构被炸事件。其实这些事件均是甘粕正彦和日本驻哈尔滨特务机关所为,然后诬称是中国人复仇。日方及关东军借机声称“哈尔滨 4 000 名日侨突然濒临危机”,需要派兵保护,随向哈尔滨地区派兵。与此同时,甘粕正彦领着 5 名宪兵,在哈尔滨市设立了特务机关,用他母亲内藤的姓,称作“内藤机关”,从事情报和破坏活动,制造新的麻烦,为日军进驻哈尔滨做准备。

1931 年 11 月 10 日,溥仪一行到达营口“满铁”码头,甘粕正彦受关东军高级参谋板垣征四郎之托去“欢迎”溥仪,就此,几乎形影不离地控制溥仪的一切行动。关东军先把溥仪安置在汤岗子温泉,后又转到旅顺,甘粕正彦奉命自始至终软禁、监控着溥仪。1932 年 3 月,溥仪一行从汤岗子前往长春就任伪执政,甚至溥仪就任仪式和宴会时,甘粕正彦也不离周围。

二

1932 年,伪满洲国成立,甘粕正彦出任伪满洲国民政部警务司第一任司长,成为伪满洲国警察的首领。上任伊始,甘粕正彦便面临如何保障李顿国联调查团的安全,因为一旦出了意外,就会影响日本在国际上的形象和地位,不利于刚刚侵占中国东北而建立的伪满洲国傀儡统治,所以甘粕正彦为保证李顿调查团的安全,曾经做出“尽全力去干”的保证。李顿调查团离去不久,甘粕正彦任职不到三个月,就辞去了警务司长的职务。

1934 年 4 月 1 日，甘粕正彦在天津正式成立了大东公司。大东公司表面是个劳工介绍所，名义上介绍山东、华北等地劳工到伪满洲国做工，其主要工作是在华北“边境”或港口，控制出关劳工人数，源源不断地向日本殖民统治下的东北输送苦力，从事各种苦不堪言的劳动。就连伪军冀东保安补充队，都因日本主子担心其哗变，于 1937 年冬，以换枪为名，将其全部缴械，交给了大东公司，然后骗上闷罐车，运到吉林省丰满修水电站，成了不付任何报酬的苦力。这支伪军共约 1 400 人，日本投降时，几乎全部死去，只剩下几个人。

七七事变后，大东公司骗得大批劳工到中苏边境地区建筑军事工程，因劳役过重和非人待遇，死伤不计其数。更令人发指的是为了保守秘密，往往在军事工程完工后，进行集体屠杀，成千上万的中国劳工惨死在日本侵略者的枪口、屠刀，甚至毒药之下，永久消失在茫茫的荒野山林，活不见人、死不见尸，成为远在家乡亲人们的梦中之魂。

据统计，1935 年有 44 万、1936 年有 40 万、1939 年约有 49 万劳工进入伪满洲国，成为不计报酬的苦力，大东公司从中获得巨额利益。甘粕正彦将收入的一部分作为特务活动经费，在天津及各地设立特务活动分站，大搞情报工作。同时关东军还将热河金矿赠送给甘粕正彦，他把巨大收入几乎都用来搞“谋略工作”，伪满总务次长古海忠之说过：“甘粕用在国际谋略上的钱最多，如排英工作、回教工作、华北工作、上海工作等都是。”甘粕正彦始终生活奢侈，有花不完的钱。

1937 年 4 月 2 日，关东军通过伪满洲国委派甘粕正彦出任伪满协和会总务部部长。甘粕正彦上任后办的第一件事，就是举办 1928 年被关东军炸死的张作霖的安葬仪式。此时，张作霖已经去世 9 年，灵柩一直停放在奉天郊外的老爷庙里。甘粕正彦提出将张作霖灵柩运到锦州，安葬在张作霖第一夫人墓旁。此举得到关东军的认可，并拨付了巨额款项。安葬仪式办得煞有介事、十分隆重，报纸上做了大篇幅醒目的宣传报道。关东军和甘粕正彦的用心不言自明，就是为了收买人心，以巩固日本在中国东北的殖民统治。

1937 年 9 月，石原莞尔少将即将就任关东军副参谋长，关东军参谋长东条英机中将闻讯后，找来甘粕正彦，对他说：“现在决定由石原莞尔任关东军副参谋长，他是满洲国的创始人，在当地一般来说也有威望，朋友也多。这些情况我也知道，所以我愿意与他友好相处。不过，他也是个怪人。所以，有时难免同我发生冲突，如果出现这种情况，希望你能立即起来为我们调解，使我们更好地合作共事，拜托你了。这件事只有你甘粕能胜任，除你之外再没有别人。”虽然甘粕正彦对这两个顽固的法西斯分子越演越烈的矛盾无能为力，但也说明早已退出军队现役的甘粕正彦，在日本法西斯军人中确有不可估量的影响和地位。

三

1939 年，关东军内定甘粕正彦为“株式会社满洲映画协会”（又名满洲电影股份公司，即“满映”）理事长。消息一传开，首先在“满映”的日本人中间引起强烈反响，普遍意见是：不愿在独裁专横的杀人犯手下工作。1939 年 11 月 1 日，踌躇满志的甘粕正彦在关东军支持下正式就任理事长。上任后，甘粕正彦对“满映”进行了调整，用较高待遇聘请日本电影界一流专家来“满映”，改善了职工的生活福利待遇。另外，甘粕正彦为拉拢中国人，打消其排日情绪，改变了过去中国导演只能当副手，实际上只为演员当翻译的做法，允许中国导演独立拍片；此外，开始采用中国人编写的剧本，适当放开了电影题材的范围。

为赢得“满映”人员的认可，甘粕正彦煞费苦心，使出了浑身解数。一次，甘粕正彦在伪新京市市长官邸举办的日“满”要人宴会上，就安排“满映”女演员们陪酒一事，故作愤慨地说：“女演员不是艺伎，是艺术家。”并要求伪市长“再举办一次以女演员为主的宴会犒劳她们”。甘粕正彦有时还自掏腰包，大摆宴席，招待演职人员，并一改往常怕人的死板面孔，满面春风、主动地上前帮女演员脱下外套，甚至还故意训斥在自己身后的理事、课长们：“你们还站着干什么，快给客人们脱下外套！”甘粕正彦所做的一切，不仅仅是为了淡化他本人“暴力主义分子”的丑恶嘴脸，在演职人员面前博得好感，更重要的是刺激演职人员更加卖力工作，制作出更多更“好”的影片，以便通过“满映”及拍摄的影片，美化日本帝国主义的侵略政策，从文化和思想上更有效地麻痹和毒害中国人民。

经过甘粕正彦的苦心经营，“满映”的政治地位和社会影响与日俱增，经济收入更为可观。“满映”成立之初，只有 500 万元资金。甘粕正彦就任理事长以后，

"满映"得到迅速发展,成为世人瞩目的电影制片厂,到 1940 年,资金增加到 900 万元,影片生产量猛增三倍,甘粕正彦本人也被称为"'满映'之父"。

甘粕正彦企图运用电影手段,来控制、奴化东北人民的思想。在甘粕正彦的控制下,"满映"成了日本,尤其是关东军的宣传工具。"满映"费尽心机地为日本殖民统治和扩张进行宣传,极力宣传日本和伪满洲国的国策,美化日本军国主义的侵略扩张政策,污蔑和诋毁抗日反满力量,欺骗世界舆论和广大民众,是二战时期日本在国外设置的最大的文化侵略机构。"满映"还大力宣传所谓的"大东亚共荣""日满一体""日满协和""王道乐土",用以迷惑中国人民。"满映"在国策宣传上起到了非常重要的作用,对中国人民进行赤裸裸的殖民宣传和奴化教育,摧残了中国人民的心灵。

甘粕正彦在伪满洲国可谓无人不知无人不晓,是日本控制伪满洲国的实力派人物,凡事无所不能。他与板垣征四郎、石原莞尔、东条英机、岸信介、古海忠之等日本军政要员的关系均非同一般,势力之大无人能及,流传有"统治满洲国的,白天是关东军,夜里是甘粕正彦"之说。因此,仅仅为日本宪兵大尉军衔的甘粕正彦,却有伪满"夜皇帝"和"幕后帝王"之称。

1945 年 8 月 8 日,苏联对日宣战,9 日,苏联红军向中国东北发起进攻,预感到末日即将来临的甘粕正彦从大和旅馆住进了"满映"理事长室,开始整理、销毁罪证。15 日,"满映"全体职工聆听天皇无条件投降广播,"满映"随着日本的投降和伪满洲国的倒台,也走到了自己作为殖民政策宣传工具的尽头。17 日晚,处理完罪证的甘粕正彦邀古海忠之等人举行酒会,流露出自杀的念头,参加酒会的人意识到这可能是甘粕正彦的诀别酒会。为了防止甘粕正彦自杀,每天有人陪伴在他身旁。20 日,甘粕正彦趁人不备服毒自杀,了却了罪恶的一生。

“独腿分子”朝香宫鸠彦王

朝香宫鸠彦王，日本昭和天皇的叔父，陆军大将，曾任军事参议官、上海派遣军司令等职，是南京大屠杀主要责任人之一。

一

朝香宫鸠彦王，1887 年 10 月 20 日出生于日本东京，日本皇族，是昭和天皇裕仁的叔父，久迩宫朝彦亲王的第八子，两个哥哥久迩宫邦彦王和梨本宫守正王都是日本大将。1906 年，被明治天皇赐予朝香宫宫号，1910 年，与明治天皇的皇女——富美宫允子内亲王结婚。他和东久迩宫稔彦王是异母兄弟，东久迩宫稔彦王小他两个月，两人在学历、军中晋升等各方面都不分先后。相比之下，朝香宫鸠彦王内敛、低调，稔彦王则外向、乐于张扬、更引人注目。

朝香宫鸠彦王是日本皇族中为数不多的职业军人之一，一直在军中任职。1908 年 5 月 27 日，朝香宫鸠彦王毕业于陆军士官学校第 20 期，同期同学有炮兵科的木村兵太郎。同年 12 月 25 日，被授予步兵少尉军衔，任职于近卫步兵第 2 联队。1914 年 11 月 27 日，朝香宫鸠彦王毕业于陆军大学第 26 期，同期同学有后来的台湾总督安藤利吉。随后，任步兵第 61 联队中队长、近卫步兵第 3 联队附、参谋本部附等职。1917 年 10 月 31 日，没有任何战功的朝香宫鸠彦王凭着皇族贵胄身份，被授予大勋位菊花大绶章，让不少明治元老眼红。1921 年，朝香宫鸠彦王先后任步兵第 1 联队大队长、陆军大学附等职务。

1922 年，朝香宫鸠彦王去法国留学，作为皇太子裕仁的亲信集团，和北白川宫成久王常驻巴黎。两人均向裕仁宣誓效忠，直接接受裕仁的各项指令。主要任务是收集欧美等国政治、军事情报，特别关注欧美对日本侵略活动的反应，在日本每进行一次侵略活动后，他们就向裕仁报告欧美各国对日本的反应。

1923 年，朝香宫鸠彦王、北白川宫成久王等人驾车到巴黎郊外野餐，不料汽车撞到树上，驾车的北白川宫成久王当场毙命，朝香宫鸠彦王不仅背部负伤，而且一条腿粉碎性骨折致残。这次意外，让朝香宫鸠彦王成了"独腿分子"，并不得不留在法国疗养。在疗养期间，朝香宫鸠彦王经常去打高尔夫球，从此迷恋上了这项运动，在法国逗留时间延长，法国文化对他一生都产生影响。

1925 年，朝香宫鸠彦王回国后，晋升大佐，任陆军大学教官，从事教学工作，1929 年起，历任步兵第 1 旅团旅团长、近卫师团师团长、军事参议官等职。朝香宫鸠彦王以激进和支持"皇道派"军人著称，二二六事件后，朝香宫鸠彦王站在政变军人一边，认为其精神可嘉，和裕仁天皇的胞弟秩父宫一起恳求裕仁天皇对发难的政变军人予以赦免。遭到裕仁天皇的严厉斥责，裕仁天皇十分生气地说："先不论他们的精神何在，他们之所为首先就有伤国体的精华。杀害朕的股肱老臣，如此残暴的军官，无论其'精神'如何，也不应予以任何宽恕。我绝不允许凶暴的将校胡作非为。要尽快将这一事件镇压下去！尽快！"天皇震怒道："陆军简直是在掐朕的脖子！"裕仁认为朝香宫鸠彦王危急时刻态度不当，将他从皇室成员名单中剔除，好战的朝香宫鸠彦王从此失宠。但朝香宫鸠彦王的军权和皇道思想还是没有受到多大的影响，七七事变前，朝香宫鸠彦王以陆军中将的身份，视察了日本陆军精锐部队第 11 师团，训示在场的官兵在"大东亚战争"中展现"皇军"的威风。

二

1937 年 12 月 2 日，朝香宫鸠彦王被任命为上海派遣军司令。12 月 7 日，朝香宫鸠彦王赶赴南京前线，接替发高烧、慢性肺结核发作、卧床而不能主持军务的侵华日军华中方面军司令松井石根，临时指挥各路日军攻占南京。在听取攻城部队汇报后，害怕大量中国战俘因管理不力而发生兵变，竟惨无人道地签署了一份"机密，阅后销毁""杀掉全部俘虏！"的密令。此后，朝香宫鸠彦王又陆续签发了一系列杀人命令,以至于最简单而直接的只有四个字"全部杀掉"。这一命令在南京城破前后迅即层层贯彻到各部队,直接导致了日军进城后屠杀中国军民,并使大屠杀越演越烈。第16师团师团长中岛今朝吾在南京城陷落的当天,曾在日记中记下了该部执行这一命令的情况:"由于方针是大体不要俘虏,故决定将其赶至一隅全部解决之。"

朝香宫鸠彦王为满足各部队进城"看看"的意愿,在松井石根的默许下,又指使负责安排日军在南京地区宿营的华中方面军副参谋长武藤章以"城外的宿营地不足"和"饮水困难"为由,修改了日军官兵在南京城外宿营的命令,宣布城外的日军部队可随意在南京城内选择宿营地。命令一下,日军各部队犹如一群群恶狼,在南京城内的大街小巷横冲直撞,到处杀人放火,掠夺财物,致使大屠杀及各种暴行进一步扩大。可以说,这历史上最残忍的血腥屠杀,完全出于朝香宫鸠彦王的一道命令,他是南京大屠杀的真正元凶。

1937年12月14日,为勉励攻占南京的日军,裕仁天皇面谕:"中国方面陆海军各部队,在上海附近作战持续勇猛果断,乘胜追击,使(中国)首都南京陷落,我很满意。此旨传达给全体将士们。"朝香宫鸠彦王迎来了人生的"辉煌"。

1938年,由于日军在上海,尤其是南京的野蛮行径遭到国际社会的一致谴责,日本大本营不得不撤销上海派遣军建制,朝香宫鸠彦王和松井石根等人被召回日本。归国后,日本各界向英雄一样欢迎他们。天皇裕仁在叶山皇宫接见了他,同其亲切交谈,当面对其"战绩"大加赞赏,并特赐银质花瓶一对以示褒奖,同时宣布恢复其朝香宫的皇室身份。随后,朝香宫鸠彦王出任军事参议官,1939年又晋升大将,出任贵族院议员,并兼任伤病军人会总裁,负责伤病军人的抚恤和安置工作。1942年,获一级金鸦勋章。

大战后期,朝香宫鸠彦王并不甘心失败,强烈主张本土决战,还主张海陆军一体化。在裕仁天皇宣读投降诏书的第二天,朝香宫鸠彦王"为向出征中的将士传达陛下之真意",又去了南京,劝告南京的日军部队接受无条件投降,同时,和侵华日军总司令部研究投降后军事机密问题的处理及作战资料的销毁。

三

日本投降后,松井石根经远东国际军事法庭审判被押上了绞刑架,谷寿夫被引渡回中国在雨花台枪毙,还有一些人被判刑。但法庭仅对南京大屠杀事件主要责任人之一朝香宫鸠彦王做了走走形式的盘问,没有进行审判。

其实为了让皇室逃避罪责,早在 1940 年,具有先见之明的天皇裕仁就将许多皇族成员提前调离了军职。美军在日本登陆后,盟军最高司令麦克阿瑟考虑到美国的利益和日本的局势,再加上当时国际上政治矛盾的转变,和天皇裕仁进行了和谈。麦克阿瑟认为要稳定占领日本,必须利用日本人对天皇的尊崇之心,使天皇仍为日本人的心理支柱,天皇不倒,民众就不会乱,因此决定不追究天皇的战争责任,盟军也就不把皇族作为战犯嫌疑人逮捕起诉了,南京大屠杀的元凶之一朝香宫鸠彦王也靠着皇族的身份,逃脱了法律的制裁。

1947 年,盟军为压制日本军国主义势力抬头,大力削弱日本传统贵族的影响,撤销了大批日本宫家的皇籍,朝香宫鸠彦王也成为被打击的对象之一,被剥夺了皇籍,朝香宫鸠彦王改名朝香鸠彦,限期搬离王府。朝香鸠彦不得不离开了位于日本东京的白金王府移居热海。朝香鸠彦并没有因此垂头丧气,每天继续过着花天酒地的生活,后来还成为"日本高尔夫球俱乐部"的名誉会长,并最终以 93 岁的高龄终老。

皇族首相东久迩宫稔彦王

东久迩宫稔彦王,日本昭和天皇的叔父,陆军大将,曾任军事参议官兼航空本部部长、中国派遣军第2军司令官、日本本土防卫军总司令、首相等职。他在54天的首相任期内迅速平稳解除了700万日本海陆军的武装。

一

东久迩宫稔彦王,1887年12月3日出生于日本东京,久迩宫朝彦亲王第九子,昭和天皇的叔父,从小便性格顽劣。他的叔叔参谋总长闲院宫载仁亲王和三个兄长久迩宫邦彦王、梨本宫守正王、朝香宫鸠彦王都是大将。后来成为昭和天皇皇后的香淳皇后久弥宫良子女王是他的侄女,他的儿子盛厚王还娶了昭和天皇的长女,这样他又和昭和成为亲家。少年时曾就读于学习院。1906年11月,被赐予东久迩宫宫号。1908年5月27日,东久迩宫稔彦王同其兄朝香宫鸠彦王毕业于陆军士官学校第20期步兵科,同年12月25日被授予步兵少尉军衔,任近卫步兵第3联队附。

1914年11月27日,东久迩宫稔彦王与其兄朝香宫鸠彦王毕业于陆军大学第26期,随后任步兵第29联队中队长、近卫步兵第3联队附。1915年,东久迩宫稔彦王与明治天皇之女——聪子内亲王结婚,并到参谋本部作战课任职。1917年10月31日,东久迩宫稔彦王被授予大勋位菊花大绶章,随后出任步兵第7联队大队长、陆军士官学校附等职。

1920年,东久迩宫稔彦王以少佐军衔赴法国留学,1922年7月31日,毕业于法国陆军大学。在法国期间,东久迩宫稔彦王迷恋上法国的浪漫生活,固执地拒绝回国，不管是聪子王妃或兄长邦彦王、朝香宫鸠彦王来劝，还是宫中、军中的首脑一次次来请都置之不理，一门心思不想再做皇族和军人，回国之事一拖再拖。内大臣牧野伸显等宫中首脑，扬言要把他臣籍降下以资惩戒，正好本人也得到了天皇不豫的消息，拖到大正天皇驾崩后的昭和二年(1927 年)一月底回到了国内。

回国后，东久迩宫稔彦王先后任陆军士官学校附、第 1 师团司令部附、近卫步兵第 3 联队长。1929 年 12 月 10 日，东久迩宫稔彦王晋升陆军少将，1930 年任步兵第 5 旅团旅团长。九一八事变后，东久迩宫稔彦王写了一封关于“对满蒙问题的愚见”的信，信里力陈要“保证占领东四省(辽宁、吉林、黑龙江、热河)”，“现在的国联没什么好害怕的”，“陆军以前的方针太老实了”，“币原(币原喜重郎，时任外务大臣)不行的话就让他走人，现在的内阁(第二次若槻礼次郎内阁)不行的话就让它倒台，组个能按军部的意思解决满洲事变的内阁就是了”。1932 年夏天，东久迩宫稔彦王又说：“我倒是想去满洲独立守备队做司令官。”这充分暴露了东久迩宫稔彦王目无国联，目无政府，一心侵略中国的野心。

1932 年 12 月 7 日，东久迩宫稔彦王任参谋本部附。1933 年 8 月 1 日，晋升陆军中将，随后任第 2 师团师团长、第 4 师团师团长、军事参议官兼航空本部部长等职，在任航空本部部长期间，指挥航空兵对上海、南京等人口密集城市无差别轰炸，大量军事和非军事设施被炸毁，大量中国军人和平民被炸死炸伤。

二

1938 年 4 月 30 日，东久迩宫稔彦王来到华北接替西尾寿造担任第 2 军司令官，指挥第 2 军占领徐州。协调指挥土肥原贤二的第 14 师团及其配属部队占领兰封后继续向开封进攻。6 月 5 日夜，从西北角攻城。6 日，占领开封。

随后，日军决定实施武汉作战。7 月 4 日，以冈村宁次第 11 军为主攻，溯长江西进；以东久迩宫稔彦王第 2 军为助攻，沿大别山北麓进攻。在攻克平汉铁路之后，再向南旋转切入武汉，与南路日军会师，以对武汉的中国军队进行合围。东久迩宫稔彦王率第 2 集团军 4 个师团加 1 个旅团 10 多万人在合肥集结后，兵分两路进攻大别山：北路第 3 师团、第 10 师团自合肥向六安，河南光山、信阳进击；南路以第 13 师团沿安徽霍山至河南商城一线向武汉北面推进。8 月末,日军攻陷六安、霍山。第 13 师团、第 16 师团在富金山遭到中国守军宋希濂、冯安邦等的坚强抵抗。

整整 10 天,宋希濂的第 71 军阻强敌于富金山下,双方均损失惨重。日军的进攻部队损失过半,死伤近万。日方报纸报道:“此役由于受到敌主力部队宋希濂军顽强抵抗,伤亡甚大,战况毫无进展。”中国守军仅第 36 师就由参战前的 1 万多人,锐减到八九百人,整个部队被打残了,但第 71 军最终阻遏了日军侵略的疯狂势头。此次阻击战中国守军“以劣势装备,依托有利的地形,粉碎了日军迅速越过大别山、迂回武汉的战略企图,创造了抗战时期阵地防御作战的成功战例”。日军不得不调整部署,增加兵力。从 9 月 18 日一直打到 10 月下旬,用了 1 个多月的时间,日军第 13 和 16 两个师团才突破了小界岭中国军队防线,穿越了大别山,于 10 月 25 日占领麻城,但此时,中国军队已经放弃武汉。

而东久迩宫稔彦王指挥的日军第 3 师团、第 10 师团却深远迂回成功,占领潢川后,直捣罗山、信阳,向胡宗南部发起进攻。当时胡宗南坐拥 3 个军 7 个师,其第 1 军是当时中国装备最好的部队,有邱清泉的坦克部队(当时中国唯一的坦克部队)和彭孟缉的炮兵旅(当时最大的炮兵编制旅),却被长途奔袭,已经血战数次的日军两个疲惫师团打败,日军击败胡宗南后占领信阳。无奈之下,李宗仁电令胡宗南自信阳南撤,据守桐柏山、平靖关,阻击日军,以掩护鄂东大部队向西撤退。然而胡宗南不听命令,竟将全军 7 个师迅速向西后撤,退保南阳,以致平汉路正面门户洞开,日军乘势进逼。这致使第五战区部队有陷入重围的危险,最终导致国民政府做出放弃武汉的决定。

1939 年 1 月 13 日,东久迩宫稔彦王回国任军事参议官,同年 8 月 1 日,晋升陆军大将。1941 年 12 月,东久迩宫稔彦王任日本本土防卫军总司令,位高权重。曾有人提出要让他担任首相,但木户幸一担心万一要与英美开战皇族可能会受责难,推荐了东条英机担任首相。由于东久迩宫稔彦王到欧美学习过,知道日本与西方的技术差距,因此致力于科技改造。经他努力,1942 年在千叶工业大学建立了航空动力系。

三

1945 年 8 月 15 日，天皇广播投降诏书后，铃木贯太郎内阁因为结束战争两次“麻烦天皇陛下圣断”而总辞职。谁来收拾终战后的残局成了问题，让数百万迷信日本必胜的军人乖乖放下武器绝非易事。内务大臣木户幸一与重臣们商议后认为东久迩宫稔彦王是最合适的人选，他具有皇族身份加上陆军大将军衔，能够控制住当时日本的局势。东久迩宫稔彦王便成了日本第一位皇族首相，在日本按照惯例皇族是不能出任首相的，只有他是例外。1945 年 8 月 17 日，东久迩宫稔彦王就任首相。

内阁的主要成员有：陆军大臣下村定，海军大臣米内光政，外务大臣重光葵，近卫以副首相身份任国务大臣，绪方竹虎以国务大臣身份兼任内阁书记官长与情报局总裁，石原莞尔任内阁特别顾问。多数人是对美国强大的实力心怀畏惧因而不赞成与美国作战的所谓“亲美派”，但他们绝不是和平主义者，他们都曾为日本建立所谓的“大东亚共荣圈”，即侵略亚洲各国而出力颇多，从其思想深处来说都是军国主义分子。

8 月 16 日晨，东久迩宫稔彦王内阁还未组成，盟军最高统帅麦克阿瑟就向日本政府发出通告，令其迅速派遣能代表天皇、政府及大本营的代表，前往驻在马尼拉的盟军最高统帅司令部，接受履行投降条件所必需的各项要求。由于参谋总长梅津美治郎不愿意接受这项有失脸面的使命，最后只得由参谋次长河边虎四郎中将出任代表团团长。

盟军萨瑟兰参谋长宣读了第 1 号总命令，指定：在中国大陆关内、中国台湾和印度支那北部的日军向蒋介石投降；在中国东北、萨哈林①南部和朝鲜北部的日军向苏军投降；其余部队向英军或美军投降。正式投降仪式将于 9 月初在东京湾的一艘美国军舰上举行。日本开列所有部队和舰只部署地点和机场、潜艇基地、弹药库和地雷区的位置等。为了达到维护天皇制国体的目的，东久迩宫稔彦王内

---

① 中国传统名称为库页岛。

阁按照盟军的命令完成了政府改造，解除了军队武装、迎接美军进驻以及签订投降书等工作。

美军登陆后，企图发行军票，东久迩宫稔彦王闻讯后惊恐万状，唯恐损害国体的基础，急忙派外务大臣重光葵面见麦克阿瑟，反对美国一意孤行。麦克阿瑟震怒之余，不得不放弃发行军票的打算。昭和天皇和麦克阿瑟会见后，他禁止发布两人会见的照片，唯恐动摇对现人神的信仰。驻日盟军总司令部指示撤销对新闻和通信自由的一切限制，东久迩稔彦王不得不收回禁令。但内务大臣山崎严在记者招待会上，继续对破坏国体的言论进行限制。盟军总部对山崎严讲话大为不满，1945 年 10 月 4 日下达了《取消限制政治、民事、宗教的自由备忘录》（又称自由指令），命令日本政府废除思想警察，释放政治犯，罢免内务大臣。东久迩宫稔彦王根本不愿执行这个指令，干脆宣布总辞职。东久迩宫稔彦王只担任首相 54 天，在短短 54 天的首相任期里，却平稳地解除了 700 万日本海陆军的武装。

1947 年，东久迩宫稔彦王被剥夺皇籍，改名为东久迩稔彦，搬出王府，后曾任日本文化振兴会总裁、世界联邦建设同盟会长。1950 年还自己组织“禅宗东国教”，在出家仪式上发表宣言说：“回顾半生皇族军人和政治生活，严肃反省的结果，终于使我通过佛门，开辟新教得以到达有源的境地，为此我将云游全国，凭吊此次大战中阵亡的英灵，并将到海外祭扫各国无名战士之墓。东久迩稔彦似乎找到了自我解脱的药方。”

东久迩宫稔彦王一生我行我素，不受约束，为陆军大学学生时就敢拒绝出席明治天皇宴会的邀请，还跟皇太子嘉仁（后来的大正天皇）吵过嘴。1990 年 1 月，东久迩宫稔彦王在天皇侄子去世 1 年之后，以 103 岁高龄去世，是世界上最长寿的政治人物之一。这项纪录已记入吉尼斯世界大全。著有自传《淘气的孤独》。

“屠夫”中岛今朝吾

中岛今朝吾，日本陆军中将，曾任东京宪兵司令部司令、师团长、关东军第4军司令。南京大屠杀罪魁之一。1945年10月25日病死，逃脱了南京军事法庭的审判。

一

中岛今朝吾，出生于日本大分县宇佐市，从小非常羡慕扛枪佩刀的军人。1902年5月，中岛今朝吾毕业于日本陆军中央幼年学校，随后开始入伍从军，1903年11月30日，毕业于日本陆军士官学校第15期炮兵科，与多田骏同期同科同学，第二年3月，被授予陆军炮兵少尉军衔，以炮兵身份随军参加日俄战争。经过多年的锻炼，中岛今朝吾又考取了日本陆军大学第25期并于1913年11月毕业，后赴法国学习军事。1929年8月起，中岛今朝吾任陆军大学教官、野炮兵第7联队联队长、东京要塞司令部参谋、舞鹤要塞司令官等职。1932年4月11日，中岛今朝吾晋升陆军少将，随后任陆军习志野学校校长。1936年3月23日，中岛今朝吾晋升陆军中将，任东京宪兵司令部司令官。

中岛今朝吾残暴狠毒，胆大妄为，敢于犯上。1937年，广田弘毅内阁总辞职，宇垣一成大将接受组阁并着手遴选组阁人员，陆军不赞成宇垣一成参与政治，中岛今朝吾就代表陆军在宇垣一成进京的必由之路多摩川六乡桥上劝阻宇垣一成不要进京，放弃组阁。宇垣一成不听劝阻，结果组阁失败，很多人从此对中岛今朝吾刮目相看。

卢沟桥事变爆发后，日本开始了全面侵华战争。1937年8月，中岛今朝吾任侵华日军派遣军第16师团师团长。日本为全面侵华,紧急进行了战争动员,大量征兵入伍,扩充部队。第16师团是甲等师团,平时只有18 000人,此时也扩充到约25 000人,增加了近三分之一的兵力。1937年9月,中岛今朝吾率第16师团入侵中国,随后,在平汉线以北永定河及大清河一线作战,又在子牙河、保定、石家庄等地区与中国军队作战中,重创中国的第53军。1937年10月底,为增援上海日军,第16师团由华北调往华东,参加上海战役。第16师团从长江口西上,成功登陆,而后占领常熟、无锡等地,和柳川平助的第10军南北呼应,威胁中国军队的撤退线路。

二

日军占领了上海后,重新做了战略部署,第16师团奉命追击从上海撤退的中国军队。为了抢先到达南京,中岛今朝吾不顾疲劳率部突进,一路向南京方向追击,沿途击溃中国守军的抵抗,跨过山山水水,先后攻占了常州、丹阳、句容、汤水镇、麒麟门等地,直抵南京东郊紫金山,可谓长驱直入。由于第16师团进军速度太快,离后方较远,补给跟不上,士兵疲惫不堪。于是,中岛今朝吾便下令就地“征收”粮秣,所谓就地“征收”,实际上就是就地掠夺各种物资以充军用,原本富裕的苏锡常一带经此浩劫民生凋敝。除抢掠财物和粮草外,第16师团还疯狂屠杀已经放下武器的士兵和当地手无寸铁的平民。该师团第19旅团步兵第9联队第3大队副官野田毅少尉和炮兵小队长向井敏明少尉相约到达南京时,看谁先用军刀斩杀满100人,即“百人斩竞赛”。此后,两军官开始灭绝人性地大肆斩杀中国人,在到达南京城外的紫金山时,野田毅斩杀了105人,而向井敏明斩杀了106人。当时日本《东京日日新闻》(现《每日新闻》)等报纸恬不知耻地大肆宣扬了二人所谓“百人斩”创举,称他们为“皇军的英雄”,鼓励日本军人向他们学习。由此可见,整个日本已经被绑上了军国主义的战车,成了一部杀人机器。日本投降后,这两个败类以“实为人类蟊贼,文明公敌”的罪名在南京被枪决。

1937年12月10日,日军司令部下达了总攻的命令,第16师团负责主攻中山门。要拿下中山门,必须先占领中山门外的制高点紫金山。12日,第16师团步兵第33联队向紫金山顶峰发起攻击。守卫紫金山的中国军队异常顽强,凭借坚固工事与日军进行了殊死搏斗。双方争夺异常激烈,日军伤亡惨重,最终占领了紫金山主峰,扫清了进占中山门的障碍。12月13日凌晨,步兵第20联队占领了中山门,完成了攻击任务。

随后,第33联队和第38联队依令从太平门外沿玄武湖迅速抵达城北的下关江边,向撤退中的中国军队发起进攻。下关江边集聚了大批准备渡江的中国军人,江面上还有许多正在渡江的中国军人,一些找不到渡船的士兵扔下武器冲入江中,场面十分混乱。日军用轻重武器进行猛烈扫射,疯狂屠杀已无抵抗能力的中国军人,许多人倒在江里或岸边,一时间江面漂浮大量尸体,江水殷红。来不及渡江的中国军人四散奔逃,有些人返回南京城内,避入国际安全区,有些人被日军射杀或俘获。接着,日军将俘获的中国军人成批押解到长江边,进行集体屠杀,成千上万放下武器的中国军人死在日军枪口下。

占领南京后,中岛今朝吾按照事先制订好的计划,指挥第16师团对南京城内及城外东郊地区进行多次"扫荡","清剿"零星的抵抗活动,俘获了许多放下武器的中国军人。中岛今朝吾在日记中写道:"败逃之敌大部进入第16师团作战地区的林中或村庄内,另一方面,还有从镇江要塞逃来的,到处都是俘虏,数量之大难以处理。""由于是以1 000人、5 000人、10 000人计的群体,连武装都不能及时解除。只不过他们已全无战意,只是络绎不绝地跟上来,虽然安全,但一旦发生骚乱,将难以处理。为此,增派部队乘坐卡车负责监视和引导。"对于这些战俘"基本上不实行俘虏政策,决定采取全部彻底消灭的方针。""仅佐佐木部队就处理掉约15 000人,守备太平门的一名中队长处理了约1 300人。在仙鹤门附近集结的有七八千人。此外,还有人不断地前来投降。处理上述七八千人,需要有一个大壕,但很难找到。预定将其分成一两百人的小队,领到适当的地方加以处理。""这些败兵的处理,大多由第16师团负责,因此师团无暇顾及入城或宿营等,只是一味地东奔西走。"

由于第16师团搜查"认真",打扫战场"利落",不留后患,深得派遣军总部信任。12月21日,中岛今朝吾被任命为侵华日军南京警备司令官,第16师团成为警备部队。所谓"警备",实际上就是抓人杀人,搜捕放下武器在国际安全区避难的中国士兵。凡是头上有帽痕,手上有老茧的青壮年男子一律以军人身份从难民中强行拉走,集中到一起集体屠杀,其中许多被杀者是普通的平民百姓。在搜捕屠杀过程中,一些军纪败坏的日军官兵流窜在大街小巷,到处强奸、侮辱妇女,抢劫财物。中岛今朝吾在日记中懊恼地写道:“他们强行闯进这些地方的民宅,洗劫一空。总之一句话,脸皮越厚,越不知羞耻,占的便宜就越大。”他大骂道:“日本人好奇心重,听说是‘国民政府’,就特意跑来看。如果只是看看倒还可以,或是只是监督看中什么偷什么的士兵倒也罢了,可盗贼却是堂堂正正的军官老爷,真让人瞠目结舌。”“最恶劣的是抢劫货币。部队中有以中央银行纸币为目标,专门抢各地银行金库的行家。”

中岛今朝吾的师团是在南京大屠杀期间屠杀中国军民最多的日军部队,屠杀人数超过了日军其他部队的总和。某些历史学家估计,南京大屠杀中,大约一半以上的遇难者都死在中岛今朝吾师团手中,人数甚至有可能接近 20 万。其中最残酷的几次万人以上大屠杀,包括燕子矶、草鞋峡、鱼雷营、江东门屠杀,以及紫金山活埋 3 000 战俘的事件,均为第 16 师团所为。许多受难南京市民,在战后对日本战犯的审判中,大量指证“中岛部队”的罪行。可以说中岛今朝吾及其所率领的第 16 师团是南京大屠杀的罪魁祸首,对中国人民犯下了不可饶恕的罪行。

三

南京沦陷后,第 16 师团在南京驻扎到 1938 年 1 月 22 日,在驻扎期间,中岛今朝吾曾住在蒋介石的旧官邸,偷盗了蒋介石的财产并带回日本。由于第 16 师团名声太臭,派遣军总部命第 11 师团步兵第 10 旅团接替第 16 师团佐佐木到一的步兵第 30 旅团,担任南京警备任务。第 16 师团开往大连,重新编入日军华北方面军序列,后又被编入华中方面军战斗序列。1938 年 2 月,中岛今朝吾率部侵入合肥、六安等地,后因伤调回日本任日本中部防卫司令官。1938 年 7 月,中岛今朝吾升任驻扎在伪满洲国的日军第 4 军司令官。

1939 年 9 月,因偷盗事件被发觉,中岛今朝吾被撤职并被编入预备役。1945 年 10 月,中岛今朝吾没等到受审就因尿毒症及肝硬化死亡。

“九州虎”谷寿夫

谷寿夫，日本陆军中将，曾任驻国联日军陆空军代表、东京湾要塞司令官、第6师团师团长等职，是南京大屠杀要犯之一。被南京军事法庭判处死刑并枪毙于南京雨花台。

一

谷寿夫，1882年12月23日出生于日本冈山县农民家庭，自幼向往当一名军人，杀敌晋爵，改变自己的身份。1903年11月，毕业于日本陆军士官学校第15期步兵科，中岛今朝吾是其同期同学，第二年3月，被授予步兵少尉军衔，随军参加日俄战争，由于作战勇敢，晋升为陆军中尉。1912年11月，毕业于日本陆军大学第24期，名列该期第三名，获天皇所赐军刀。1915年4月，被派往英国大使馆任武官候补官，随军参加第一次世界大战。

1919年4月，谷寿夫任陆军大学教官。谷寿夫嗜杀成性，残酷异常，而且见识异于常人，他曾讲过“在战胜之后的追击战时，掠夺、强盗、强奸为士气旺盛之所寄”，公开鼓吹利用战争抢掠鼓舞士气。他在陆军大学当教官时采访了原满洲军司令部作战课长松川敏胤，写了一本《机密日俄战史》，对日本对抗苏联、侵略中国很有价值，日本人评价他对日本陆军的军政和军事教育“贡献”很大。

1928年8月，谷寿夫作为第3师团参谋长参加了侵略中国山东的作战。1930年8月1日，谷寿夫晋升陆军少将，任驻国联的日军陆空军代表。随后谷寿夫任近卫师团第2旅团旅团长、东京湾要塞司令官。1935年6月5日，谷寿夫任第9师团留守师团长，12月2日，任第6师团师团长。

二

1937 年，全面侵华战争爆发，谷寿夫率第 6 师团侵入中国，编入华北方面军序列，参加进攻华北的战斗。该师团于 9 月 14 日强渡永定河，随后相继占领涿州、保定、正定等地。一路上，第 6 师团官兵在谷寿夫纵容下，烧杀奸淫，无恶不作，仅在保定、正定两地就杀害平民 9 000 余人。10 月，第 6 师团调入华中战线，编入第 10 军参加淞沪会战。在舰炮掩护下，第 6 师团几乎在未受抵抗的情况下从金山卫以西登陆。谷寿夫不等部队登陆完毕，即令先头部队向北突击。随后，穷凶极恶的日军仗着火力优势，打退了中国军队第 62 师、79 师的反击。谷寿夫指挥第 6 师团按照预先部署，向松江、沪杭铁路扑去，主力渡过黄浦江后攻占松江，切断了沪杭铁路。上海方面的中国军队主力为免遭合围而开始撤退，不少部队在后退中秩序大乱而随即演变成了溃退。第 6 师团乘机疯狂追击，包抄淞沪中国军队防线南方的背后，中国军队不得不放弃上海。

随后谷寿夫不顾后勤保障不足，指挥第 6 师团经广德等地，长途奔袭南京，沿途多次击溃中国军队的抵抗，摧毁了中国军队的防御工事，名声大震，日本人认为谷寿夫是优秀的高级指挥官。1937 年 12 月初，日军各部逼近南京城，随后向南京发起总攻。谷寿夫认为自己“建功立业”机会来了，志在必得，为抢夺占领南京的头功，宣布“打下南京放假一星期”。

1937 年 12 月 5 日，谷寿夫的第 6 师团先头部队经强行军后抵达南京外围阵地，随后和第 114 师团向雨花台方面中国守军第 74 军阵地攻击。守军逐次向水西门撤退，战至 12 日 16 时，守军伤亡过大，形成溃乱。日军占领雨花台，并攻占中华门一段城墙。守城各军闻雨花台失守，相继向城内撤退。谷寿夫指挥第 6 师团凶猛冲击，攻破中国军队防守的中华门，率先攻入南京市区。

南京城内已是一片混乱，逃难的市民和放下武器的中国军人到处都是，街道上蜂拥着无处藏身男人、女人、老人和孩子。面对汹涌的人流，谷寿夫指使和纵容第 6 师团官兵向人群狂掷手榴弹，用机枪对人流扫射，甚至自己也亲自用军刀杀人，带头强奸中国妇女。随军摄影记者河野公辉曾在第 6 师团司令部看到一份上级下达的命令:“不容许共产主义暴虐,为粉碎共匪的猖獗活动,农民、工人自不待言,直至妇女儿童皆应杀戮之。”第6师团大尉中队长田中军吉,手持一把“助广”军刀,疯狂斩杀手无寸铁的中国军民。从中华门到水西门一路砍杀,“杀遍南京城,斩首300余人”,并以此为荣向上峰邀功。

其间,谷寿夫为了显示“战功”,还邀请参加过甲午战争、日俄战争以及一战的日本老兵来参观第6师团的“战果”,结果那些日本老兵一点也不买账,没有半句好话,个个大骂谷寿夫“坏了皇军威名”。直到12月22日,第6师团奉命到安徽南部进行“清剿作战”,该师团才算结束了在南京的暴行。据统计,在攻占南京城这段时间里,第6师团杀害中国平民和战俘至少5万人,其中,很多是老人、妇女和儿童,第6师团在南京大屠杀中残杀中国军民的数量,仅次于中岛今朝吾的第16师团,可以说罪行滔天。

谷寿夫等人在南京所犯下的罪行,震惊了世界。日本大本营为减轻世界舆论谴责的压力,于1937年12月27日将谷寿夫调任本土防卫军,担任中部军司令官的闲职。1939年9月12日,谷寿夫和另外几名大屠杀主犯一起被编入预备役。在日本即将战败的前几天,谷寿夫才被重新起用,出任第59军司令官兼军管区司令官,日本天皇宣布无条件投降时,他还未来得及上任。

1946年2月,谷寿夫作为战犯嫌疑者被盟军总司令部逮捕并移交中国,定为乙级战犯。南京军事法庭经一年多的审理,于1947年4月26日判处谷寿夫死刑。中国军事法庭判定:“谷寿夫为侵华最重要战犯,尤为南京大屠杀之要犯。”

三

1946年4月,法庭对谷寿夫进行初审。当日,宽敞的法庭里座无虚席,挤满了前来观审的人员,就是要看看屠杀中国人的刽子手的下场。法庭外的广场上也站满了旁听者,收音机、扩音器设在全城各街道要道口,整个南京城都参与了审判。

1947年2月6日,南京审判战犯军事法庭对谷寿夫进行公审,主审审判长是石美瑜律师。谷寿夫已经没有了往日的威风,呆呆地坐在被告席上。宣布开庭后,公诉人代表中国政府起诉。起诉书中说:南京大屠杀主犯谷寿夫,于1937年12月13日,率部攻入南京,立即展开惨绝人寰的大屠杀,持续40多天。破城之后,在中华门外花神庙、宝塔桥、石观音、下关、草鞋峡等处,被俘军民遭日军用机枪集体射杀并焚尸灭迹者有19万余人。此外零星屠杀,尸体经慈善机构收埋者有15万多具。屠杀总数应在30万人以上。起诉书中还列举了大量事实:12月15日下午一时,我军警2 000余人被日军俘虏后,押赴中华门外,用机枪扫射,饮弹齐殒。其中负伤未死者,悉遭活埋。同月18日夜间,又将被囚于幕府山之军民67 418人用铁丝捆扎,驱至下关草鞋峡,用机枪射杀,凡倒卧血泊中尚能挣扎者,均遭乱刀戳死,并将全部尸骸用煤油浇灌焚化。日军在中华门外轮奸少女后,又强迫过路僧侣续与行奸,僧侣拒绝不从,竟被处宫刑而死。南京城内妇女无不人人自危,纷纷避难于外侨组织的国际委员会所划定的安全区。但日军不顾国际正义要求,竟亦逞其兽欲,经常乘黑夜,越墙而入,不分老幼,摸索强奸。

1947年2月16日下午,南京审判战犯军事法庭对谷寿夫进行再次审判。面对审判官和公诉人指控的大量罪证,谷寿夫故作镇静,厚颜无耻地为他的犯罪事实进行狡辩:“当日军攻克上海,南京处于战争状态之时,你们中国政府为什么不早做撤退准备,在双方交战炮火纷飞的情况下,有些非战斗人员不幸为流弹所中,这也是战争中不可避免的现象,本人对此感到抱歉。”面对许多出席作证的被日军屠杀幸存者和被害家属的血泪控诉,他竟蛮横无理地狡辩道:“你们在堂堂国际法庭上,不要带上民族感情来对我审讯,这是不符合法律原则的,是不公道的。”最后还蛮横地推脱罪责说:“军人以服从为天职,我是奉命来华作战、执行任务的,战争责任不在我谷寿夫身上。”

面对谷寿夫的“申辩”,检方公诉人立即义正词严地进行批驳,各界人士及证人纷纷发言,控告其罪行。一位有良知的日本记者揭露说:“我是日本当时驻南京记者,一直旅居在中国。12月10日那天,南京依然美丽如昔。但是从13日日军侵入南京之后,很快变成一片焦土,到处是破坏的痕迹,满目萧然,宛如人间地狱。我亲眼看到日军从难民区里拖出成百成千已经被解除武装的中国士兵去枪杀,或者当作练习刺杀的对象。我亲眼看到自己喜爱的城市和机关、学校、居民住宅,为日军纵火焚毁,这是我有生以来第一次看到的活地狱。”

一位亲历了当年大屠杀的美国驻华记者作证说:“12 月 13 日,日军潮水一般涌入城内,恐怖随之开始,而且恐怖的严重性一天比一天增加起来。国际红十字会主席雷伯(雷伯当时为南京国际安全区主席)和秘书史密斯,曾访问日军司令部中将谷寿夫,请求阻止难于再容忍的骚乱行动,但他们的访问与恳求是徒劳的。晚上日军把附近一个收容所中的难民 1 300 人全部拖走,用绳子缚着,押向刑场。我们目睹当时的情景实在痛楚极了。”

法庭为了揭露日军的暴行,使谷寿夫认罪伏法,当庭放映了由国际红十字会提供的《日军南京屠杀罪行纪录片》,将日军在南京进行的惨绝人寰的大屠杀的场面,重新展现在人们的面前。阴险狡猾的谷寿夫呆若木鸡,在血泪交织的控诉声中悚悚自危,在铁的事实面前不可一世的谷寿夫不得不低下了头。

此时,谷寿夫也深感罪责深重,难逃法网,临终之际为妻子写下以《赠清子》为题的四句诗:“樱花开时我丧命,痛留妻室哭夫君。愿献此身化淤泥,中国不再恨日本。”这位南京大屠杀刽子手,在临死前想起远方的妻儿,良心发现,似乎终于认识到了自己的罪行,同时希望自己的伏法能消除中国人民对日本侵略者的仇恨。

1947 年 3 月 10 日下午,南京审判战犯军事法庭对战犯谷寿夫进行最后审判。审判长石美瑜律师宣读审判谷寿夫的判决书。判决书在列举大量事实后,按照《刑事诉讼法》《战争罪犯审判条例》等宣布:“被告与各会攻将领,率部陷我首都后,共同纵兵肆虐,遭戮者达数十万众,更以剖腹、枭首、轮奸、活焚之残酷行为,加诸徒手民众与无辜妇孺,穷凶极恶,无与伦比,不仅为人类文明之重大污点,即揆其心术之险恶,手段之毒辣,贻害之惨烈,亦属无可矜全,应予处极刑,以昭炯戒。”

最后一天宣判时,法官义正词严地对谷寿夫说:“谷寿夫! 你们的行为激起了全世界人民的愤恨,整个地球你都无藏身之地了,就是杀了你 124 个谷寿夫,都不能抵偿我 30 万同胞的万分之一,你还有何话可说,你有什么交代,要不要给亲人写信? 今天对你宣布死刑!”

1947 年 4 月 26 日,宪兵将谷寿夫押赴雨花台刑场执行死刑。道路两旁人潮汹涌,跟着军车,到了雨花台。雨花台前满山坡都站满了观看行刑的人,大家要亲自观看给中国人民带来无穷灾难的战犯最终下场。此时,杀人如麻的谷寿夫已吓得全身发软,站不起来了,只好由宪兵左右扶持站立。谷寿夫被枪决后,漫山遍野围观的人高声欢呼,掌声雷动。

“满洲军之父”佐佐木到一

佐佐木到一，日本陆军中将，曾任步兵第30旅团旅团长、中国驻屯军宪兵司令等职，是南京大屠杀的主犯之一。战后被苏军逮捕，移交给中国法庭，处以有期徒刑，病死狱中。

一

佐佐木到一，1886年出生于日本爱媛县松山市，父亲佐佐木透是陆军少佐，他是家中长子，广岛一中毕业。1905年11月，佐佐木到一毕业于陆军士官学校第18期。同期同学有山下奉文、冈部直三郎、阿南惟几。翌年6月，任步兵第11联队附。1911年，投考陆军大学失败，后随所在部队来到了“满洲”充当铁路守备队员，首次踏上中国的领土。1911年10月，武汉发生了武昌起义，其烽火燃烧到了“满洲”，年轻的佐佐木到一一下热血沸腾，下决心终身以研究中国为目标。有人劝他，如果想成为中国通，必须是陆军大学毕业。经过努力，佐佐木到一第三次的应试终于合格，进入陆军大学。1917年，佐佐木到一晋升为陆军大尉，6月，他再次到中国东北，进行为期三周的战史旅行。11月，佐佐木到一毕业于陆军大学29期。

1918年起，佐佐木到一先后任青岛守备军附、西伯利亚派遣军司令部附、步兵第71联队中队长等职。1921年12月，在参谋本部第5课课长荒木贞夫大佐和第六课中国班班长佐藤三郎的帮助下，佐佐木到一调入参谋本部中国班。1922年，佐佐木到一以武官身份被派遣到广州。广东是中国国民党的据点，佐佐木到一经常接触到意气风发的国民党干部，开始关注孙中山和其领导的国民党，与国民党要人关系很深,同情国民革命,被认为是“国民党通”。

由于工作关系,佐佐木到一被孙中山聘为军事顾问,他还得到了大本营特别出入证,不必向门卫说明,就可径直而入,经孙中山介绍认识了当时还是参谋处长的蒋介石。借助工作之便,他测量绘制了部分香港地图,此图成为日军1941年进攻香港的依据,他还搞到200多张十万分之一的两广地图,窃取了国民革命军编制情报,受到参谋本部次长武藤信义的表扬。

1924年8月上旬,佐佐木到一奉调回国,任参谋本部第2部第6课地志班班长兼任陆军大学教官。孙中山等亲自为他欢送,还给予他很高评价。回国后,他向参谋总长上原勇作所做的报告中认为:“我可以断定,不久的将来中国国民党必将成为对抗北京政府的势力。”

1926年9月,佐佐木到一晋升陆军中佐,成为驻北京的日本公使馆武官附。佐佐木到一讨厌当时的军阀,也讨厌与君临北京的安国军总司令张作霖来往频繁的本庄繁,因为这个缘故张作霖的军事顾问们也讨厌佐佐木到一。虽然双方关系紧张,但并不妨碍共同研究中国,收集中国的情报。10月下旬,佐佐木再次去南京、上海、汉口等地搜集有关北伐革命军的情报,一个月后回到北京。当晚,日本驻华公使芳泽谦吉召见了他,芳泽谦吉说:“我认为同国民党发生正面冲突时期即将到来。”佐佐木到一当即回答:“正如您所说的那样!”

1927年2月,佐佐木到一在从北京转任南京时,时任参谋本部第2部部长的松井石根少将说:“随着国民党的出现,坂西中将(坂西利八郎,日本陆军中著名‘中国通’,曾担任北洋政府的军事顾问和各地武官)的地位将成为过去。今后,你要盯住蒋介石,成为第二个坂西。为此目的,当他的顾问是个捷径。”这一年,佐佐木到一撰写了《支那陆军改造论》一书,高度评价了在军阀内战中作为市民自卫组织而诞生的广东商团军。另外,他还对蒋介石所创设的革命军官学校——黄埔军校给予高度评价。

二

1927年3月,日本陆军参谋总长金谷范三命令佐佐木到一进一步接近南京政府。于是佐佐木到一借“南京事件”之机,求见蒋介石。4 月 30 日,佐佐木到一应蒋介石之邀,从上海来到南京与蒋介石会见。蒋介石对他说:“前几天发生的暴行是共产党所为,在中国的日本人生命财产今后绝对予以保护。”他对共产党进行激烈抨击,认为:“共产党实际上是如此冷酷无情,乃畜生而非人类。”对于共产党所煽动的武装排外运动,断然主张严惩。7 月,日本陆军参谋总长金谷范三密电佐佐木到一,令其向蒋介石传达日本的意见:“日本希望中国国民党中央执行委员会与共产党绝对断绝关系。”此后不久宁汉合流,国民党政权彻底和共产党决裂。

1927 年底,佐佐木到一在视察北伐战争后认为:“今年视察的结果,所谓打倒帝国主义的口号早晚还会落到日本的头上。这是因为北伐如果成功,必然会涉及满洲问题,所谓收复失地——关东州租借期限迫近——必然会和彼等的主义发生正面冲突。”

1928 年,佐佐木到一随北伐军二次北上,在兖州听到日本出兵山东的消息,蒋介石大为震怒,佐佐木到一百般巧辩,为日本出兵山东辩护。蒋介石以革命军不进济南商埠为条件,要佐佐木到一去和日本军交涉,结果他成为风箱里的耗子,两头受气。日本人认为他是帮助国民革命军的国贼,而中国人认为他是日本派到中国的奸细,差点被方振武的士兵绑起来枪毙了。

回国后,佐佐木到一在陆军礼堂为国民革命军做了最后一次辩护,陆军大臣白川义则大怒,骂他:“竟讲了些不该讲的事,真正岂有此理。”白川义则立即批了 1 000 元钱要他去疗养,还把他的讲话交给新闻记者去发表,佐佐木到一立即成了标准国贼,爱国会团体天天上门来找麻烦。此后佐佐木到一对国民革命和国民党的认识发生了急剧的变化,由先前期待由国民党来统一中国,转变为反对由国民党来统治中国。他认为“由于他们的容共政策特别是蒋介石依靠英美的政策,和日本的依赖关系就破灭了。在排日侮日的高潮中充分尝到了不快,忧虑皇军的前途而愤然离去”。

三

1929 年 4 月,佐佐木到一任步兵第 46 联队附,1931 年,任步兵第 18 联队联队长。一·二八事变后,佐佐木到一被任命为上海派遣军参谋,参加侵华作战。4月,改任派遣军第9师团留守参谋长。1932年12月,佐佐木到一被派驻关东军司令部,被任命为伪满洲国军政部顾问。1934年12月,佐佐木到一升任该部第三任最高顾问。其间,遵照关东军“动员一切土匪,使之充当炮灰,最少也要将这些不稳定分子驱逐出满洲”的意见,他把李际春的建国军以及程国瑞、张海鹏、川岛芳子、刘黑七和李守信的部队统统赶上战场,一方面使之不能为祸伪满洲国,另一方面使之成为镇压反满抗日的力量。

佐佐木到一认为有必要切实掌握“满洲国”军队。“满洲国军整备的大方针是要打破旧军阀思想,具体说就是强力实行人事、经营管理和兵器的中央统制,绝对不讲人情。”佐佐木到一首先建议将伪满军分为多个军管区,各军管区分设顾问部,以便牢固地把伪满军控制起来。他说:“没有最高顾问的认可,一切军令、部令及所有训令均不能生效,这是惯例,对于这一点,满人无一人怀疑。各军管区和训练处等的主任顾问均按此惯例行使职权。”此项建议获得关东军同意,并立即付诸实施。这个建议削弱和控制伪满军的个人势力;淘汰旧军官,培植受过奴化教育的伪军官;统一薪饷制;监视、调查伪军动向;实行“寓征于募”的征兵制等措施。另外,佐佐木到一对日本预备役军官统率的靖安游击队进行整编,将其由关东军统辖系列纳入伪满军编制内。

在此期间,佐佐木到一把建设伪满洲国军队当作毕生研究中国的成果和事业。佐佐木到一制定了一系列改造伪满军队的措施,基本解散了旧的军队,建立了新军队,扶植起一支镇压中国军民的反动武装。为防止兵匪勾结,佐佐木到一定员发放子弹,伪满洲国军人每人只有30发子弹,如果作战失败,就立即解散部队,追究主官责任,直至枪毙。就如何控制伪满军,佐佐木到一对日本教官说:“要了解被征服的民族很少有敢于反抗的。我们不要只着眼于防止他们的反抗意识,而要学会使用他们为我们服务,要教育他们能沿着建国建军的道路前进。这就是教育的成果,也是你们军事教官对满洲国指导上的责任。”

1935年3月,佐佐木到一晋升陆军少将。1936年10月,佐佐木到一为了显示他改造伪满军的“成就”,开始了由伪满军独自担当的东边道(今吉林省通化地区一带)九县的“肃清工作”,称为“东边道独立大讨伐”。佐佐木到一被授予全权,形式上由奉天第1军管区司令官于琛澄为“讨伐”总司令,进行了为期6个月的大讨伐,致使抗日武装首领王凤阁遇害。伪军政部顾问部在《满洲国军现状》中也记述:“满军的战斗能力伴随其整备改善的趋势,逐渐向上进步,面目大为改观……友军(关东军)对其信赖也日益增高,一般能圆满顺利地进行协同剿匪活动。”1937年七七事变后,佐佐木到一又命伪满军中的靖安军和第5教导队等部共约7 000人组成热河支队,烧杀劫掠一直到北平附近。经过改造的伪满军,成为日本侵略者镇压中国人民的忠实走狗。因佐佐木到一“整备”伪满军有“成效”,被日本侵略者称为“满洲军之父”。

为清除“满洲国”内“匪患”,佐佐木到一提出恢复治安的根本在于没收分散在民间的枪械弹药。到1936年底,没收枪支达到180万支。结果导致黑市子弹价格高达七角五分,抗联完全无法补充子弹。另外佐佐木到一制订了两项计划:一是《满洲国三年治安肃正计划》,对东北抗联实施残酷军事打击;一是《集团部落建设计划》,采取“民匪”分离的政策,断绝了东北抗联的补给。这两项计划得到大力贯彻,佐佐木到一离开了伪满洲国以后,仍在继续实行,直接造成东北抗日联军失败。到1938年底,东北抗联已经损失非常严重,1940年底至1941年抗联余部陆续进入苏联,抗联官兵只剩2 000余人。

四

1937年8月,佐佐木到一被任命为第16师团步兵第30旅团旅团长,编入华北方面军第2军战斗序列。9月初,从日本出发,11日在塘沽登陆,而后攻击前进,占领白洋桥、献县等地。10月底,从大连港出发进入华东地区,侵占常熟、无锡、丹阳,随后沿句容、汤水镇等,向南京攻击前进。12月6日,突破南京第一道防线,12日占领紫金山,此后参加了惨无人道的南京大屠杀。佐佐木到一在日记中记述道:“今天,在我支队的作战区域内,遗弃的敌人尸体达一万几千具。此外,还有在江面上被装甲车击毙的士兵和各部队捉到的俘虏,合在一起计算,仅我支队就已解决了敌军两万以上。”“接连不断地有俘虏前来投降,其数量高达数千人。情绪亢奋的士兵丝毫不理睬上级军官的劝阻,将俘虏一个个地杀死。回想到许多战友流的血和十天来的艰难困苦,别说士兵了,我自己也想说‘全都干掉吧’。”此后,佐佐木到一被任命为南京城城内肃清委员长,他“采取严厉统制与监察警防措施,大体上经过20天的时间”,继续对城内残余的中国官兵和百姓进行镇压。佐佐木到一承认,他的部队“从来不带吃的东西”,进入南京城后,立即抢劫了百万包以上大米。可以说佐佐木到一率领的第30旅团是南京大屠杀中罪恶最大、最凶残、杀人最多的部队之一,因此佐佐木到一也是南京大屠杀的元凶之一。他记录南京事件的日记,是南京大屠杀必定被引用的文件。

1938年3月,佐佐木到一晋升为陆军中将,调任华北方面军第2军独立混成第3旅团旅团长,率部参加了徐州会战。后调任中国驻屯军宪兵司令官。1939年,任第10师团师团长。1941年4月,转为预备役。退伍后,任伪满洲国协和会理事。

1945年7月,佐佐木到一被重新征召入伍,担任关东军第4军第149师团师团长,在日本即将投降之日,仍率领部队负隅顽抗,参加了对苏联远东军以及东北抗日联军的作战,部队被苏联红军消灭,佐佐木到一也被苏军逮捕。在中国政府的要求下,苏联将其移交给中国政府。法庭经过认真审理,最后判处佐佐木到一有期徒刑,并将其关押在抚顺日本战犯监狱。1955年5月30日,佐佐木到一在服刑期间因脑血栓病亡,时年69岁。

细菌部队司令石井四郎

石井四郎，日本陆军中将，医学博士，关东军防疫给水部(731 部队)的创始人和部队长。以进行人体实验、研制细菌武器而知名。据不完全统计，约有 3 000 人在活着的情况下被进行人体实验。日本战败后，他用 731 部队的细菌资料私下同美国进行交易，逃过了法庭的审判。1959 年，因喉癌死于东京。

一

石井四郎，1892 年 6 月 25 日出生于日本千叶县山武郡千代田村。家族是占有千代田村一带土地的豪族，有一家酿酒厂，还经营蚕丝生意。当地农民对石井家族十分信服和效忠，石井四郎在伪满洲国从事细菌实验研究时，还利用这种“愚忠”，招募了不少家乡农民为其效力。

石井四郎高大魁伟，在家中排行第四。石井四郎记忆力超强，据说念中学时，能在一夜之间背出整本课文，但就是经常沉默寡言，不愿与人交流。1916 年 4 月，石井四郎进入京都帝国大学医学部学习，1920 年 12 月毕业。石井四郎决心成为一名陆军军医，为日本陆军和天皇效劳。日本规定，军医的最高军阶为中将，而石井四郎却野心勃勃，明确表示：“我非晋升为大将不可。”所以大学毕业后不到 1 个月，他便进入了近卫步兵第 3 联队，作为见习士官，开始接受军事训练。1921 年 4 月 9 日，石井四郎被任命为中尉军医，分配到近卫师团。

1924 年 4 月，石井四郎以代培学员的身份再入京都帝国大学，进研究生院学习和研究细菌学、血清学、防疫学、病理学和预防医学，石井四郎对这些医学知识的研究进入痴迷程度，几乎废寝忘食。当时，日本暴发了一种奇怪的昏睡病，仅仅几个月,就死亡3 000多人,而医学界又束手无策。身为学员的石井四郎提议组建调查小组,查找病因。为了解决调查经费不足问题,他甚至让家人卖掉了一部分林地,并且不顾传染的危险,亲临现场对病人进行观察。他对细菌研究的狂热劲,让许多人惊叹和佩服。

1927年6月,石井四郎获得微生物学博士学位,被分配到京都卫戍病院,此后,他在学术杂志上发表一系列论文,在医学界渐渐地有了名气。促使石井四郎下定决心从事罪恶的细菌战,源自于他发现了二等军医(相当中尉)原田撰写的有关细菌战的报告书,他内心产生了强烈共鸣。无论是原田,还是石井四郎都十分清楚:在1925年日内瓦召开的裁军大会上宣布,使用化学战和生物战(细菌战)为非法。可是细菌战所具有的杀人威力深深地吸引了石井四郎。1927年,石井四郎频繁地向陆军部和参谋本部兜售细菌战的作用。远藤三郎(当时为尉官,后为陆军中将)曾在日记中记载:"当时石井经常在参谋本部露面,大家都知道他,向各参谋游说细菌战的重要性。"

1928年8月至1930年,石井四郎到欧洲考察,陆军中将军医北野政次说:"石井最初是自费,后来才变成公费。"当时日本军事机构惯例,经常派遣所谓"最优秀的年轻军官"到海外学习、考察军事,同时尽可能地收集情报。历时两年,石井四郎先后到过新加坡、锡兰、埃及、土耳其、意大利、法国、瑞士、德国、奥地利、比利时、荷兰、丹麦、瑞典、挪威、芬兰、苏联、爱沙尼亚、加拿大、美国等国,考察的重点是调查德国及其他国家秘密研制细菌武器的情况。

1930年,石井四郎回到日本,即开始进行细菌战的准备。石井四郎认为:"军事医学不仅仅是治疗和预防,真正的军事医学的目的在于进攻。"随后,向时任日本陆军省军务局局长的永田铁山少将汇报,在结束汇报时,石井四郎建议:"我认为,研制细菌武器已刻不容缓,迟延一日,必将使日本遗恨无穷。"石井四郎回到东京4个月后,被任命为陆军军医学校防疫部教官,同时晋升为陆军少佐。他继续到处游说细菌战的重要性,所持的最重要的理由竟然是"细菌战无疑具有特殊的可能性,否则联合国也不会禁止"。

石井四郎的目的是在陆军军医学校设立一个以他为首的"防疫研究室",开始细菌战研究,"防疫研究室"逐步成为日本细菌战的大本营。石井四郎力主研究和利用细菌战的建议,得到了日本统治集团的赞赏,陆军省军务局局长永田铁山少将、参谋本部铃木率道大佐等人都予以了积极帮助。此外,石井四郎还得到了号称日本“化学战之父”小泉亲彦的大力支持。

二

1932年8月,在陆军军医学校内,终于设立了所谓的“防疫研究室”。尽管当时是设在防疫部的地下室,规模较小,石井四郎也仅有5名助手,但却是石井四郎“食人魔窟”起始的雏形。1932年末,为了加紧细菌战的研究,日本军部下令:要“以物质和名望来满足石井四郎的需要”。经日本陆军参谋本部批准,在秘密账户上拨款20万日元。在当时的日本20万日元可算是一笔很大的经费。其他日本陆军部队的经费都在压缩,而石井四郎细菌战的研究经费却在逐年地增加,可见其在陆军军部的地位。1933年8月,日本陆军军医学校校长小泉将自己实验室后面的一块地给了石井四郎,在此处又建成一栋面积达1 795平方米的新楼,与防疫部原来的建筑相接连,并改称为“防疫研究所”。直到1945年日本投降,这里一直是石井四郎在东京的细菌战大本营。石井四郎曾洋洋得意地说:它是日本“制造军火工厂的楷模”。

石井四郎并不满足于仅在日本本土上研究细菌战,他亲自执笔撰写报告,请陆军省军医总监西汉行藏中将转交陆军大臣荒木贞夫。报告中提出请求:“我们感到,对细菌武器的研究,是必须加以实验的时候了,我们要求军部,把我们全体调到满洲,使我们用来维护皇军的细菌武器得以高度发展。”日本大本营研究后,批准了他的报告。

石井四郎率人花费了1个多月的时间在中国东北选择建立细菌研究基地的地址,之所以选择东北,主要是考虑在中国东北容易得到细菌研究的“材料”——活人;另外,中国东北靠近苏联,气候也与其相似,一旦与苏军交战,可以直接地实施细菌攻击。石井四郎的主张得到了日本大本营的支持,也得到了关东军的大力支持。关东军高层认为细菌战能起击败苏军的重要作用,细菌战将能抵消日军在对苏作战中兵力上的劣势。

1933 年 8 月，石井四郎等人选择在哈尔滨市南岗区宣化街与文庙街交叉口附近秘密设立了细菌研究所(石井部队)，密称“加茂部队”。此外，这支细菌部队还常冠名为“东乡部队”，这是因为石井四郎十分崇拜在日俄战争中的东乡平八郎元帅。1941 年夏，为掩护日本细菌战的罪恶活动，这支日本细菌部队启用“满洲第 731 部队”的番号。

对外称“关东军防疫给水部”，加上这里确实生产滤水器这个半公开的事实，起到了掩盖罪恶真相的作用。早在 1931 年，石井四郎便公开展示自己发明的滤水机，为了证明这种滤水机能把浊水、污水变成可饮用水，他多次在大规模的公开场合表演。1933 年，昭和天皇视察陆军军医学校时，就曾观看过石井四郎的演示，日本陆军、海军参谋长也曾亲眼看见。为证实滤水机的功能，石井四郎甚至当场亲自喝下经过滤水机的尿液。这种石井式滤水机后来在硫黄岛战役时发挥了很大的作用，很多官兵就是靠它解决了饮水困难。

松村知胜少将在回忆录中，对此曾有过活灵活现的描写：“被称为‘陆军的狂人军医’的石井，是一个坚毅果断、擅长宣传、有行动能力的军医。他从年轻的时候就行为古怪。昭和十二年(1937 年)前后，在军医学校当教官时，当时笔者正在参谋本部编成班任职，他经常不请自来，强烈要求给防疫给水方面预算和编制。为此，或当众舔从人尿中提炼的盐，或饮用污水处理来的清水等，让参谋本部的大人物们目瞪口呆……总之是一位善于策划、富有实干能力的人……”防疫给水部成了日本疯狂从事细菌战的最好隐身衣，以后，石井四郎以此为名，在中国东北及关内各地，成立了 20 多个“防疫给水部”，即细菌部队及分支。

尽管石井四郎采取了极为严格的各种保密措施，但是，如果在哈尔滨这样的大城市里实施大规模的人体细菌实验，显然有诸多不方便。石井四郎对此早有考虑，他选中了距哈尔滨市 70 公里以外的五常县①背荫河镇。在石井四郎看来，此地不但交通方便而且较为隐蔽，是大规模进行人体细菌实验场所的理想地址。

① 现五常市。

三

1933 年秋,“加茂部队”在黑龙江省五常县背荫河圈定了 500 多平方公里的地盘,修筑“兵营”。不到 1 年时间,便建成了约 100 栋的砖瓦房。营区不仅有营舍,还有到背荫河火车站的专用线和飞机场。背荫河细菌实验场实行严格保密,不仅不许中国人靠近,就连火车经过背荫河车站时,也要放下车窗帘,严禁旅客向车外探望。细菌实验场的日本人员很少外出,并都使用假名,即使与国内家属通信,也经过关东军的审查。背荫河细菌实验场完全成了与世隔绝的军事要塞。

在背荫河细菌实验场中央是监狱和人体实验的综合设施。当时监狱按关押 1 000人的规模建造,通常关押着 500—600 人。牢房很小,“犯人”几乎总是戴着手铐和脚镣。每个被囚禁的人平均 3—5 天内采血 500 mL 左右,采血从未停止。等囚徒衰弱不再具有“研究价值”便注射毒液或枪杀,然后进行解剖,最后送到焚尸炉焚烧灭迹,焚尸炉由化名细谷的石井四郎的二哥石井刚男负责。

石井四郎在背荫河进行的细菌人体实验重点,放在炭疽、鼻疽、鼠疫和霍乱等几种接触传染病病菌上;此外,还利用人体进行毒气瓦斯、毒液实验;同时以人体为“材料”进行冻伤实验。时任关东军副参谋长冈村宁次曾到背荫河视察,对冻伤实验尤为关注,因为关东军在中国东北镇压抗日武装及日后与苏军作战时,面临的严重问题便是严寒下的冻伤。视察后,冈村宁次给上司的报告书中写道:“冻伤最好的治疗方法是在 37 摄氏度的水中浸泡”,这一发现是“根据使用人体用各种方法经过反复的实验所获得的宝贵数据而得出的”。

1933 年下半年,石井四郎在实验场复合设施还没完成便迫不及待地启动使用。1934 年秋天,在中秋节因看守的日本兵警戒松懈,有 30 余名“囚徒”越狱,其中王子扬等 12 人侥幸逃脱。这次越狱事件,使石井四郎感到将实验场选择在抗联第 3 军的游击区域,是选错了地址。但为了减轻和推卸责任,石井四郎还是采取了暂时维持,看看情况再定的办法。但此后,抗联第 3 军赵尚志部曾几次袭击实验场及附近日军驻地,甚至发生了攻城未克事件,迫使石井四郎不得不下定决心重新选择“基地”。

1934年12月28日,石井四郎以背荫河细菌实验场发生“意外的火灾”为借口,向日本参谋本部提出迁移和扩大“加茂部队”的计划,很快便获批准。石井四郎将设备和机器装运至哈尔滨,把关押的人员秘密杀死,不久,背荫河细菌实验场变成了废墟。

1935年初夏,关东军强占距哈尔滨市约20公里的平房地区,圈定6平方公里范围,并于1936年春动工,开始了营建细菌部队的设施。这是一项极为保密的、巨大的、综合性的工程,石井四郎在长春招募了4个日本建设株式会社承担,经时两年多才告完成,工地上使用中国劳工有时超过1 500人。

从细菌部队设施蓝图上看,区内至少建有76栋建筑,包括指挥中枢所在的两层楼,由3栋、4栋、5栋、6栋组成的细菌研究中心的“四方楼”,占地约为15 000平方米,内有各种细菌研究室,可供全年使用的冻伤实验室、监狱、解剖室等,还有处理人体和动物尸骸的3个焚尸炉。

1936年,平房地区的年度预算为“人力费300万日元,各支队20万至30万日元,试验研究经费600万日元”。石井四郎掌握着每年1 000多万日元的经费,而在当时即使指挥几个师团的将官们如果得到如此一笔经费也会高兴不已。1938年6月30日,关东军司令部发布了第1 539号命令,确定了平房“特别军事区”范围及规则,“特别军事区”总面积120多平方公里。

731部队的规模远远超过了德国法西斯“波兹南细菌研究院”,是世界上最大的杀人工厂。731部队人员配备比其他培训部队高出一等,配有1名中将和4名少将,全员时为2 600人。1939年末,关东军副参谋长远藤三郎少将来到平房,看到石井部队的“惊人规模”并与此前背荫河细菌实验场相比,不由发出“大有不胜今昔之感”。

同时,石井四郎千方百计地与日本国内的细菌学者建立联系,几乎所有的日本大学都被吸收进来了,与731部队建立了联系,其中包括陆军军医学校、京都帝国大学、东京帝国大学、东京的传染病研究所等等。这里也“培养”了一大批专门“人才”,许多在中国东北与石井四郎共过事的部下,战后都成了大学里的医学部部长、主任教授、大学校长,有些人或是创造战后日本经济奇迹的技术骨干力量,或是担任重要职务的官员。据资料披露:共有79名日本细菌战犯在战后受到重用。

四

1939 年 5 月,日军与苏、蒙军发生冲突,石井四郎视为进行细菌战试验的最好机会,他制订了具体实施计划。6 月,石井四郎在海拉尔储备了 2 000 多枚载有炭疽、伤寒、霍乱菌的炮弹,准备发射到苏军阵地。到了 7 月,关东军司令植田谦吉为挽回日军的败局,终于答应了石井四郎所求。石井四郎将 731 部队当时仅有的 400 余名从事细菌战的人员抽调一半,以“关东军防疫班”名义参战。7 月 13 日,细菌部队派出 22 名敢死队员,在哈拉哈河乘 2 只胶皮筏顺水将 22.5 公斤伤寒、霍乱、鼠疫、鼻疽等细菌撒入河水中,向苏、蒙联军进行细菌战。由于苏、蒙联军防范严密,不饮用河水,没有人受伤。竟有 1 340 名没有防护的日军官兵染上伤寒病、赤痢病和霍乱病,其中 731 部队军医和敢死队员,被细菌传染而死亡达 40 多人。随后,石井四郎又将储存在海拉尔的细菌弹运至前线,发射到苏军的阵地上。1939 年 10 月 1 日,731 部队作为卫生部队在日军军史上首次获得战功奖励,第 6 军司令官荻州立兵中将亲自授勋,石井四郎获四级金鵄勋章。

731 部队的特设监狱可关押四五百人,该部队的细菌部队长川岛清供认:“每年有 600 名左右的‘特移处理’者被送到这里。”保守推测从 1939 年 8 月到 1945 年 8 月,大约超过 3 000 人被当作“实验材料”遇害。而这个数字不包括 1939 年 8 月以前的被害者,及在安达、海拉尔等地被 731 部队支队杀害者,还没计算因他们在中国内地投撒细菌而被害的人数、战败前后释放带菌动物所造成的死亡人员数字。

1940 年 7 月,石井四郎细菌部队组织了第一批远征队,在石井四郎亲自带领下,在浙江宁波上空投撒伤寒、霍乱、鼠疫菌;10 月 4 日在衢州、22 日在宁波飞撒细菌;11 月和 12 月又在金华、上虞、汤溪等地投撒细菌。1941 年春,石井四郎细菌部队按照关东军司令部下达的命令,派出第二批远征队,由第 2 部队部队长太田澄大佐带领,开始时为 60 人,后增加到 100 余人,其中有 30 名细菌学专家。远征队在常德一带撒布染有鼠疫菌的跳蚤,引发该地区鼠疫流行,死于鼠疫达 400

多人。4 月 21 日，又在新登县上空投下细菌；11 月 4 日，在常德市区投撒鼠疫菌；12 月 19 日，日机在诸暨上空散布鼠疫菌。

用铁制的弹壳装细菌或跳蚤，爆炸时发生高温常会杀死细菌或跳蚤；低空投放，飞机又易被击落，石井四郎一直为此头痛。1942 年春天一个深夜，石井四郎突然召集 731 部队高级军官开会，当众宣布想出了用陶土制造弹壳的方法，这种陶土制的弹壳，被称之为“石井式陶瓷细菌弹”。

1942 年，石井四郎因贪污实验经费被撤职降级，调任第 1 军的军医部部长。然而，石井四郎后来对此解释为：如果他继续从事研究，他的仕途也就走到头了，陆军军医最高军衔只能到此，为了获得更高的官衔，他需要有实战的经历。

1942 年 5 月，中日展开了浙赣会战。日军在作战中俘虏了数千名中国军人，俘虏收容所分别设在玉山等处，每处关押 1 500 余名。8 月下旬，石井四郎从南京飞抵衢县，他利用这几千名俘虏，来传播剧烈的传染病。在给俘虏的 3 000 多个馒头中注入肠伤寒菌、副伤寒菌，在饼干上也涂上了这些细菌，然后将这些馒头、饼干分发给又累又饿的俘虏食用，最后释放了这几千名俘虏。数日后，日军迅速撤离该地区，传染病迅猛地蔓延起来。

1942 年 9 月，石井四郎到山西，大肆布置细菌战，山西的日军曾多次使用细菌武器。1944 年夏，石井四郎奉命离开山西回国。1945 年 3 月，石井四郎奉命重返 731 部队，晋升为中将，再次被任命为部队长。石井四郎利用职权，马上把调查自己贪污、曾任 731 部队总务部部长的中留金藏中佐，调到太平洋战场，使其不到 1 个月就丧了命。

日本战败前夕，石井四郎严令督促全部队拼命突击生产，打一场大的细菌战。石井四郎建议将 731 部队储存的细菌和数吨含毒菌的跳蚤、老鼠放撒到苏联各都市，然后，致命的传染病就会迅速蔓延全欧洲，但石井四郎的意见未被上司采纳。

石井四郎自称进行过 20 年的细菌战研究，其罪恶成果有：(1)石井式滤水器；(2)石井式细菌培养箱；(3)石井式陶瓷细菌弹；(4)石井王牌武器——带鼠疫菌的老鼠和带鼠疫菌的跳蚤弹；(5)最残酷丧失人性的“人体实验和活杀观察”。他的“发明创造”造成了人类的灾难，对中国人民犯下了滔天的罪行。

1945 年 8 月 9 日，日本战败在即，石井四郎随 731 部队全体撤回日本。为防止罪行曝光,关东军司令部密令石井四郎赶在苏军到来前毁灭一切证据。石井四郎在撤离前命令销毁证据,还向部下发出威胁,要他们把有关731部队的一切带入坟墓,而部分731部队奉石井四郎杀人灭迹的指令,除炸毁“四方楼”以销毁罪证外,还杀害了所有供实验用的被关押的人。石井四郎还乘坐飞机在731部队上空盘旋,从上往下对爆破毁坏的研究设施进行拍摄。日本人走得匆匆忙忙,本想彻底破坏,但由于规模巨大且设施过于坚固,一些建筑没有彻底销毁,两根烟囱依然矗立着,没有来得及炸毁。

1945年12月,石井四郎离开东京回老家千叶县隐居起来。石井四郎害怕成为战犯,连假葬礼都准备好了,但被美军情报人员跟踪逮捕,押回东京。1946年1月17日至2月25日,美国特派细菌战专家汤姆森审讯石井四郎,要求其交代犯罪事实。石井四郎却拒不认罪,诡称“创建731部队是为了保卫日本,研究细菌战是为了自卫”。

1947年,石井四郎自知本人和731部队罪行深重,为逃脱惩处,通过关系向美军提出:作为交换条件,把731部队的情报资料数据全部交给美国,免除其全体人员的战争责任。美国同意了他的请求,通知苏联军队:“石井四郎等人下落不明,731部队成员不能作为战犯处理。”从此他们被美国包庇下来。

1951年,石井四郎从东京抵达朝鲜,把细菌武器投放到朝鲜战场上。

1959年10月9日,石井四郎因患喉癌病死。

瘸子外相重光葵

重光葵，日本外交官，曾任日本驻华大使、日本外务省次官、驻苏联大使、外相等职。日本战败后，被定为甲级战犯，1949 年被假释。

一

重光葵，1887 年 7 月 29 日出生于日本大分县。1911 年，重光葵从东京帝国大学毕业，大学期间专攻德国法律，后进入外务省工作。1912 年，作为外交使团的一员被派往德国，第一次世界大战爆发后被派往伦敦。1915 年，重光葵任驻华公使馆头等参赞，1919 年，随日本代表团参加巴黎和会。

1927 年 5 月 28 日，日本政府害怕北伐军打乱其侵略部署，为了保护在山东的既得利益，竭力阻挠北伐军北伐，以保护侨民为借口，首次出兵 4 000 人，入侵山东济南。次年 4 月下旬，日本第二次增兵山东，派遣第 6 师团 5 000 余人从青岛登陆。5 月 3 日，日军故意挑起并扩大事端，派兵攻占中国政府山东交涉署，将交涉员蔡公时割去耳鼻，然后枪杀，将交涉署职员全部杀害，并肆意焚掠屠杀，杀害中国军民数千人，打伤 1 700 余人，制造了骇人听闻的“济南惨案”。日本企图以这一事件为借口扩大战事，进而占领整个山东，染指华东地区。日本的侵略活动和暴行，激起中国人民的强烈反抗，要求日方将军队撤出济南，惩处肇事者，日中双方关系空前紧张。“济南惨案”也遭到了中国和其他国家舆论的强烈谴责，日本面临巨大的国际压力，但又不愿放弃在山东的利益。为缓和不断恶化的事态，日本政府任命重光葵赴华担任日本驻上海总领事，处理济南事件善后事宜。

上任伊始，重光葵同国民政府外交部人员多次进行谈判，极力为日军的暴行进行辩护。在重光葵的活动以及国民政府的一味妥协退让下,1929年3月28日,中日双方最终签署了《中日济案协定》,该协定的主要内容为:自签订协定之日起,两个月内,日军在山东的驻军全部撤退。双方损害,共同组织调查委员会另行调查。该协定回避了追究事件责任,制造"济南惨案"、屠杀济南军民的人员均未受到应有的惩罚。双方还发出了"济案不快之感情悉成过去,以期国交益臻敦厚"的声明,日本既达到了侵略目的,又摆脱了外交困境。

1931年1月11日,重光葵被任命为日本驻华公使馆参事官兼驻上海总领事,并以参事官身份全权代理驻华公使之职,处理日本政府对华事物。九一八事变前,由于关东军一手制造的万宝山事件、中村大尉被杀事件,中日两国关系十分紧张。此时日本政府认为解决"满洲"问题时机不成熟,因此一方面安抚关东军,使其不要冒失行动,另一方面表面向国民政府示好。重光葵和当时国民政府行政院副院长兼财政部长宋子文秘密沟通,寻找缓和"满洲"紧张局势的出路,协力改善日中关系,商议同赴"满洲",亲自调查当地情形,找出解决的办法。

九一八事变后,重光葵以驻华公使身份往来于中日之间,为其侵略东北进行辩护,蛮横地对国民政府外交部部长顾维钧说:"锦州张学良的态度是危险的。为避免与日本冲突,张学良应迅速撤出锦州,而日军也不要再前进。我认为最好是在中间设置中立地区以避免冲突。"侵略别国领土,还妄称守卫国土军人的防卫是危险的,为不激怒侵略东北的日军而让防守国土的东北军撤走,这是何等霸道的强盗逻辑。

但国民政府不想与日军起冲突,因而接受了重光葵的"建议",令张学良所率东北军主力撤至山海关内。关东军则乘机攫取了锦州和辽西大片地区,直逼山海关,不到五个月时间,东北三省的大好河山便全部沦入日寇之手。

二

一·二八事变后,重光葵与其他前线日本官员一样,积极主张增兵上海。他于2月16日,亲自向内阁发电报,请求派陆军增援上海。在重光葵的电报以及军部的推动下,继2月初调陆军第9师团及海军第3舰队增援上海之后,又于2月

23日,增派第11、第14两个师团,组建上海派遣军,前陆相白川义则被任命为上海派遣军司令。

3月1日,日本陆军在海军的配合下登陆成功,中国守军侧翼受敌,全军被迫退守"嘉定、黄渡"一线。重光葵认为目的已基本达到,进一步向纵深攻击的时机尚不成熟,因而力促白川义则大将发布停战命令。3月4日,国联做出中日双方停战的决议。日本开始利用外交手段来巩固其侵略"战果"。

3月24日,上海停战谈判开始,中国首席代表是顾维钧,重光葵为日本首席代表。由于日方要求的条件苛刻,在核心问题——日军退驻地点和退兵期限上,中日双方难以达成一致。中方的正当要求,即日军应在近期内,完全撤退,恢复一·二八事变以前的态势,被日方拒绝。日方表示,原则上可定期退至租界附近,但退出租界附近地区,则不能规定期限,而应"视具体情况"而定,这实际上是进一步扩大日军占领范围的无理要求。不仅如此,日方竟还提出日军飞机可以自由侦察中国军队防线的要求,中方当然不可能接受。

日本侵略者的行为,极大地刺激了当时上海的爱国志士,他们准备采取暗杀活动,打击这些侵略者的气焰。金九找到了流落到上海的尹奉吉前去进行暗杀行动,尹奉吉欣然受命。1932年4月29日上午,重光葵作为日本驻华公使和"淞沪战争"的"功臣"之一,与白川义则大将、海军第3舰队司令官野村吉三郎中将等就座于检阅台上,庆祝"淞沪战争"的胜利。当"祝捷大会"进入高潮,台下、台上高唱日本国歌的时候,尹奉吉抓住机会,将身上所藏炸弹奋力掷出。重光葵被炸弹的冲击力掷出老远,从此落下残疾,白川义则被炸得遍体鳞伤,不久之后不治身亡,其他军政官员也无一"幸免",不同程度受伤。

尽管如此,一星期后重光葵还是在《上海停战及日本撤军协议》上签字,该协定的主要内容为:中日双方军队自协定签字之日起在上海周围停止一切敌对行动;中国军队撤出上海周围地区,留驻于安亭至浒浦口一线以西地区,并承诺不得重修吴淞口炮台,淞沪一带不得有防御设施;日军撤退至上海公共租界及虹口越界筑路区域,但若干日军可暂时驻扎于上述区域之毗连地区;设立共同委员会,成员由中日双方及英、美、法、意代表组成,负责监督和协助协定的执行。通过这份协定,日本在上海许多地区获得了长期驻兵的权利。重光葵从"外交"上巩固了日军侵略的“战果”，确定无疑是日军侵略集团中的重要一员。

三

1933年5月，重光葵返回日本，任日本外务省次官，随后出任伪满洲国副总理，制定了伪满洲国的对外政策。随着日军占领东北和进一步向华北侵略渗透，外相广田弘毅的政策是配合日本军部的侵略。当时外务省对军方在华北的具体情况并不十分清楚，重光葵在中国工作的时间长，对中国情况比较了解，所以广田弘毅便派他与负责亚洲事务的亚洲局局长谷正之负责研究日本的对华外交政策。

当时，重光葵认为“满洲”问题最好不要再扩大，要“促成满洲作为独立国家的成绩的取得”，从而使中国承认“满洲”的既成事实。他主持和指导外务省制定了“对华三项政策”，主要包括：先按既定方针建设“满洲国”，但不要求中国马上承认，等待时机再使其承认这一既成事实；推动中日经济合作，实现中日间友好合作方针；排除那些助长中日间纠纷的第三国家以及第三势力的行动和政策。另外，反对共产党势力在中国的发展，对企图给中国以武器和财产援助的第三国及其国民的活动，尽量采取外交手段予以制止。

重光葵宣称，日本对于维护东亚和平秩序负有“特殊责任”，要通过“提醒”“教育”“指导”的方法，来使世界各国深切理解日本的“态度”，这是一项长期的、慎重的、耐心的工作。这充分暴露了重光葵长期、渐进式侵略中国的野心。广田弘毅发表的所谓“对华三原则”（取缔一切排日运动；树立中、日、“满”经济合作；实现中、日、“满”共同防共），就是从重光葵所制定的“对华三项政策”演变而来的。

1936年8月，重光葵出任日本驻苏联大使。在苏联和日本军队争议的张鼓峰地区发生冲突时，他和苏联外交部部长马克西姆·李维诺夫进行了谈判，达成了结束危机的停火协议，苏联轻而易举地从日本帝国主义手中夺取了中国大片国土。由于重光葵的狡诈，谈判中毫不让步，战后苏联把他定为甲级战犯。

1938年9月，重光葵任日本驻英国大使，1942年1月，任日本驻汪伪政权“大使”。1943 年 4 月,重光葵任日本外相,为日本进行侵略奔走。

四

1945 年 8 月,日本投降后,重光葵在东久迩宫稔彦王内阁中复任日本外相。9 月 2 日晨,东京湾上舰船如林,舱面上人头攒动,举世瞩目的日本投降仪式在“密苏里”号战列舰上举行。盟国的陆海军将领和中、美、英、苏等战胜国代表,于早上 7 时 30 分左右乘一艘美国驱逐舰先到达“密苏里”号上。不久,以重光葵为首的 11 名日本投降代表乘另一艘美军驱逐舰驶来。一瘸一拐的重光葵,步履艰难地登上“密苏里”号,出示了日方投降的全权委任证书,并呈交了天皇投降诏书的副本,代表日本天皇和政府签署日本无条件投降书。

3 日早晨,重光葵奉天皇之命前往盟军总部所在地横滨,与麦克阿瑟元帅交涉实行军政问题。他说,要在日本施行军政,这不适合日本的现状。同时,他反复强调日本皇室历来热心和平与人道主义,请求联合国军不要实行军政,而是对日本进行新政体改造。重光葵的活动确实起了作用,占领军并没有实行军政,也没有废除天皇制。可见,美国以盟军名义单独占领日本后,对日本的改造并不彻底。

1946 年 4 月 29 日,重光葵正式被列为甲级战犯,随后被关押于东京巢鸭监狱,等待远东国际军事法庭的审判。远东国际军事法庭对重光葵个人所犯罪行进行庭审,主要集中在 1947 年 12 月 3 日下午到 12 月 4 日上午这段时间。为了掩盖罪行,逃避罪责,重光葵想尽办法为自己辩解。他请为自己辩护的美国律师伐涅斯找他曾出使过的所有欧美国家与他交好的外交官提供辩护证词,以体现自己是热爱和平的自由主义者和阻止战争的反轴心同盟者,妄想以此减轻罪责。有 16 名英、美等国著名外交官替他说情,这些外交官的证词在一定程度上影响了欧美国家法官对重光葵的量刑判决。1948 年 11 月 12 日,重光葵被远东国际军事法庭判处有期徒刑 7 年,是所有日本甲级战犯中判刑最轻的一个。在巢鸭监狱服刑一年后,重光葵于 1949 年 11 月获假释出狱。

1954 年,重光葵在鸠山内阁中出任副首相兼外相。1956 年,作为日本政府代表,重光葵出席联合国大会。在这次大会上,日本正式加入联合国,关于日本在联合国的角色定位,重光葵做了以“日本将成为联结东西方的桥梁”为题的演说。

重光葵出版了回忆录《昭和的动乱》和《巢鸭日记》等书。1957 年,重光葵因突发心肌梗死,死于家中,终年 69 岁。

操纵伪满洲国的“五虎”之一星野直树

星野直树，日本操纵伪满洲国的核心人物之一，曾任伪满洲国财政部次长、总务厅厅长、东条英机内阁书记官等职。1948 年被远东国际军事法庭判处无期徒刑，1958 年获释。

一

星野直树，1892 年 4 月 10 日出生于日本横滨市。曾就读于当地小学和府立一中。1917 年，毕业于东京帝国大学法学部政治学科，毕业后进入大藏省，任银行局属官、北税务署副司税官。1919 年起，任大阪北税务署长、熊本监督局经理、大阪监督局局长。1932 年，任大藏省国有财产课课长。九一八事变后，任伪满洲国财政部总务司长、财政部次长、国务院总务厅厅长。任职期间，独揽伪满洲国财政和行政大权。

星野直树是伪满洲国的实际统治者，和担任南满洲铁道株式会社总裁的松冈洋右、关东军参谋长东条英机、满洲重工业开发会社总裁鲇川义介及伪满洲国实业部总务司司长岸信介一起被称为操纵伪满洲国的“五虎”。星野直树是策划对中国东北实行经济侵略的重要人物，是日本军国主义战时财政政策的推行者，星野直树致力于将伪满洲国的所有经济部门控制在日本人手中，为“圣战”提供经济保证，同时，扩大军事工业，实行实业垄断。

星野直树首先策划成立了由日本人控制的“满洲国”中央银行，表面上中央银行的总裁是中国人，实际上中央银行由副总裁日本人山成乔六全权负责。同时形成上下联通的独立金融货币体系，掌控了伪满洲国的金融机构和金融命脉，使其完全脱离了中国中央政府金融管理。伪满洲国中央银行成立后,即将所谓整理回收“旧币”定为首要的任务。1932 年 6 月 11 日公布《满洲国货币法》。7 月 1 日,伪满洲国中央银行对外营业当日,即颁布实行《旧货币整理办法》,开始回收中国“旧币”。规定从即日起,在两年内收兑原四大金融机构发行的 15 种货币,同时限期收回其他各种钞币。实际上就是废除中国“旧币”,发行伪满洲国新币。在日本人控制支配伪满洲国的金融侵略政策下,所谓货币兑换,实际上是对中国人民的一次掠夺,一收一兑之间,老百姓的财富极大缩水。到 1934 年 6 月,两年时间内,东北境内原有的各种“旧币”已被收回 93.1%,到 1935 年 6 月收回率高达 97.1%。此外,伪满洲国中央银行利用其分支机构,收买东北地区所产黄金、白银及现大洋、现小洋等,再运往英国、美国、日本各国换取外汇,购入战争必需物资,供日本军需。自 1932 至 1945 年,运往美国、日本、泰国、越南等地 29 吨黄金、480 吨白银、117 千克白金、大量有色金属。

1935 年,日本大藏省次官津岛寿一和伪满洲国财政部次长星野直树协商后联合发表声明,宣称从 1935 年 12 月 10 日开始,将“满洲国编入日元金融圈”,由日元与伪满洲国中央银行钞票按 1∶1 的比例直接挂钩。这个声明,实际是抛掉最后一点伪装,直接将伪满洲国的金融纳入日本金融体系之中,与日本金融合成一体。

由于伪满洲国的实际大权完全由日本关东军掌握,金融体系与日本融为一体,加之各级税收监督署的副署长均由日本人担任,因此伪满洲国的税收实际上是日本对中国的掠夺性税收。按日本人的设计,伪满洲国先后公布实施了《营业税法》《勤劳所得税法》《征收法》《印花税法》《地税法》等二十多个税收法令,建立了一整套征管办法。1938 年公布了《满日国税征收共助法》和《共助法实施规则》,日本进一步强化了对伪满洲国税收的控制,税收体制和征收制度均按日本模式设计,殖民性税收体制基本形成。

二

为了进一步加强对东北的掠夺,星野直树积极鼓动日本国内财阀到东北投资兴办实业，日本财阀的资金迅速涌入伪满洲国，开始殖民经济侵略扩张。1937年后，为了实行垄断管理，经星野直树策划，伪满洲国开始对工业部门采取经济统制政策，推行“一业一社”原则，每个行业都成立一个由日本控制的垄断性公司。根据这个原则，“满铁”交出了自己的工业部门，经过重新组合，组成了庞大的满洲重工业股份公司（满业），垄断了伪满洲国境内所有的钢铁、煤炭、化工和电力产业。此外，还成立了满洲机械制造公司、满洲矿业公司、满洲航空公司、满洲毛织公司、满洲化学工业公司、满洲林业公司、满洲采金公司、满洲畜产公司、满洲水产公司、满洲烟草公司等四十多家特殊公司。这些公司、会社由日本投资者和伪满洲国共同出资，实际上由日本人控制，赢利时按照双方股份比例分成，亏损时伪满洲国确保给予日本投资方百分之十的利润。到1937年，日本公司垄断和控制了东北地区的工业，伪满洲国实际上成为日本各种资源的基地，各种物资源源不断地输送到日本国内和其他侵略战场。

为了把东北变成日本扩大侵华战争和发动太平洋战争的后方基地，日本对东北的经济和资源实行了严厉的统配制和疯狂的掠夺，东北民众的生活得不到保障。星野直树把统治掠夺的重点放在煤、铁、石油等矿产资源和粮食及基础工业上。在疯狂掠夺和严厉统配制下，东北经济迅速殖民地化，东北民众的生活也陷入水深火热之中。在星野直树经济政策的残害下，无数中国企业破产、民族工矿业凋敝，东北的工矿业畸形发展，农村经济破产。1935年以后，为了适应战争需要，星野直树先后对重要的战略物资和人民生活必需品实行全面的配售统制。

日本在东北一贯奉行“米往东去，人往西来”政策，当时伪满洲国粮食年产量2 000万吨左右，仅能满足自己需要。但星野直树却通过伪满洲国规定：必须优先供应日军和伪满军的军事用粮、日本与朝鲜移民口粮以及对日出口。伪满洲国每年要向日本提供1 000万吨以上的粮食，占去产量一半以上，所要粮食必须是优等米面。除去种子和损耗之外，中国民众的口粮所剩无几。由于粮食供应不足，伪满洲国又规定中国人不允许运输、贩卖、食用大米、白面，违者按照“经济犯”治罪。配给中国人的主要是杂粮，包括糜子、高粱、小米、莜面、荞面、玉米面等。到了战争后期，中国人实际上只能食用由玉米、小米甚至榆树籽和锯末混合磨成的“协和面”。由于食物不足，生活困难，伪满洲地区经常发生抢掠和自杀事件。而日本开拓团移民的生活却必须保证，他们不仅不需要交纳农业税费，还能按月领取口粮。

除了实行“以战养战”策略，星野直树还公然实行“以毒养战”的罪恶政策，大量侵吞、蚕食中国人民的财富。他在被日军占领的中国土地上强制种植罂粟，扩大种植面积，大量生产鸦片。后又以法律形式确定鸦片的专卖垄断权，在伪满洲国及华北、华中等地开展毒品交易，榨取中国人的血汗。通过“吸血鬼”式的方式，大量的中国财富流入日本的口袋，使日本侵略者从中获得了巨额财富，维持了战争机器的运转，但是，却使成千上万的中国人变成了“东亚病夫”。

为了迅速、大量地占领东北广袤的土地，星野直树在大力推行移民政策同时，还积极推行开拓青少年义勇队制度，移入青少年开拓者，使其能扎根于此地。在星野直树的推动和鼓动下，青少年义勇队建立起来了，他们打着所谓熟悉伪满洲国农业生产和经营情况的幌子，从 1938 年开始每年大约有 2 万名 16 岁到 18 岁的日本青少年进入东北。伪满洲国各地设立了许多由满洲拓殖公社和满铁会社经营的青少年义勇队训练所，这些训练所小的能容纳 300 人，大的能容纳 6 000 人，青少年义勇队在这里从事训练、学习和劳动。这样做的目的在于使这些人从小就熟悉中国的风土人情和广袤的土地，达到了既掠夺了中国的财富资源，又培育了大量的后备侵华人员的目的。

在这种殖民政策统治下，日本人成了中国东北地区的实际主人，享受着“上等人”的待遇。东北地区人民生命财产遭受极大威胁，随时有牺牲生命和财产被霸占的危险，生活陷入了极端贫困与痛苦之中。

三

为了适应殖民统治的需要，关东军认为必须建立一个培养大批傀儡统治骨干的场所。1937 年初，由关东军第 4 课（即满洲课）少佐参谋辻政信拟定了创办培养亲日干部学校，即“建国大学”的草案。经星野直树等审核后，1937 年 2 月，在“新京”成立了由 15 名各界要人组成的“建国大学创建委员会”，关东军参谋长东条英机任委员长，星野直树为副委员长。同年 7 月 15 日至 19 日，在“新京军人会馆”召开创建委员会会议，审议并通过了《建国大学令》《建国大学创立纲要》《第一批新生选拔要领》《教授聘请计划》及建校的三个阶段的具体规定。在这次会上确定校名为“建国大学”。

1938 年 5 月 2 日，伪满洲国建国大学正式落成，并于同日举行了开学典礼。溥仪为了表示对该校落成的祝贺之意，特颁布敕语，确立其伪满洲国最高学府的地位。伪满洲国建国大学校长为张景惠，副校长先后均为日本人。建国大学的教师约 90% 为日本人，用日语授课，少数的非日本人用汉语或者蒙语授课，日语教学占极大比重。每年招生 150 人中，一半是日本人，另外“满洲”人 50 名（在伪满洲国汉族和满族人都称为“满洲”人），朝鲜人、蒙古人和白俄人共 25 名。

建国大学充满了殖民色彩。校门外悬挂伪满洲国国旗，但却同时悬挂日本国旗；每日清晨学生点名后升日本、伪满洲国两国“国旗”，并遥拜东京皇宫和伪满洲国“皇宫”。为推行“日满一体”和“大东亚共荣圈”，学校将“神道及皇道”“武道及武术论”“民族协和论”“东亚联合及国际团体论”等均列为必修课程。食物方面，中国人以高粱米为主，朝鲜人配给高粱和少许大米，日本人则以大米为主。殖民主义者的嘴脸十分明显。

1941 年，东条英机组阁后，星野直树任内阁书记官兼国务大臣，是内阁的核心成员，也是东条英机的重要助手，为“大东亚圣战”尽心尽力。后任大藏省顾问官等职。

日本战败后，星野直树等 16 名财阀被定为甲级战争嫌疑犯，侦查结束后，除了星野直树被判刑外，其他人均被放掉。星野直树对远东国际军事法庭指控他的 9 项战争罪行拒不承认，法庭最后依据其犯罪事实判处其无期徒刑。《判决书》认定：星野直树能够对伪满洲国的经济发生极大的影响，并实际上运用这种势力使伪满洲国工商业的发展为日本所控制。他与伪满洲国事实上的支配者关东军司令官紧密合作，进行活动。1958 年，星野直树获减刑被释放。他出狱后仍对判决表示不满，认为这次审判“实质为报复性的审判，就其内容来看对日本人是非常遗憾的”，对日本的侵略罪行和他本人所犯罪行没有一点悔改。1978 年 1 月 26 日，星野直树去世。

“五万言先生”松冈洋右

松冈洋右，曾任南满洲铁道株式会社总裁、外务大臣等职。日本战败后，被远东国际军事法庭认定为甲级战犯嫌疑人，在公审期间病死。

一

松冈洋右，1880年出生于日本山口县。因家道中落，松冈洋右11岁时漂洋过海，随其兄去美谋生，做过工，当过听差，为了赚到学费，甚至做过临时仆人。这种曲折艰苦的成长经历，锻炼了松冈洋右超乎常人的坚韧毅力与求生技能。他发奋自强，刻苦读书。

1904年，松冈洋右以优异的成绩考取外交官资格证书，因成绩优异而被外务省录用。松冈洋右青少年时代在美国生活了10年之久，处在西方文化包围之中，完全接受西方教育，但他并没有抛弃“皇国思想”，他尊崇天皇，并抱有使天皇的统治遍行于世界的理想。

同年，松冈洋右被任命为日本驻上海领事助理，协助领事处理上海及周边地区的日中关系，收集军事、政治和经济情报。1905年，在日俄海战开战前夕，松冈洋右等人不惜代价，全力收集各方面情报，获知了俄国舰队的准确动向，电告日本政府及时进行军事调整，从而使日本海军在海战中赢得全胜。松冈洋右的表现颇受日本政府赏识，成为一颗政治新星。第二年，松冈洋右便被擢升为关东都督府第一任外事课长，负责关东都督府的对外事务。

松冈洋右利用在中国的机会，全面了解了中国的实际情况，通过对日中两国的比较，逐渐形成了“大陆主义”思想。他认为日本这样一个岛国将来的发展离不开对大陆的“开发”“经营”，对大陆实现“开发”“经营”，就必须先把“满洲”从中国本土分离出来，使其受日本直接支配，以此为基地逐步向南方发展。“满洲”和内蒙古在经济、政治、外交、国防上，对日本都具有重要地位，是日本未来发展生死攸关的地方。

第一次世界大战开始后，松冈洋右坚决主张出兵苏联，他甚至无视外务省规定，越俎代庖，替两任外务大臣起草了《意见书》，极力鼓动进军西伯利亚。经过出兵论者的努力，日本内阁正式同意出兵西伯利亚，进军苏联。由于松冈洋右极力鼓动出兵苏联，成为朝野瞩目的人物。

二

1921年，在日本陆军大将，也是同乡的田中义一的推荐下，松冈洋右进入了日本控制与经营东北的国家代理机关——“南满洲铁道株式会社”。“满铁”总裁山本条太郎对松冈洋右极为欣赏与信任，许多重要事务交由其处理。松冈洋右以“满铁”为据点，不仅坚决主张干涉中国的内政，寻找机会插手中国东北事务，还积极进言日本内阁，对中国“表面上要始终标榜不干涉中国内政”，但在实际操作中“应当排除小型的干涉行动，确立进行大规模干涉的方针”。松冈洋右认为为了保住甚至扩张日本在中国东北的权益，必须加强情报工作，因此他首先在“满铁”设置了庞大的情报调查机构，收集世界各地的政治、军事、经济情报。松冈洋右编织的庞大的情报网遍及世界各地，包括北京、上海等地，也包括纽约、柏林等地。“满铁”成为名副其实的情报中心。松冈洋右大言不惭地说：“满铁”虽在日本政府的监督之下，但它作为“具有灵魂的有机体”已活脱脱像个政府。

1925年12月，中国东北发生奉系军官郭松龄倒戈，武装反对张作霖的事件，松冈洋右见有机可乘，多次致电国内，极力为日本借机出兵侵占中国东北和内蒙古地区出谋划策。他致信日本外务大臣说：“在满蒙维持秩序和一般的干涉内政，应明确加以区别。我认为必须把满蒙与中国的其他领土区别开来，尽我帝国之力维持满蒙的秩序。”1927年，松冈洋右成为“满铁”的副总裁，借助这个平台，他更加肆无忌惮地谋划侵略东北的“蓝图”，野心勃勃地制定了东北铁路建设规划，准备通过铁路控制中国东北,掠夺东北的资源,推进日本已经确立的“大陆政策”。

松冈洋右在“满铁”任职期间,“满铁”由成立之初1907年的利润200万日元,到1929年利润高达4 500万日元,增加了20多倍。其收入主要来源是通过铁路运输“满洲”特产大豆和矿产资源,以及非人道地残酷压榨剥削抚顺煤矿近10万名中国劳工而赚取的不义之财。“满铁”用榨取中国的资源和人力血汗获得巨大膨胀,赚取巨大经济利益,又借此不断强化并扩大其在“满洲”的地位,成为吃人的机器和控制东北的有形之手。巨额利润使松冈洋右把持下的情报调查机构更加猖狂,他们肆无忌惮地深入中国各行各业和大街小巷开展情报收集活动。

1930年2月,松冈洋右成为代表日本封建地主和财阀政客利益的“立宪政友会”议员,极力维护这些人的利益,鼓吹侵略中国政策。两个月后,在京都召开的第三次太平洋问题调查会议上,松冈洋右毫无顾忌,公开进行《驳中国的满洲论》的演说,再一次强调“满蒙是日本国防上不可缺少的”,“满蒙是日本的生命线”。在随后出版的《兴亚之大业》一书中,公开兜售自己的侵略理论。他声称:“何谓兴亚之大业? 一句话,就是使神武天皇的八纮一宇的诏敕得以实现……即通过对大陆的大规模经营,实现神武天皇这种崇高、宏伟的创业精神。进而由亚洲走向全世界,传播此种仁爱之皇道。”日本就是“东亚新秩序的领导者”“大东亚共荣圈实际上的盟主”。1931年,松冈洋右又出版了《动乱之满蒙》一书,松冈洋右更是提出:“满蒙不仅在我国的国防上,就是经济上,也可以说是我国的生命线……我们要牢固地确保和死守这条生命线。”“满蒙是日本的生命线”即出自此处,成为许多日本人侵略中国的理论依据。

三

九一八事变后,国民政府为避免扩大事态,采取“不抵抗”的政策,将东北军调往关内,同时向国际联盟提出“申诉”,请求国际联盟主持公道,“使危害和平的局势不致扩大”,阻止日本对华侵略。1932年,国际联盟正式成立由英国人李顿爵士任团长的调查团来华调查。调查团走访了日中两国人士,勘察了现场,听取了各方陈述。经过半年多的调查,于10月公布了《国际联盟调查报告书》。报告书无视中国主张，不敢得罪日本人，虽然肯定“东三省为中国之一部”，“日本占领行为是错误的”及“满洲须交还予中国人”，但又承认“日本在满洲的利益”，竟提出一个对中国东北实行“国际共管”的方案。就是这样一个无视中国的方案，日本方面仍不接受。

1932 年 10 月，松冈洋右作为日本首席全权代表率团参加国际联盟在日内瓦召开的大会，讨论李顿调查团的报告。在大会期间，日本国内致电松冈洋右，激励他“排除一切妥协，坚决贯彻初衷”，促成“满洲国”建国大业。松冈洋右收到电文后，更加坚定了已有立场。1933 年 2 月 24 日，松冈洋右在大会上最后演说，坚持其“满洲国”建国的主张，宣称其行动目的是维持该区和平。此后，大会对李顿调查团的报告书进行表决，当时有 45 国的代表出席会议，其中赞成国 42 票，反对国（即日本）1 票，泰国弃权，智利未参加投票，事实十分清楚，绝大多数国家并不赞成建立“满洲国”。大会主席宣布：“大会通过李顿报告书。对‘满洲国’不给予事实上或法律上的承认。”闻听这一结果，松冈洋右立即宣读了事先准备好的发言稿：“日本缔造了满洲国，这对维护东方和平至关重要……目前没有人看到其中的意义，但是 30 到 50 年后，世界会认识到日本是正确的。”随后便趾高气扬地率日本代表团离开了会场。调查报告书实际上成了一文不值的废纸一张，国际联盟的决议也未能阻止日本对中国东北的侵略。

松冈洋右离开日内瓦后，首先取道罗马，会见了法西斯党魁墨索里尼，就建立法西斯联盟进行了初步沟通，随后又去了美国，会见了美国总统富兰克林·罗斯福，探寻美国对日本占领“满洲”的真实态度。此时，已经丧失理智的日本各界像欢迎胜利归来的勇士一样迎候他，赞扬松冈洋右为“凯旋将军”和“国民英雄”，并大肆宣扬松冈洋右退出国际联盟的举动，轻狂地称其为日本“自主外交的里程碑”。

1935 年 8 月，松冈洋右再次来到中国东北，担任“满铁”总裁。他进一步扩大了“满铁”的业务范围，除了经营铁路和煤矿外，还开始经营电力和化工业务。他还进一步扩大了情报调查机构，使调查人员增至 2 125 人，遍布中国各地和世界重要地区，调查经费预算高达每年 800 万日元。在原有对东北侵略政策基础上，松冈洋右又积极配合日本对全中国侵略扩张进行宣传和准备。

四

1940年7月，松冈洋右担任日本外务大臣。8月1日，松冈洋右首先提出要建立日、满、华一体的“大东亚共荣圈”。“大东亚共荣圈”不仅是一个经济概念，而且是以“皇道的根本精神”为指导原则，在日本控制之下的政治、军事、经济、思想文化的综合实体，形成以日本为宗主国的亚洲“八纮一宇”国际关系。他还以美国为例，无耻宣称：“日本正在扩张，试想有哪个正在扩张中的国家没拿它的邻国开过刀？问问那些美洲印第安人和墨西哥人吧，看看年轻的美利坚合众国在多年以前是怎样残忍地折磨他们的。”松冈洋右把日本的外交政策与日本法西斯的对外扩张政策紧密地结合起来，极力宣传对外侵略。

为了形成外交上的抗美优势，松冈洋右更换了40名大使与公使，剔除了外务省中的亲美英派分子，倒美势力占了上风，为形成日德意三国联盟打下了基础。经过松冈洋右等人的努力，1940年9月27日，日德意三国同盟最终签字。

1941年3月，松冈洋右为获知德苏即将宣战的真相，了解欧洲各国对战争的态度，开始了欧洲之旅，并想一举修复日苏诺门罕战役以来的关系。在德国，松冈洋右专门拜访了希特勒，希特勒并没有向其透露即将向苏联宣战的消息。日本驻德国大使大岛浩却私下告诉他，德国和苏联可能不久就要开战，但松冈洋右仍决定赌一把，先实现日苏邦交调整再说。4月13日，松冈洋右在克里姆林宫与苏联外交人民委员莫洛托夫签订了《日苏中立条约》。《日苏中立条约》解除了日本“南进计划”的后顾之忧，加快了发动太平洋战争的步伐。条约附加了日苏分别承认蒙古与伪满洲国领土完整、不可侵犯的共同声明，极大地牺牲了中国利益。

在庆祝签字的宴会上，斯大林和松冈洋右谈笑风生，相互拥抱，表现得十分亲热，使在场新闻记者目瞪口呆。斯大林高兴地说：“你与我，都是亚洲人。”松冈洋右向斯大林敬酒时狂傲地说：“条约已经签订了，我不说谎，如果我说谎，我把脑袋给你。如果你说谎，那我一定会来取你的脑袋。”斯大林严肃地反驳道：“对我国来说，我的头是重要的。你的脑袋对你们国家也是重要的。所以，我们都小心地让脑袋长在肩膀上吧！”松冈洋右凭借这一次赌博，再次受到日本各界赞誉，日本报纸上纷纷发表社论，高度评价日苏新关系的建立，赞扬松冈洋右的外交“成绩”。

松冈洋右开始时极力鼓动对美开战。1941 年5 月8 日，松冈洋右拜谒天皇时说，如果美国加入欧战，日本应该支持轴心国，向南进攻新加坡。可是，仅一个月多一点儿，在6 月30 日的联席会议上，松冈洋右却突然变卦，放弃“南进”，转而支持“北进”，主张向北进攻苏联。他坚信德国能迅速击败苏联，因此他建议日本立刻进攻西伯利亚，配合德国作战，推迟“南进计划”。为了清除松冈洋右对军部政策的干扰，近卫文麿决定内阁集体辞职，然后重新组阁，起用丰田贞次郎海军大将替代松冈洋右出任外务大臣。松冈洋右被踢出了外务省，日本外交史上最能言善辩的松冈洋右结束了外交生涯。

太平洋战争爆发后，松冈洋右痛感当初缔结三国同盟是他一生中最大的失策。他主张建立三国同盟的目的是防止美国参战，但现在事与愿违，意想不到的是，不但没能阻止美国参战，反而竟使日美两国直接交战，三国同盟成了太平洋战争的远因，但他并不反对日本向南进攻。

五

1945 年8 月初，日本准备接受无条件投降。当时，陆军大臣阿南惟几与其他的死硬派军国主义分子反对投降，主张打到底，甚至准备发动军事政变。松冈洋右则坚决站在阿南惟几一边。他带病四处活动，到处鼓吹“绝不能向美国示弱”，并参与了军部少数死硬分子策划的未遂军事政变。8 月13 日，松冈洋右在访问皇族东久迩宫稔彦王时，对准备向盟军投降的铃木贯太郎内阁进行了激烈的攻击，并强调说：“挽救我国的唯一道路，就是下定决心把战争继续下去，进行本土决战，以便置之死地而后生。”

然而，日本不得不在1945 年8 月15 日宣布无条件投降。松冈洋右被定为甲级战犯。11 月19 日，当松冈洋右从电台听到盟军总司令部逮捕甲级战犯的命令时，感到自己罪责难逃，颓丧地说道：“现在已发出了逮捕令，也许我将被判处死刑”，“既然失败了，这是必然的，要是在过去，也许还将罪及九族呢！”

被捕前,他儿子担心他在狱中被折磨,撑不下去,把一包毒药悄悄塞到他手里,示意他自杀。但松冈洋右拒不接受,说:“我不要这种东西,自杀是怯懦的表现,我决不自杀。我不为自己蒙受侵略合谋的污名而悲叹,因为缔结三国同盟绝不是为了侵略。”松冈洋右直到死仍坚持这种拒不认罪的态度。在远东国际军事法庭受审时,他甚至还用英语说自己是“无罪”的。受审期间,松冈洋右因病住进了美军医院。1946 年 6 月 27 日,松冈洋右在病中死去。死前他写道:“无悔无恨赴黄泉,生生不息。”

松冈洋右性格古怪执着,好冒险,经常凭直觉办事。他能言善辩,发言时滔滔不绝,有“五万言先生”之称。他想象力丰富,但又不着边际,不切实际,经常要弄外交手腕,连那些认为他是日本人才的人士也为之焦虑,担心他把日本的国际关系带到危险的边缘。松冈洋右是一个善变,又自身充满矛盾的人物,他说他亲美,但谈到美国却经常以亲身经历告诫大家远离美国;他说他不相信法西斯德国,却拜访希特勒,积极争取签订三国同盟;他说他反对军国主义,却极力鼓动侵略。日本国内有人称他为一位神经不正常的“智力体操运动员”。松冈洋右一生致力于日本法西斯侵略外交,不仅给被侵略国家人民带来灾难,而且也把日本推向了战争的深渊,使日本民众深受灾难。战后,日本总结战争教训时,舆论界甚至把他与东条英机并称为战争的两大元凶。

“鸦片王”里见甫

里见甫，中国名字李鸣，文化特务，毒品商人，与日军勾结控制沦陷区意识形态，制作、贩卖鸦片。他一方面用鸦片毒害、掠夺中国人民，另一方面用掠夺来的资源、金钱支援日本侵略战争。

一

里见甫，1896 年 1 月 12 日出生于日本福冈县。1913 年秋，只有 17 岁的里见甫只身前往上海，进入东亚同文书院读书，主要学习汉语和中国文化。1917 年，里见甫毕业后赴四川省特种贸易会社的新利洋行供职，专门从事洋货贸易。由于当时中国正处于袁世凯复辟和倒袁结束时期，社会动荡，商品滞销，经济萎缩，洋行倒闭，里见甫只好返回日本。为了生存，里见甫浪迹于打工者行列，以书写文书、翻译日华文献资料为生，甚至一度还为饭馆送外卖，经常衣食无着，有时混住在平民之间，亲身体验了社会底层的生活。

1921 年，里见甫重返中国，经同学和朋友介绍进入了天津的京津日日新闻社。虽然新闻社是仅有 3 人的小报社，但成员均为日方资深记者，名气很大，里见甫总算找到了一份乐于从事的工作，也迈出了新闻记者生涯的第一步。里见甫头脑灵活，善于学习，得到资深记者的传授和赏识，很快便在“中国社会世论形成方式”的研究上崭露头角，形成了独树一帜的见解，受到社会和同人的关注。两年后，里见甫移居北平，独自创立了北京新闻社，开始了自己的新闻事业。在此期间，他以灵敏的嗅觉、大胆的笔触反映中国社会的现实问题，报道了许多中国国内的重大事件，成为国外驻华记者中的活跃分子。

记者生涯使其接触了中国社会的各个层面，也接触了中国和日本军政界人物，养成了良好的人际交往能力。十几年的记者生涯，他采访了张作霖、吴佩孚、蒋介石等主宰中国命运的重量级人物，出席了孙中山灵柩从北平西郊碧云寺移送南京的仪式。当时的驻华日本记者中，只有里见甫一个人着一身中国式长衫，说一口流利的中国话。此外，他结识了本庄繁、杉山元、建川美次、田中隆吉等日本军界要人，成为日本军方的可靠"朋友"。日本国内关于中国的重要新闻报道，甚至日本陆军中有关国民党军的情报几乎都来自里见甫。

二

九一八事变后，里见甫进入关东军第 4 课，承担起了军中的宣传工作。为了宣传日本侵略政策，掩盖其侵略中国的东北罪行，控制舆论宣传，日方决定统一管理伪满洲国的新闻通讯和报刊出版、广播事业，实行"一国一社制"，由关东军第 4 课筹建伪满洲国"通讯社"（简称"国通社"），强化对东北各地新闻机构和新闻事业的垄断。与里见甫关系甚好，此时已是关东军司令官的本庄繁认为："干吗还要另找人，就这个里见甫不挺好吗。"于是决定让只有 36 岁的里见甫来担任"国通社"的主干事。"国通社"由关东军第 4 课亲手创建并掌控，执行日方事先确定的方案，只按军方的命令行事，不采纳外界的意见。

在里见甫的运作下，"国通社"实质上成为日本通讯社设在伪满洲国的分支机构，负责向伪满洲国境内的汉、日、俄、英、朝文各报纸及广播电台发送新闻稿，"国通社"发出日文原稿，各报的翻译部翻译后才能刊登。任何新闻团体与个人，必须刊载"国通社"发出的稿件，不能自由发稿。这主要是向东北人民灌输"满蒙独立"的思想，进行分裂中国的反动宣传，打击和镇压东北人民的抗日力量，宣传"日满亲善"，为日本军国主义殖民统治和"大东亚圣战"摇旗呐喊。1933 年 5 月，里见甫率领的"国通社"和路透社签订了合作协定，"国通社"成了国际知名通讯社。

由于里见甫使"国通社"成功运转，更加深了军方对他的了解和赏识，军方开始把一些隐蔽的特殊任务交给了他，利用他的身份为日本人和伪满洲国做一些宣传工作,对一些有不满情绪者,甚至反满抗日人员进行安抚、拉拢工作。在关东军第4课的指示下,里见甫不但亲自指挥,还亲自上阵,瓦解了一部分意志不坚定者,个别人甚至当了汉奸,成为日本的走狗,军方对他的"功劳"给予高度评价。

此后,里见甫转到天津,用笔名李鸣办起了被日本军方收买,受关东军第4课控制的面向中国读者的华文报纸——《庸报》,《庸报》实际上充当了日本侵略者在天津和华北的舆论工具和控制新闻媒体的代理人,大量刊登日本帝国主义通讯社的消息,经常发表亲日、反共言论,极力宣传日本的侵略政策,粉饰伪满洲国的太平盛世,为"华北自治"、脱离中央摇旗呐喊。1937年,里见甫再次被军方召回,此次的任务则是鸦片谋略工作。

三

伪满洲国建立后专门设立鸦片专卖公署,还以伪满洲国的名义颁布了《鸦片法》,正式确立了鸦片专卖制度,宣称:为"缓解"吸毒者戒毒的痛苦,建立由"政府管理的鸦片馆",将在鸦片馆内"少量供应"鸦片。可实际上,关东军和伪满政权并没有限制毒品生产、销售和吸食,任何人只要有钱,随时都可以出入鸦片馆随意吸食,而鸦片馆获得的收益,则被关东军及伪满洲国瓜分。据伪满政权1937年的一份统计报告显示,当时东北地区吸食鸦片等毒品的人达110万,在哈尔滨鸦片馆集中区域,每年有2 000多个瘾君子横尸街头。侵华期间,在东条英机、板垣征四郎等人策划下,鸦片等毒品成为日军的秘密武器,"情报人员要想收买汉奸替日军效力,只要给他们鸦片就行了。"

1937年,应日本陆军省影佐祯昭大佐的恳请,里见甫以记者身份从东北来到上海,与陆军驻上海特务机关的楠本实隆大佐磋商确保波斯鸦片销路问题。当时,随着日本公司的大量涌入,陆军省便将目光盯在了鸦片收益上,但又怕继续贩卖毒品,会引起国际社会谴责,于是,日本军方选中了里见甫,决定让他负责此项任务。军方的器重和鸦片的吸引,唤起了里见甫的积极性,他决定销售军队从伊朗运来的鸦片,为日本国和军队筹取巨额军费补充资金。经过一番踏查,他买下一家药铺,1939年4月,在侵华日军配合下改名为宏济善堂,以此为据点贩卖鸦片。

里见甫了解鸦片的危害，深知一旦贩卖毒品，就将成为被人类不齿的罪人，因此，他希望借中国人之手进行毒品贸易。最初，里见甫把贩卖鸦片寄托在杜月笙的青帮身上，企图借杜月笙的青帮在上海的势力大干一场。尽管杜月笙做鸦片生意，但他自始至终都热心支持中国人民的抗日斗争。1937 年 11 月，杜月笙迁居香港后，仍利用帮会的关系，继续开展抗日救亡工作，拒绝与里见甫合作。无奈之下，里见甫只好利用日本公司和个别汉奸，通过其他渠道销售鸦片，大量鸦片源源不断地运往沦陷区。

最初，毒品主要来源于伪满洲国和伪蒙地区以及台湾等地，时任伪满洲国国务院经济部次长的古海忠之（伪满洲国制度，日本人为次长掌实权）委托里见甫在伪满洲国境内专买专卖鸦片，之后，其又将鸦片买卖扩大到其他地区。仅 1941 年，他在沦陷区的鸦片贸易量就达 222 吨，获利 3 亿元，相当于南京汪精卫傀儡政权当年的财政预算。1942 年，鸦片种植和销售占伪蒙政权财政收入的 28%。随着鸦片需求量的剧增，鸦片开始从伊朗等地购入。里见甫在远东国际军事法庭上供认，1941 年，宏济善堂从伊朗购入鸦片 160 万两，此后不断增加，宏济善堂从伊朗产鸦片就赚了大约 2 000 万美元。而来自台湾的主要是精炼毒品，仅 1942 年 6 月 1 日通过日占台湾总督府一次交易就获得 277 千克可卡因。除了贩卖鸦片以外，宏济善堂还从伊朗引入吗啡、海洛因等烈性毒品。后因第二次世界大战不断扩大，中亚通道被阻，才转为销售蒙古产鸦片，销售蒙古产鸦片的总量超过伊朗产鸦片总量的 2 500 倍。

正是大量贩卖鸦片才使得日本有财政底气把魔爪不断伸展，支撑着日军不断膨胀侵略的野心。因此，有学者明确指出，日本对中国进行的侵略战争其实是一场“日中鸦片战争”，一位日本历史学者甚至说：“满洲国就是从鸦片的青烟中飘出来的国家。”而另据日本学者推算，宏济善堂在华贩毒 5 年盈利约为 10 亿日元，此款可建造 12 艘日本当时最新型每艘造价 8 000 万日元的翔鹤级航空母舰。里见甫就是这场鸦片战争的关键人物，他是向中国贩毒销毒的鸦片王，是以毒品侵害中国的罪魁。

大量事实证明，当时的日本政府直接指导和管理着对华的鸦片贸易，日本军方曾断言，“中国只要有40%的吸毒者，那它必将永远是日本的附属国。”日本《关于在大东亚共荣圈各地域确立鸦片政策》的文件中提出，由于“大东亚战争”的需要，需尽快在“大东亚共荣圈”推行鸦片政策，制订供需计划，并特别指出应当发挥“蒙疆”一带鸦片的生产能力。正是在日本政府的推动下，毒品交易迅速从东北、内蒙古等地蔓延到华北、华中和华南地区。1938年11月12日，日本政府悍然推出了同世界禁烟组织，开始明火执仗地制毒贩毒。里见甫按照军部要求将贩卖鸦片得来的钱直接上缴到由首相挂帅，外务、大藏、陆军及海军四大臣为副职的侵华中央机构——兴亚院，经首相等批准，由兴亚院堂而皇之地划拨给日军大本营，再输送到侵略军和特务机关，补充对华侵略和掠夺的资金缺口。同时，还有很大一部分金钱装进了日本上层人物和军方有关人员的腰包，战后，很多人就是靠这些钱起家成名，岸信介就是靠贩卖鸦片赚的钱竞选首相的。其中还有一部分流回伪满洲国、伪蒙疆政府、“华北自治政权”等，用于扶植傀儡政权。一时间，宏济善堂几乎成了日本恶势力的财源之地，里见甫也成了各界争相交往的“红人”，往来于军政两界。

四

抗战后期，南京和上海等地学生曾游行抗议日本人贩卖鸦片，国际国内舆论也纷纷谴责这一行径，搞得里见甫很狼狈。在日本投降前，里见甫解散了宏济善堂，并精心销毁了有关证据，因此，里见甫在中国贩卖毒品的细节和数量一直是个谜。日本投降后，里见甫作为民间第一个甲级战犯和岸信介、儿玉誉士夫等一起于1946年被逮捕，关进巢鸭监狱。经过一段审理后，因美日双方“司法交易”，里见甫被无罪释放。1965年3月，里见甫突发心脏病死去，以岸信介为代表的一批前日本军政要员参加了葬礼，墓碑上刻着由岸信介手书的“堕入凡俗而超于凡俗，追逐名利而绝于名利，扬波逐流而不知其所终”。

“躺棺材而去”的白川义则

白川义则，日本陆军大将，曾任关东军司令、陆军大臣、上海派遣军司令。1932年4月29日，在上海虹口公园被朝鲜爱国者尹奉吉投掷的炸弹炸伤，5月26日伤重不治而死。

一

白川义则，1869年出生于日本爱媛县，是松山藩士白川庆应第三子，曾就读于松山中学。1884年1月，白川义则入日本陆军教导团，历任近卫工兵中队附、步兵第21联队附。1890年7月26日，白川义则毕业于陆军士官学校第1期步兵科，翌年3月26日被授予步兵少尉军衔。1894年7月24日，白川义则于陆军大学中途退学，参加中日甲午战争，战后复校上课，1898年12月27日，毕业于陆军大学第12期。毕业后，任步兵第21联队中队长、陆军士官学校教官、步兵第21联队大队长等职，率部参加日俄战争。后任陆军省人事局课员、步兵第34联队联队长、第11师团参谋长。1915年8月10日，白川义则晋升陆军少将，任步兵第9旅团旅团长。1916年8月起，任陆军省人事局局长、日本陆军士官学校校长、第11师团师团长等职。1923年10月，白川义则任关东军司令官，1925年3月，晋升为陆军大将。

二

1925年11月，东北奉系将领郭松龄、李景林等秘密与冯玉祥结成反奉联盟。

11 月 23 日，郭松龄部在河北省倒戈，主张和平，反对内战。随后宣布班师回奉通电，要求张作霖下台。27 日，郭松龄部冲过山海关，继续向北推进。30 日，郭松龄通电全国，将所部改称“东北国民军”，自任总司令，并率部向奉天逼近。

日本关东军对郭松龄倒戈十分关注。11 月 26 日，郭松龄倒戈的第三天，关东军司令部即致电陆军省和参谋本部，一方面汇报郭松龄倒戈的情况，另一方面询问是否采取应对措施。11 月 27 日，为保护日本在东北的利益，白川义则命令驻扎在东北租借地内的部队和负责保护南满铁路的“铁路守备队”进入警戒状态，并向奉天集结，以应付可能发生的对日不利事件，并寻找机会获得更大利益。同时，白川义则派作战主任参谋浦澄江以“私人代表”的身份，拜访郭松龄，了解郭松龄倒戈的真实意图，以便采取应对措施。郭松龄接见了浦澄江并表示此次行动的目的是整理东北政治，防止人心赤化，消除苏俄影响；同时，告诫日方“保持中立”，不要插手双方之争。但浦澄江并不相信郭松龄的解释，在向白川义则汇报时明确表示郭松龄将“采用国民党的主义作为政策，他身边的人几乎都是国民党的政客”。

白川义则见郭松龄不仅占领了锦州，而且马上就要进攻奉天，随即派人拉拢郭松龄，提出只要郭松龄承认张作霖以前与关东军签订的卖国密约，就支持他，当即遭到郭松龄拒绝。白川义则意识到郭松龄反奉是驱张下野，但不愿受日本人摆布，他是不折不扣的激进派。如果让他进入奉天，就会接近国民党，采取激进措施，立刻废除一切条约，日本在东北的特殊权利将会荡然无存，甚至受到威胁。进而，东三省必将引入苏联势力，对日本的国防以及“满蒙”政策都将引起变化。为确保日本的特殊权益。日本关东军最终提出了“援张排郭”政策，12 月 1 日，白川义则指示关东军拟订了《今后情况及军事应付措施方案》。方案规定可配置一部分兵力，根据需要担任奉天以外据点的警戒，做好了“援张排郭”的准备。

就在张作霖一筹莫展，已决心下野，准备逃往旅大的关键时刻，关东军参谋长斋藤恒等人于 12 月 7 日晚秘密抵达奉天。他们通过张作霖的日本顾问町野武马，邀张作霖见面，会商联合事宜。心急如焚的张作霖闻讯后，心里又燃起了一线希望，前往会面。斋藤恒明确告诉张作霖：即便郭军进抵新民，关东军若通知他们，中国军队不得在南满铁路附近作战，到必要时，关东军还可出兵阻击，他们是无法进入省城的。张作霖闻此大为振奋，表示如能保住其不下野，当予以重谢。斋藤恒以“援张排郭”为诱饵，提出条件。经过二人密商后，签订密约五条。

(1)日人在东三省和内蒙古东部享有商租权，即与当地中国人一样有居住和经营工商业的权利；(2)将“间岛地区”（延吉、珲春、和龙、汪清4县）行政权移让日本；(3)延长吉敦铁路，使之与图们江以东的朝鲜铁路接轨（即完成吉会路）；(4)准许日本在洮昌道各县开设领事馆；(5)以上四项的详细实施办法，另由日中外交机关共同协商决定。

日方提出的上述条件，有的是日本1915年提出的“二十一条”中的内容，有的是复杂的铁路交涉问题，多为日本在东北利益的要害。长期以来，日方软硬兼施力求得到，但由于张作霖的变相抵制，不予接洽，始终未能如愿。这次关东军趁张作霖危难之际，诱迫他签订了草约，对日本而言在外交上是一个重大成果，实现了他们多年的梦想。

有日本人做靠山，张作霖心里有了底，立即打消了下野的念头，开始调兵遣将，决定集中兵力于辽河左岸，准备与郭松龄决战。12月8日，张作霖即在“帅府”召开军事会议，动员各部队紧急集合，做“最后决战”。经过准备之后，奉军集结4万余人，在锦州以东地区设置了三道堵击防线，同时，借关东军力量阻止郭松龄所部进攻奉天。

此时，白川义则以关东军司令官名义分别向张、郭两军发出两次“警告”，并实施了一系列对张、郭两军有影响的军事干涉行动，积极增兵援助奉天，稳住张作霖。驻营口日军奉白川义则命令开始阻止郭松龄所部进城，向郭松龄所部发出：不许进入营口市内及“满铁”附属地的禁令，郭松龄所部受阻，无奈之下被迫退往田家庄。15日，白川义则再次以关东军司令官名义向张、郭两军发出警告：“本司令官理解帝国政府的方针，荣幸地再次对两军司令官发出警告，对于南满铁道附属地及该铁路终点起约20华里（约12公里）以内地区两军直接战斗的行为及对我附属地治安有扰乱的军事行动，我军一律严加禁止。如对本警告有交涉事宜，请经贵国政府正式向帝国政府提出。”这一警告虽是对两军发出的，貌似公正，但郭军处于进攻状态，其偏袒作用是明显的。由于关东军的强烈阻拦，郭松龄部无法进攻，又不想与关东军直接开战，不得不放弃了两路进攻奉天的计划。18日，关东军在省城奉天设司令部，坐镇指挥日军守卫，张作霖将卫队悉数开赴前线。同时，将日本兵乔装成张军，攻击郭军左翼侧，轰炸在新民府的郭军司令部。这些暗中活动，最终导致郭松龄倒戈失败，助奉天转危为安。而白川义则借此次奉军内战成功地将关东军扩大部署至奉天等东北大片地区，也开创了关东军凌驾于日军大本营之上，独断专行的先河。

张作霖在紧急关头付出了与日本缔结密约的沉重代价，密约中所规定的条款，既严重损害了国家和人民的利益，更触及了张作霖自身统治地位的底线，使其非常懊悔，深受煎熬。张作霖心里明白：绝对不能承认日本“二十一条”要求以内事项，国家的权利、中国人共有的财产不敢随便予人，否则东三省父老将骂我张作霖是卖国贼。于是，张作霖采取惯用的拖延、推迟的办法，与日本周旋。关东军多次派人联系正式签约一事，均被其以“等风头过去再谈吧！”予以搪塞，实际上是想推翻先前答应的条件。

日本尤其是关东军对张作霖出尔反尔十分不满，关东军白忙乎一场，到手的鸭子竟然飞了，留下“张作霖说话，说了不算”的印象。凭借这次交易，张作霖虽然击败了郭松龄倒戈，表面上稳定了东北局势，但却留下了深重的隐患。日本人从此对张作霖恨之入骨，最终张作霖被日本关东军炸死，同时，也给张学良上台执政带来很多外交上的麻烦。

三

1927年4月，白川义则就任内阁陆军大臣。此时，中国国内形势变化巨大，北伐军击败了军阀势力，国民党内部以蒋介石为代表的集团逐渐走上中国政治舞台中心。但国民党内部分帮结派，内斗不止。蒋介石“以退为进”，通电下野，而后转赴日本，拜会日本政客和各界名流，以求得日本的理解和支持。日本对蒋介石的态度是既打又拉，软硬兼施。日本坚决支持国民党反共剿共，但却坚决反对国民党军队继续北伐，日本认为北伐将威胁到日本在山东及东北的利益。其间，蒋介石分别与日本首相田中义一、陆军大臣白川义则等进行了秘密商谈并达成协议。双方商定：(1)蒋介石承认日本在“满洲”有特殊权益；(2)蒋介石坚决反共到底;(3)日本支持蒋介石政权;(4)日本借予蒋介石4 000万日元,以助蒋介石安定中国后,中、日两国进行经济合作等。

1928年4月,蒋介石复出,复出后的第一件事就是指挥部队继续北伐,北伐军势不可挡。日本支持的张作霖、张宗昌等部在北伐军的进攻下,纷纷败退。日本内阁于4月17日召开会议,为保护日本在山东的利益,专门研究中国军队北伐问题。会上,白川义则以保护日侨为借口,强烈主张出兵山东,并叫嚣"出兵的时机已经到来"。为此,他还与提出大规模出兵在财政上有困难,而且有刺激中国可能的财政大臣高桥是清进行了激烈的争吵。第二天,田中义一首相与白川义则专门进行了会谈,在白川义则的力促下,田中义一最终决定把驻中国东北的步兵第10师团第33旅团调往青岛。但仅增派一个旅团并没有使白川义则满足。19日,在纪念田中义一内阁成立一周年召开的临时内阁会议上,白川义则再次要求增派兵力,最终促成第6师团开赴山东。

1928年5月1日,北伐军占领济南。驻济南日军故意挑起事端,引起日中两军冲突。白川义则接到报告后,以此为再次增兵的理由,不顾反对派意见,再次强烈要求内阁批准继续增兵山东。5月4日,内阁批准了白川义则的请求,急调关东军第14师团第28旅团及其他特种部队2 000多人赶赴山东。

5月7日,白川义则与参谋本部共同制订了《对华方案》,竟然诡称济南事件是"中国人日积月累轻蔑日本人的心理的具体表现",并狂妄叫嚣"显示皇军的武威,使全中国感到震骇","根除中国轻侮日本的观念","为在整个中国发展国运奠定基础"。8日,内阁再次开会,研究对华派兵问题,田中义一批准了《对华方案》,决定对中国军队发起全面进攻。第二天,参谋本部调派第3师团及其他特种部队20 000人出发,第三次增兵山东。在白川义则等人的极力支持怂恿下,日军第6师团等部队胆子更大了,根本就不把国民党军队放在眼里,于11日迅速占领济南城,并到处奸淫杀掳,涂炭当地民众,制造了震惊中外的"济南惨案"。可以说,白川义则的支持和纵容助长了日军的嚣张气焰,白川义则是制造"济南惨案"的幕后黑手,罪责难逃。

四

1928年6月4日,关东军制造皇姑屯事件,奉系军阀、中华民国陆海军大元帅张作霖被炸身亡。这是日本军国主义分子无视国际社会,对一个主权国家的公然侵犯。

张作霖的被炸宣告田中义一内阁的“和平侵略”政策破产。对此,首相田中义一十分气恼,曾向天皇奏报对那些不顾大局、参与谋杀案的捣乱分子严加惩治。而身为陆军大臣的白川义则力主保护制造皇姑屯事件、炸死张作霖的河本大作,以提出辞呈相要挟。1928年11月,田中义一向天皇报告说:“关于炸死张作霖事件,我想到帝国陆军中多少有凶手的嫌疑,目前正令陆军大臣进行调查。”为此,裕仁感到怒不可遏,说:“不管张作霖是什么样的人,他现在是东三省的统治者,陆军暗中下手将他杀害,太无道理。”天皇要求查明真相,并要求严肃军纪。但军部却称:“尚未找到凶手确系关东军的证据,待进一步查明,如责任确在我方,当行严惩。”

田中义一按照天皇训示,命陆军大臣白川义则秘奏处理方案。所谓秘奏,就是在正式文书提请裁决之前,先在内部听取天皇的意见。该方案的基调为:“虽非我军所为,但此事发生在我附属地内,因此,应该处分负责警卫的人。”据此,准备对关东军司令村冈长太郎、参谋长斋藤恒及事件主谋者河本大作等三人施以较轻的处罚。但天皇对白川义则的报告和处理意见十分不满。

据河原敏明的《日本天皇——裕仁》一书记载,裕仁在审阅时,脸色变得十分难看。“这么说来,不是跟以前所奏相矛盾吗?”天皇厉声说。“这一点,请容我慢慢说明情由。”白川义则艰难地申辩。“已经没有必要听你说明了。”裕仁说完,起身到后宫去了。这样一来,弄得田中义一更加难堪,束手无策,只能按陆军意见,处置河本大作,斋藤恒参谋长和铁道守备队司令水町竹三少将“反省”,村冈长太郎司令官“待命”,处分的理由是“警备的疏忽”,完全否认了关东军涉及“事件”的事实。

天皇对田中义一的前后不一致十分不满,严厉地训斥了他。至此,宣布了田中义一内阁从政治上强行分裂中国东北计划的破产，田中义一因无法处置军方"独走"，遭到天皇训斥。而暗杀张作霖不仅没有控制东北局势，反而逼迫张学良宣布东北易帜，投入国民党怀抱，田中义一只好宣布内阁总辞职。

五

九一八事变爆发后，为配合东北行动，寻找新的侵略借口并转移国内和国际注意力，从1931年底起，日军先后在天津、青岛、汉口、福州、重庆、上海等地制造事件。上海发生的一·二八事变，就是驻上海的日军为了支援配合其对东北的侵略故意制造出来的。九一八事变的制造者板垣征四郎就参与制订了上海事变计划，他给驻上海公使馆辅助武官田中隆吉少佐发电报说："满洲事变按预计发展，……请利用当前中日间紧张局面进行你策划之事变，使列强目光转向上海。"

1932年1月18日下午，日方雇人在上海袭击日僧，然后贼喊捉贼，制造事端。1月20日，有人组织1 200名日本侨民集会后沿北四川路游行，游行队伍边走边喊口号，袭击了沿街华人商铺，来到日本海军陆战队司令部门前，要求海军陆战队出面干涉打人伤人事件。1月21日，为配合行动，日本驻上海领事馆向上海市市长吴铁城提出了四项强硬无理要求：1. 上海市市长对日僧事件进行公开道歉；2. 逮捕和处罚作案者；3. 对被害者进行经济赔偿；4. 取缔和解散上海以抗日救国会为首的一切反日组织和团体。第二天，即1月22日，日本政府开会，"决定立取适切手段"，日本驻上海第1舰队司令盐泽幸一发表恫吓性声明，声称如果上海对日方提出的四点要求不做令日方满意的答复，日本海军将采取"适当行动"。三天之内，三个动作配合得恰到好处，火越烧越旺。27日，日本领事馆向上海市发出最后通牒，限28日18时前给予满意答复，否则日方将采取必要行动。

1月28日晚，日军以没有得到满意答复和保护侨民为借口，强行进入闸北区，悍然向中国第19路军发起攻击。日军原以为中国军队会不战自退，盐泽幸一狂妄叫嚣："一旦发生战事，四小时即可了事。"没有想到第19路军总指挥蒋光鼐、军长蔡廷锴并没有奉行不抵抗政策，而是组织部队奋起抵抗。随后，第19路军和张治中将军所率第5军、宋子文的税警总团密切配合，在全国人民的支持下给日军以沉重打击。由于中国军队的顽强抵抗，日军伤亡很大，多次进攻均被守军击退，联队长林大八大佐亦被击毙，只好请求国内派兵增援。

面对败局，日本内阁立即决定再次向上海派遣新军，任命白川义则为上海派遣军司令官，田代皖一郎少将为参谋长，冈村宁次大佐为副参谋长，增派 2 个师团，发起新的总攻。经过多次增兵，白川义则统率下的日军兵力已达 7 万余人、军舰 80 艘、飞机 300 架，战斗力骤增。开始只有海军陆战队和植田谦吉的第 9 师团执行作战任务，现在又增派了厚东笃太郎的第 11 师团和松木直亮的第 14 师团，此外还有野村吉三郎中将率领的海军第 3 舰队助战。白川义则认真分析了两军的态势，改变了前三任指挥官正面进攻的打法，决定避开正面，调整部署，仍以第 9 师团等部正面向闸北、江湾、庙行等地进攻，以迷惑和牵制中国守军，另以一部从侧翼浏河突然登陆，而后两面夹击中国守军。

2 月 20 日，白川义则命令日军发起总攻。为了摧毁中国人的意志，白川义则命令空军 100 多架飞机在上海市区狂轰滥炸，炸毁了大片的建筑和多座桥梁，数万中国人和外国侨民在轰炸中丧命。3 月 1 日，白川义则密令第 3 舰队护送第 11 师团在七丫口、杨林口、六滨口等地强行登陆，部队登陆后迅速包抄中国守军后路，对中国守军形成前后夹击之势，严重威胁了中国军队侧方和后方。3 月 1 日晚，中国守军不得不退守第二道防线（即嘉定、黄渡之线）。3 月 2 日，日军攻占上海。3 月 3 日，日军占领真如、南翔后宣布停战。

六

日军这一侵略行径引起上海军民强烈愤慨，旅居上海的各国侨民由于无辜深受日军苦难，纷纷谴责日军暴行，特别是朝鲜侨民更加愤恨，他们目睹了祖国和中国大好河山遭受日军践踏，决定在中国进行反侵略斗争。早在 1930 年年底，“韩人爱国团”领袖、朝鲜独立党党员金九（化名李春山）就秘密在上海成立了一个专门从事刺杀日本高级军政要员名叫“太洛太”（即武工队）的组织。经中国爱国人士与金九协商，“韩人爱国团”决定利用侵华日军将于“天长节”（日本天皇诞辰纪念日）这一天在虹口公园举行“淞沪战争”庆典的机会，刺杀参加会议的日本军政界高级要员，打击日本侵略者的嚣张气焰，并决定由“太洛太”骨干成员尹奉吉和李东海执行这一任务。尹奉吉和李东海都是二十多岁的爱国青年，两人均会说一口流利的日语，具有极强的爱国意识和不怕牺牲精神，对日本殖民者充满了仇恨。为了保证刺杀成功，他们把两枚特制的烈性手雷分别安装在日本军用水壶和日产饭盒内。

4月26日10时，“太洛太”在法租界霞飞路宝康里27号召开会议，作最后准备。最后尹奉吉胸前挂着誓词，左手拿着特制的手雷，与李东海并肩肃立在“韩人爱国团”团旗前，坚定表示：“我宣誓，做‘韩人爱国团’的一员，决心以赤诚之心，诛戮侵略中国的日军将校，以期还我祖国之独立与自由。大韩民国36年4月26日，尹奉吉、李东海。”宣誓完毕，金九举起照相机拍下一张尹奉吉持雷的照片，这是一个有历史意义的镜头。

4月29日8时左右，尹奉吉身着西装，肩挎军用水壶，一手提着饭盒，一手摇动着太阳旗，凭着一口流利的日语，混在其他日侨中间，若无其事地进入虹口公园。而李东海则留在公园外观察动静，负责接应。

9时整，庆典开始，参加庆典的有日本在上海的军政要人白川义则、植田谦吉、野村吉三郎、重光葵等。首先举行阅兵仪式，各部队依次通过检阅台，接受白川义则等军政要员的检阅。随后，白川义则、重光葵、第3舰队司令官野村吉三郎海军中将等纷纷发表演讲，盛赞侵略上海的“功绩”。尹奉吉觉得时间还早，没有立即动手。11时左右，他才从容地挤到检阅台左角前10米处，悄然等待时机。

11时40分，演讲完毕。在蒙蒙细雨之中，全场1.3万名日军官兵和数千名日侨情绪高涨，高唱日本国歌，注意力都集中到检阅台上的两面巨幅日本国旗上。这时，尹奉吉突然用力将装有手雷的水壶抛了出去，水壶准确地落到检阅台的中央。只听“轰！”的一声巨响，检阅台顿时坍塌，台上血肉横飞，一片哭嚎之声。台上台下一片混乱，歌声变成了哭声。白川义则被炸得体无完肤，皮开肉绽，奄奄一息，其他军政要员也无一幸免，均不同程度受伤。被炸伤的日本军政要员被紧急送往各大医院进行抢救，日本驻华公使重光葵被炸断一腿，植田谦吉中将师团长被炸瞎一目。

尹奉吉本来可以乘日侨四处逃窜之机混杂在人群中脱身，但他为了避免牵连其他同胞,也为了展示朝鲜人的英雄气概,毅然挺身而出,站在一个高台上,毫不畏惧地高声喊道:“来抓我吧,炸弹是我扔的。”日本军警听到喊声后,立刻从四面八方蜂拥而至,逮捕了尹奉吉。押解尹奉吉的囚车开走后,李东海才悄悄撤离。

白川义则被送进日本兵站医院,集中医护人员进行紧急抢救。兵站医院是日军在上海最大、医疗条件最好的医院,努力救治并没能挽救白川义则的性命。因伤势过重,白川义则于 5 月 26 日毙命。死后被追授勋一等旭日桐花大绶章,追封男爵。中国一家报纸报道该事件用了这样的标题:“乘军舰而来,躺棺材而去。”

中国战场阵亡的军阶最高的日本海军将领大角岑生

大角岑生，日本海军大将、男爵，曾任海军省军务局局长、海军次官、军事参议官、海军大臣等职。曾经历两次世界大战，是最狂热的日本军国主义分子之一，极力主张侵略中国和东南亚国家。1941 年，大角岑生在中国南方视察时坠机身亡。

一

大角岑生，1876 年 5 月 1 日出生于日本爱知县三宅村，幼名亲一。少年时就读于爱知县第一中学，在校期间乐于学习海军知识，立志当一名海军军官。1897 年 10 月 8 日，大角岑生毕业于海军学校第 24 期，成绩排名第三，担任过总理大臣的山本权兵卫的侄儿山本英辅位列第二名。

1897 年 11 月 5 日，大角岑生进入海军服役，1898 年 4 月 1 日，被授予海军少尉军衔。1906 年 1 月 25 日，大角岑生入海军大学甲种班第 5 期，同年晋升海军少佐。1907 年，大角岑生毕业后先后任海军省军务局课员、海军大学教官、“筑波”号战列巡洋舰副长、海军军令部参谋、海军省副官、海军大臣秘书官、“朝日”号战列舰舰长等职。1919 年 3 月，大角岑生任驻法国大使馆海军武官附兼造船造舰监督官、巴黎和会全权委员随员、国际联盟海军代表随员。1922 年 5 月 1 日，大角岑生先后出任海军省军务局局长、海军第 3 战队司令官、海军次官兼将官会议议员、横须贺镇守府司令长官兼将官会议议员等职。1931 年 4 月 1 日，大角岑生同山本英辅一起晋升为海军大将，成为日本海军的核心人物。

二

1931 年 12 月起，大角岑生先后在几届内阁担任海军大臣。1932 年 1 月，上海发生了由日本人挑起的事端。1 月 22 日，日本政府开会，“决定立取适切手段，由大角（岑生）海军大臣相机处置之”。25 日，日本海军省与外务省举行联合会议，“协议如中国方面不表示诚意，不实行日本之要求，决以实力务期要求之贯彻”。会议还专门研究了如果事件发生变化，出现万一时的具体处置方策。26 日，大角岑生组织海军省会议，决定在一两日中采取措施：一是如驻沪兵力不足，可遣第 2 舰队支援，二是就地保护留沪日侨，三是日本海军“保护”吴淞至上海航路；四是在吴淞口外拘留一切华籍轮船，五是加派军舰到南京、汉口、广州、汕头、厦门等地。裕仁天皇许可和批准了日海军的行动，26 日，受天皇委托参谋总长闲院宫（载仁亲王）主持召开的最高军事会议决定：受命在上海的日本第 1 外遣舰队司令官兼驻上海特别陆战队司令官盐泽幸一“行使自卫权利”。同日，在原有舰艇基础上，大角岑生命令第 22、第 23、第 30 驱逐队，共有驱逐舰 12 艘运载第 2 特别海军陆战队 460 余人急赴上海。至此，日军在上海集结了 24 艘军舰、20 余架飞机、海军陆战队 1 830 余人。

1 月 28 日，大角岑生又下令调航空母舰“加贺”号、“凤翔”号，巡洋舰“那珂”号、“由良”号和“阿武隈”号及水雷舰 4 艘从本土载陆战队队员，分批登陆上海。同日夜 11 时多，盐泽幸一率日本海军陆战队突然向中国驻军发动进攻，一二八事件爆发。日机也开始由航空母舰起飞，对上海市狂轰滥炸，炸毁大片建筑和多处桥梁，炸死炸伤中国军民和外侨无数，战火迅速蔓延。2 月初，大角岑生匆匆来到陆军大臣荒木贞夫的官邸，急匆匆地向荒木贞夫提出：“上海情势危急，我们希望您能增派 1 个陆军旅团，划归海军指挥。”促成日本内阁做出了向上海增派陆军兵力的决定，植田谦吉率领第 9 师团增援上海日军。可以说，大角岑生主持的日本海军是一二八事件的急先锋，对此次事件及事件给中国人民和外国侨民带来的灾难负有不可推卸的责任。

大角岑生任海军大臣仅仅半年，由于犬养毅首相被海军激进分子三上卓的袭击队刺杀身亡,因此大角岑生引咎辞职。1933 年 1 月,大角岑生又回任海军大臣并留任冈田启介内阁海军大臣。其间,海军省和军令部因权力问题争吵不断,大角岑生在舰队派和伏见宫博恭王的压力下,不得不将日本海军中属于条约派的高级军官,包括谷口尚真海军大将、山梨胜之进海军大将、寺岛健海军中将等一批海军军官,以个人名义予以解职。

随着职务升迁,大角岑生的侵略扩张欲望也越来越强烈,并毫不掩视其主战观点。任内废弃英国、美国、日本三国签订的《限制和削减海军军备条约》。1935 年,他与陆军大臣林铣十郎大将一同要求议会将国家税收的一半拨为军费,他霸道地说:"即便日本国民只能喝稀饭,也要扩建海军。"

1935 年 12 月 26 日,大角岑生与关东军原司令官本庄繁、陆军原大臣荒木贞夫受封男爵,列入华族。1936 年 2 月,二二六事件发生,海军出身的首相冈田启介、内大臣斋藤实、侍从长铃木贯太郎遭到袭击,海军省内主张镇压叛乱的呼声很高,联合舰队司令官高桥三吉率第 1 舰队进入东京湾,用舰炮瞄准叛军占据的据点,加藤隆义率领第 2 舰队封锁大阪湾,横须贺镇守府参谋长井上成美命令海军陆战队集结待命,做好镇压的准备。但大角岑生却犹豫不决,下令按兵不动,以观其变。叛乱被镇压后,大角岑生因处置不力被迫辞去海军大臣职务。1936 年 3 月,大角岑生任军事参议官,后又兼任高等技术会议议长。

三

大角岑生虽不担任日本海军大臣,但其侵略野心一直没有消退,台前幕后,奔走于侵略活动之中。日本全面侵华战争爆发后,大角岑生参与指挥日本海军舰艇封锁和骚扰中国商船的海上运输和渔民的捕鱼活动,协助陆军进攻上海、天津等地,并时常派出飞机轰炸中国沿海及周边地区。1937 年 12 月 13 日,日军占领南京后不久,大角岑生就来到南京,视察了战斗最为惨烈的光华门一带,为侵略南京的日军官兵打气加油。

1941 年初,大角岑生代表日本大本营来华考察,先后飞抵上海、南京、武汉等地,与侵华日军高层磋商,进一步策划深化侵略战争。2 月 5 日晨,大角岑生率高级幕僚搭乘日本海军的大型运输机“微风”号,从广州飞往海南岛,实地考察海军行动线路,为进攻香港和东南亚做准备。“微风”号途经伶仃洋上空时,突遇旋风,引擎失灵,拟就近迫降珠海三灶机场,谁知又遇大雾,飞机迷失方向,闯入中国第八战区上空。中国军队防空观察哨发现日机后,以密集机关枪火力射向“微风”号,“微风”号中弹失去控制,机舱很快着火,不久发生爆炸,坠毁于黄杨山区。中国搜索部队在爆炸现场找到了几具血肉模糊的日军尸体,其中 2 具尸体身着日本海军将军服装。现场证件证实,头部中弹、额头炸裂者正是大角岑生。

1941 年 2 月 7 日,日军为寻找“微风”号下落,抢夺人员尸体、飞机残骸和文件,派出 1 500 多人分乘多艘舰艇,在大赤坎登陆。由于受中国军队阻击,日军被迫绕道进入黄杨山区。2 月 8 日,日本海军省发布大角岑生死亡通告,国内外各大媒体几乎同时播发了这一重大消息。

中国军队击毙的军阶最高的日本陆军将领冢田攻

冢田攻,日本陆军大将,曾任参谋本部第3部部长、华中方面军参谋长、陆军大学校长、参谋本部次长、南方军总参谋长、陆军第11军司令等职。1942年,由南京飞往汉口途中被中国军队直接命中飞机阵亡,是抗战期间中国军队击毙的军阶最高的日本陆军将领。

一

冢田攻,1886年7月出生于日本茨城县,是冢田幸右卫门第五子,原名冢田六右卫门。1907年,冢田攻毕业于陆军士官学校第19期步兵科,与今村均、河边正三是同学,同年12月被授予步兵少尉军衔,任步兵第3联队附。1914年11月,冢田攻毕业于陆军大学第26期。历任陆军省军务局课员、关东都督府参谋、关东军参谋、参谋本部部员、海参崴派遣军参谋、陆军大学教官等职。1926年,冢田攻到欧洲学习,精心学习第一次世界大战德国方面战史,曾搜集一切材料,仅德军大本营的活动材料就搜集一厚册,辑为专书,反复研读。冢田攻回国后,先后任参谋本部作战班班长兼军令部参谋、台湾步兵第2联队联队长、陆军步兵学校教官、陆军省军务局兵务课课长、关东军第1课(作战)课长、陆军大学教官等职。由于冢田攻善于思考,勤于谋划,在日本陆军中,和山下奉文被称为“负荷日本新陆军之双壁”。

1935年8月1日,冢田攻晋升陆军少将,任参谋本部第3部部长、参谋本部附,专门制订日军作战计划。卢沟桥事变后,冢田攻认为侵华时机成熟,积极主张侵略中国,是对华战争扩大派的决定性人物之一。1937 年 10 月 29 日,日本以上海派遣军和刚刚编成的第 10 军组建华中方面军,共计 9 个师团,松井石根担任司令官,冢田攻出任参谋长,直接参与指挥了南京会战,是南京大屠杀的主犯之一。1938 年 2 月,冢田攻等奉调回国,因为参与指挥攻陷南京、策划南京大屠杀"有功",受到天皇的亲自接见和赏赐,并出任陆军大学校长。同年 12 月,冢田攻出任关东军第 8 师团师团长,1940 年 4 月 29 日,被授予勋一等旭日大绶章。

1940 年 11 月,冢田攻回国任参谋次长。他强调继续通过武力作战打击中国军队,阻止美英援蒋活动,和参谋总长杉山元一起作为陆军强硬派的代表,将战火烧向了太平洋,直接策划了南方作战并领导了陆军大演习。1941 年 11 月,任新组建的南方军参谋总长,成为发动太平洋战争的元凶之一。在不到半年时间里,辅佐寺内寿一司令官,统辖 4 个军及航空兵部队,总兵力 25 万多人,侵占了新加坡、马来西亚、菲律宾、印度尼西亚等国以及南太平洋上的许多岛屿,攻占了 10 倍于日本本土、拥有富饶自然资源和 1.5 亿人口的大片土地。

1942 年 7 月,冢田攻接替阿南惟几,出任在中国的战略机动部队第 11 军司令官,冢田攻到任后,马上指挥部队继续进行浙赣战役,在完成作战任务后,第 11 军撤回原驻地。当时,日军准备执行由冢田攻提出的进攻重庆和西安的"五号作战计划",企图侵略中国的战略大后方,把侵略的战火烧向西南和西北。

二

1942 年夏,日军中国派遣军司令部在南京召开侵华日军各方面军司令官参加的高级军事会议,再次研讨"五号作战计划"的具体军事进攻方案,并定于 1943 年春开始实施。日本企图将侵略魔掌伸向中国的战略重心重庆和西安,彻底灭亡中国,一场关系中国生死存亡的重大战役即将开始。同时决定在 12 月底调集主力师团,共约 5 万余人,委任第 11 军司令官冢田攻中将为指挥官,兵分六路向威胁最大的华中地区大别山游击区同时发起进攻。为研究大扫荡计划,冢田攻多次往返于南京与武汉之间。

1942 年 12 月 18 日,冢田攻乘坐日军军用专机由南京飞往汉口方向。上午

10 时许，飞机经过太湖县境内时，由于飞机飞得较低，被驻该县的中国军队第 138 师警戒部队发现，并用轻重机枪和高炮齐射。飞机被击中油箱，在空中剧烈颠簸，顷刻间冒出滚滚浓烟，俯冲向荆竹冲孙家湾的圆峰尖，撞在一棵古松树上后，坠入弥陀寺附近金家屋的山岩里。2 名驾驶员被抛出机舱外摔死，其他人都被烧成了黑炭。

次日，当地驻军和地方政府将飞机残骸和尸体运到田家滩，埋在沙河滩里。国民党军队对坠机现场进行了搜查，搜获了一份"日军中国作战计划"、一份"中国派遣军各部队主官姓名及部队驻地表"和一本《航空暗号》。这些绝密文件已被烧得残缺不全，无法完全复原，但在其零星之处，仍能找到蛛丝马迹，让国民党在第一时间掌握了日军今后的作战动向，有了充分准备，对抗战形势的转变起到了重要作用。冢田攻之死，过早暴露了日军的企图，也使日军大本营彻底放弃了酝酿多时的"五号作战计划"，改变了日军进攻的走向。冢田攻被击毙的消息，也极大鼓舞了中国军民抗战到底的信心。

三

日本国内对冢田攻被击毙十分震惊，追授冢田攻为陆军大将。为寻找冢田攻等人的尸体，日军组织部队发起了对安徽太湖县的报复性扫荡，杀害中国军民达 5 000 多人。新任第 11 军司令官横山勇中将派出多架飞机到弥陀寺周围进行侦察，并用机枪向地面疯狂扫射。经过近 1 个星期的侦察，日军兵分两路，一路从湖北的张家壕直窜太湖县弥陀寺；另一路从安庆经太湖县城、李杜店、辛家冲、南阳河而上，直抵田家滩。

25 日下午 4 时许，一路日军到达了弥陀寺，与中国驻军发生激战。交火不到半个小时，日军用山野炮摧毁了磨形山上的一个碉堡，打死自卫队员 10 余人。当夜，日军烧毁了弥陀寺附近山头上的四座碉堡，把俘获的中国自卫队员绑吊在天主教堂里，浇上汽油活活烧死。

两路日军都到达了田家滩后，休整 1 日，又兵分两路，一路直扑飞机坠落地——荆竹冲。日军像发了疯一样，挨村挨户烧杀掳掠，无恶不作，其所到之处，都是一片火海。而那些来不及逃走的妇女,有的被强奸,有的被刺刀捅死。教书先生许品璋的媳妇当时才16岁,被日军围追爬上柴楼,蹬掉了梯子。日军见不能上楼,就点起一把大火,将她活活烧死在柴堆里。在山上砍柴的两名10多岁儿童,站在杉树湾的山岗上,眺望火光升腾的村庄,被几名日军发现,被当成活靶子射死。

另一路日军,分散到弥陀寺附近的村庄去抓未来得及逃跑的男青壮年,把他们编成"苦力队",强迫他们搬运抢劫来的财物。有逃跑或反抗者,当场被刺死或枪杀;而被抓来的青年妇女,就作为发泄兽欲的对象,任意进行强奸、轮奸。日军在田家滩的河滩里找到飞机残骸和日军尸体后,便强迫"苦力队"将其运至太湖县城,又从太湖县城运至南京。

侵华“虎将”酒井直次

酒井直次，日本陆军中将，曾任陆军通信学校教育部部长、步兵旅团长、陆军通信学校校长、师团长等职。1942 年 5 月 28 日在浙江被炸死。

酒井直次，1891 年 3 月 26 日出生于日本山形县，是旧庄内藩士酒井直兴次子。早年先后就读于东京陆军地方幼年学校、陆军中央幼年学校。1911 年 5 月 27 日，酒井直次毕业于陆军士官学校第 23 期步兵科，任步兵第 29 联队附。1920 年 11 月 22 日，酒井直次毕业于陆军大学第 32 期，历任参谋本部部员、库页岛派遣军参谋、第 16 师团参谋、近卫步兵第 2 联队附、关东军司令部附（特情班长）。

1935 年 8 月 1 日，酒井直次晋升步兵大佐，任陆军通信学校教育部部长，1937 年 3 月 1 日，任第 2 师团步兵第 4 联队联队长，同年率部侵入中国，后编入土肥原贤二任师团长的第 14 师团，先后在商丘铁路沿线和尉氏一线作战。1938 年 7 月 15 日，酒井直次晋升陆军少将，任第 16 师团步兵第 19 旅团旅团长，1940 年 12 月 2 日，任陆军通信学校校长。1941 年 3 月 1 日，酒井直次晋升陆军中将，同年 8 月 20 日，任第 15 师团师团长。

酒井直次以侵华日军“虎将”著称，多次率部同中国军队作战，先后对苏、浙、皖进行疯狂的“围剿”，是屠杀中国军民的刽子手。还积极组织对共产党所领导的八路军、新四军和敌后抗日根据地进行大“扫荡”，极力推行杀光、烧光、抢光的“三光”政策，企图消灭该地区的八路军和新四军主力，扩大日军的所谓“治安区”，使根据地人民饱受灾难。酒井直次不仅残暴，是一个战争狂人，更是一个生理和心理变态的禽兽，而且满脑子邪念，没有廉耻。有一次，他兽性大发，竟让部下进行奸淫妇女比赛，评出“老虎”“豹子”和“豺狼”，即一、二、三等奖，并分别给予物质奖励。这导致日军官兵在光天化日之下，成群结伙地在大街小巷强掠奸淫中国妇女,犯下了滔天罪行。

1942年4月18日,为提高盟军士气,打击日军的嚣张气焰,经过精心策划,美军16架B-25轰炸机从太平洋上的美军航母起飞,轰炸了日本东京等地,随后返回中国沿海机场迫降。这是日本自发动侵略战争以来,首次本土遭受飞机轰炸,16架轰炸机在无战斗机掩护的情况下,居然大白天在日本的主要城市上空投弹轰炸而1架都没有被击落,引起全国震惊,日军大本营认为这是日本军人的耻辱。

为阻止美军轰炸,4月30日,大本营下达了“大陆命”第621号命令:“中国派遣军总司令官应尽快开始作战,主要是击溃浙江省方面之敌,摧毁其主要航空基地,粉碎敌利用该地区轰炸帝国本土之企图。”于是,驻华日军发起浙赣战役,分别从杭州和南昌顺浙赣沿线夹攻,目的是摧毁沿途的中国军用机场和军事力量。为了防止中国方面日后修复机场,日军在撤退时,由731部队大规模地散布鼠疫、炭疽、霍乱、伤寒、副伤寒等,致使不计其数的中国当地军民遇难。

1942年5月15日,酒井直次奉命率部队从萧山附近渡过浦阳江,向衢州方向发起进攻。5月26日,酒井直次指挥第15师团一部协同正面日军围攻兰溪城。中国守军第21军第146师工兵营奉命强行军赶至兰溪江东岸,在日军的必经道路上,设置了数十个地雷群,阻止日军的快速进攻。日军不断踏响地雷,损失惨重,士兵不敢前进一步。面对雷区,日军只好停止前进,等待工兵排雷。

5月28日凌晨,气急败坏的酒井直次命令部队停止前进,同时派工兵第15联队联队长河野中佐派出一个工兵分队,排除行进道路上的地雷。日军工兵在遭到惨重伤亡后,向酒井直次报告地雷已被全部清除。酒井直次听了报告,仍不放心,命令工兵小队在前边开道,尖兵分队跟进,其后是师团本部。行进中,酒井直次骑马被日军官佐们簇拥在中间,以为自己非常安全,把师团所有军医都打发到各野战包扎所去了。

10时45分,行至兰溪以北1.5公里的三岔路口时,走在前面的工兵小队和尖兵分队安全通过,而酒井直次的坐骑却不偏不倚,正好踏在一颗地雷上。只听“轰”的一声巨响,酒井直次连人带马腾空而起,接着又被重重地摔到地上,战马当场被炸死。酒井直次本人受重伤,左脚被地雷炸烂,不能站立,左腿皮开肉绽,血流不止。由于附近没有军医,只好忍受剧痛草草包扎。过了几十分钟后,军医部长才匆匆赶到，他赶紧为酒井直次进行检查，随后处理和包扎伤口。军医部长见酒井直次危在旦夕，又连续为其注射抢救药剂，但为时已晚。酒井直次因失血过多，于 14 时 13 分毙命。次日，日军南京总部专门派人处理善后事宜，焚化了酒井直次的尸体，保留了部分头发、指甲和骨灰。日军哀叹："现任师团长阵亡在作战第一线，自陆军创建以来还是首次。"

酒井直次因侵华战功"卓著"，曾获八枚战斗勋章，有两枚是天皇颁发的金质勋章。

“名将之花”阿部规秀

阿部规秀，日本陆军中将，曾任第1师团第1旅团旅团长、独立第2混成旅团旅团长等职。1939年11月7日，被八路军晋察冀军区第一分区杨成武部迫击炮击毙。

一

阿部规秀，1886年出生于日本本州岛青森县。1907年5月，阿部规秀从陆军士官学校19期步兵科毕业，与今村均、冢田攻同期，同年12月26日，开始在陆军中服役。阿部规秀非陆军大学毕业，凭借良好的为人处事能力和军事素质，先后任步兵第32联队附、第8师团附、第18师团参谋等职。1932年4月11日，阿部规秀转任仙台陆军教导学校学生队队长，负责教导学校学生训练，次年，被授步兵大佐衔。1935年8月，阿部规秀回第8师团步兵第32联队，任联队长，带兵有方，颇得上级赏识。1937年8月2日，阿部规秀成为为数不多的陆军士官学校毕业生少将，同时调任因制造“二二六事件”，此时已被发配到伪满洲国的第1师团步兵第1旅团旅团长。

阿部规秀自幼向往成为一名驰骋疆场的军人，虽然他并非陆军大学毕业，但有一种超乎普通军人的对“战功”和“荣誉”的追求。他嗜血成性，残酷无比，凶狠狡诈，因而在战争中“脱颖而出”，在战将如云的日本军界被誉为“名将之花”，有“山地战”专家之称，军阶和职务已超过了许多同时代的陆军大学毕业生。在关东军中很多人都以能进入步兵第1旅团服役而感到骄傲，他的部队成为关东军的主力，驻守在伪满洲国核心地区。阿部规秀对待“敌人”手段残忍，不留一个俘虏,对自己的士兵也是极为残暴,不许未接到命令而在作战时后退的士兵自杀,给予他们烧死或分尸惩罚。1938 年 10 月,阿部规秀出任驻伪蒙军独立第 2 混成旅团旅团长,1939 年 10 月 2 日,阿部规秀晋升为陆军中将,成为为数不多的中将旅团长。

1939 年夏,为巩固已占领地区,华北日军进行了新的部属,实施“治安肃正计划”和“囚笼政策”,加大对抗日根据地的“扫荡”。“扫荡”的重点由冀中平原转向北岳山区,企图彻底摧毁抗日根据地,消灭共产党领导的八路军。1939 年秋,多田骏调集独立混成第 2 旅团和第 110 师团主力共两万余人,对北岳山区抗日根据地进行秋季“大扫荡”,此次“扫荡”规模更大、更为残酷,出发前阿部规秀誓师一定消灭八路军。

临出发前,他给东京的父亲写信说:“爸爸,今天起去南边战斗,回来的日子是 11 月 13 或 14 日,虽然不是什么大战斗,但也是一场相当规模的战斗,8 点 30 分即乘汽车从涞源出发!我们打仗的时候是最悠闲而且是最有趣的,中国已经逐渐衰弱下去了,再使一把劲他们就会投降。”信中表现出了阿部规秀的狂妄骄横,根本就没有把八路军放在眼里。

阿部规秀急于寻找八路军主力决战,指挥第 1 大队和第 4 大队分别袭击银坊和走马驿。1939 年 11 月 3 日,八路军小分队采取诱击的办法,将急于立功的第 1 大队引入雁宿崖峡谷。八路军主力共 6 000 人前后阻截,包围了峡谷中的日军并发起进攻。日军处于峡谷之中,被动防守,无法展开。战至下午 4 时,日军第 1 大队除少数官兵逃脱和 13 人被俘外,其余 600 余人全部被歼,此外损失 200 多辆满载军用品的骡马车、5 门火炮、几百支长短枪及无数弹药。

阿部规秀获知第 1 大队被歼,十分震惊,恼羞成怒,来不及多想,立即亲自率领第 2、第 4 大队共 1 500 余人,沿着第 1 大队原来行进路线突进,企图趁八路军打扫战场之际,打其一个措手不及,挽回点颜面。

11 月 4 日夜,阿部规秀率部进至雁宿崖一带,但为时已晚,八路军带着战利品早就离开了战场。为了让中国士兵感受同胞战死的悲愤,激起他们复仇的欲望,阿部规秀命令日军把八路军已经埋葬的尸体,一具具重新挖出来,整理之后,抬到一起排好,架上木柴,浇上汽油,点火焚烧。焚烧尸体的焦臭味弥漫在整条山谷之中,熊熊烈火数公里以外都可以望见,士兵们整夜处在哀伤和恐惧之中。

二

11 月 5 日,阿部规秀处理完战死士兵尸体后,判断八路军“主力已向司格庄方向退走”,遂决定“迅速追击”,率部向白石口方向扑去。而八路军主力并没有走远,正在有计划地捕捉战机,“忽而坚决堵击,忽而大踏步后撤”,按预定部署边打边退,吸引日军深入。日军屡受袭扰,屡有伤亡,欲战不能,欲追又找不到,士兵疲惫不堪,阿部规秀气急败坏地命令部队焚烧司格庄老百姓的房屋。

正在这时,日军侦察分队报告在黄土岭一带发现八路军主力,阿部规秀求战心切,不待援军,急率孤军扑向黄土岭,企图在这里消灭八路军主力。此时,八路军主力确实在黄土岭,而且已在黄土岭以东的沟谷地区设置包围圈,等待日军到来,计划凭借黄土岭的地形打击日军。

阿部规秀来到黄土岭,看到周围的沟谷地形,突然意识到:八路军主力可能在黄土岭附近集结,从其部“背后”进行攻击。1939 年 11 月 7 日凌晨,为了摆脱再度被歼的危险,跳出八路军的包围圈。阿部规秀临时做了新的部署,命令部队继续东进,经寨头、煤头店、浮图峪返回大本营,下令部队分批从黄土岭出发。并由先头部队携轻重机枪,先占领路两侧高地,然后掩护大队缓慢前进。他企图通过彼此接应,相互掩护,冲出八路军的包围圈。

由于山路崎岖,部队辎重较多,行进困难,直到下午 3 点左右,后卫部队才离开黄土岭,陆续进入峡谷中的小路,进入八路军的口袋阵。八路军主力抓住时机,迅速从南、北、西三面同时出击,把日军主力压缩在上庄子附近几公里长、百余米宽的山沟里。由于沟深坡陡,又遇突然袭击,日军部队来不及又无处躲藏,一时大乱,人员、牲畜、物资均有损失。

阿部规秀立即整顿部队,调整部署,依仗精良装备和“武士道”精神,向八路军寨陀阵地方向发起冲击。八路军各部依托有利地形,沉重应对,坚决反击,日军几次冲锋被击败。阿部规秀见攻击无望,只好命令部队掉头向东,妄图从黄土岭突围,逃回涞源。八路军早已做好准备,死死扼守阵地,封锁住日军退逃之路,双方攻守异常激烈。这时,八路军的增援部队陆续围拢上来,从左侧加入战斗,扑向敌人,包围圈逐步缩小,日军见突围无望只能就地抵抗,等待增援。

三

激战至16时,日军伤亡过半,为寻求解脱办法,派人四处侦察。此时,负责阻击任务的八路军第1团也在观察日军动向,寻找最佳歼敌时机。侦察兵回来报告,位于黄土岭与上庄子之间一个名叫教场的小村庄里,一座独立小院设有日军的指挥所。团长陈正湘、政委王道邦在望远镜里发现,在南山根的山梁上,有3个凸出的小山包,几个腰挎战刀的日军军官站在中间山包上举着望远镜正向八路军阵地方向观察。同时发现,在教场的独立小院内,也有腰挎战刀的日军军官频繁进出。结合侦察兵的报告,陈正湘判断,独立小院是敌人的指挥所,南面小山包是敌人的观察所,日军正在对观察到的情况进行分析,制定新的部署。

陈正湘当即命令调炮兵连迅速上山,用炮火轰击日军的指挥所和观察所。杨九祥连长率炮兵连进入阵地之后,陈正湘将日军指挥所和观察所指给他们,并要求他们一定将两个目标摧毁。杨九祥不敢怠慢,迅速目测距离,报告说:"直线距离约800米,在有效射程之内,保证打好!"

杨九祥指挥炮兵急速调整方位,同时发射4发炮弹。从望远镜里看到,4发炮弹相继落在小山包和独立小院并爆炸,小山包上活着的日军拖着日军死尸和伤员撤下山去,独立小院的日军也有伤亡,抬着伤者和死者躲进屋内,场面异常混乱。

当时还有未来得及转移的一些老百姓被日军关在独立小院东边小屋里,他们亲眼看到炮弹在独立小院屋前爆炸,日军指挥官当即被炸倒在地,日军的狼狗也炸裂了肚子,倒在一旁,奇怪的是却没有一块弹片飞到小屋子里,老百姓无一负伤,暗中称奇:八路军的炮真神!

日军见阿部规秀丧命,失去指挥官,顿时陷入极度恐慌,抬着阿部规秀尸体,先后多次朝黄土岭和寨佗方向拼命突围,又遭到八路军各部英勇反击,损失惨重,反扑势头越来越弱,只好收缩兵力固守待援。

同时,从唐县、完县和涞源增援的日军各 1 000 多人都接近黄土岭,与八路军阻击部队“接上了火”。8 日上午,日军空投了新的指挥官,统一指挥各部协调行动。

面对新的情况,晋察冀军区司令员兼政治委员聂荣臻果断命令指挥战斗的杨成武:我军已经歼灭日军 900 多名,取得了重大胜利,虽说残敌尚未消灭,但为避免陷入增援敌人的重围,此时不可恋战,应立即离开战场,跳到外线去。按照聂荣臻的指示,八路军各部随后主动撤出战斗。

阿部规秀被击毙的消息很快传遍全国,击毙日军中将级高级指挥官,是抗战以来八路军击毙的日军最高级别将领,这在八路军抗战史上是第一次。此战震动了全中国。毛泽东获得消息后,致电聂荣臻,要他嘉奖有功人员,鼓励八路军各部英勇杀敌。中共中央、八路军总部发来贺电,对有功人员提出嘉奖,并号召广大指战员向他们学习,打破日军的“围剿”。全国各地的抗日友军、抗日团体、著名人士纷纷发来贺电,祝贺黄土岭战斗的胜利。全国各地的报纸也纷纷报道黄土岭战斗经过,刊登各种祝捷诗文,宣传八路军的英雄事迹。一时间,全国抗战热情异常高涨。

此战也震惊了日军和日本国内,1939 年 11 月 20 日,日本《朝日新闻》不无“惋惜”地报道说:“阿部中将亲临第一线,以便视察敌情,随时下达命令。当到达上庄子以南约 1 公里的一处人家时,敌人一发炮弹突然飞至身旁爆炸,阿部中将右腹部及双腿数处受伤,但他未被重伤屈服,仍大声疾呼:‘我请求大家坚持。’然后俯首向东方遥拜,留下一句话:‘这是武人的本分啊。’负伤约 3 小时,即 7 日晚 9 时 50 分,中将壮烈死去……”

日本国内和日军各部纷纷发来唁电,哀叹阿部规秀的死。日军华北方面军司令官多田骏在吊唁阿部规秀的悼词中哀叹“名将之花凋谢在太行山上”。

东方女魔川岛芳子

川岛芳子,原名爱新觉罗·显玗,字东珍,号诚之,汉名金碧辉,是晚清贵族重臣善耆的第14位女儿。曾参与了刺杀张作霖、九一八事变、建立伪满洲国等重大秘密活动,并亲自策划了震惊中外的一·二八事变,是一名丧心病狂的女魔。北平高等法院以汉奸罪判处其死刑并执行枪决。

一

1906年5月,川岛芳子出生于肃亲王府邸,父亲爱新觉罗·善耆为清朝第10代肃亲王。她前边有13个姐姐,排行第14。善耆为她起名爱新觉罗·显玗,字"东珍",意为东方的珍宝。清朝灭亡后,善耆意图匡复大清而投靠日本,将年幼的显玗作为友情依据过继给日本浪人、驻华外交官——川岛浪速。此后川岛浪速与善耆为各自的利益走到一起,结拜为兄弟,共同策划了"满蒙独立运动",开了分裂中国阴谋的先河。虽然"满蒙独立运动"最终失败,但运动所持理念却成为后来日本建立伪满洲国的基本方略。

显玗由肃亲王过继给川岛浪速后,认川岛浪速为养父,取日本名川岛芳子。后随养父去日本,从此接受了纯粹的日本殖民主义和军国主义教育,川岛浪速还对她进行政治、军事、情报等多方面训练。川岛浪速本人早年是驻华间谍,归国后经常在家里组织日本法西斯主义学者聚会,讨论对外侵略等问题。川岛芳子从懂事时就在这样的家庭环境中成长,耳濡目染及养父的教诲,使其最终性格怪异,人生信念扭曲。中学时代,她扬鞭策马、我行我素、放荡不羁,成人后的川岛芳子骄横、浪荡、疯狂、粗野、不受约束。但她同时也出落成为一个清秀可人的美女,成为男人追求的对象。

年近花甲的川岛浪速见养女越来越标致,生出邪念,他对川岛芳子的哥哥爱新觉罗·宪立说:“你父亲肃亲王是位仁者,我是个勇者。我想如将仁者和勇者的血液结合在一起,所生的孩子必然是仁勇兼备。”他希望宪立同意他娶川岛芳子为妾,为他传宗接代。1924年,青春年少的川岛芳子被养父强暴,她万万没想到养父会强暴自己,悲愤异常。川岛芳子在手记里写道:“大正十三年十月六日,我永远清算了女性!”次日,川岛芳子头梳日本式发髻,身穿底摆带花和服,拍了张少女诀别照,随后剪了个男式分头,穿上男人服装,与女性身份彻底“诀别”。

二

1928年,因对张作霖多次“失信”不满,日本关东军决定秘密除掉“东北王”张作霖。为了尽早解决问题,关东军特派遣倔田正胜少佐回国,劝说川岛芳子去奉天协助关东军完成一项秘密任务。川岛芳子了解了全部情况后,满口应承,并表示尽最大努力协助关东军。随后,川岛芳子以“省亲”名义返回国内,可她并没有马上探望生父善耆,而是停留在大连,以皇族身份和色相接近东北军军官,搜集有关张作霖的情报。刺探到张作霖乘坐慈禧花车返回辽宁的具体路线和日程安排后,她将这些情报向关东军总部做了详细汇报。

“东北王”张作霖在皇姑屯被炸身死,川岛芳子功不可没,她提供的情报葬送了张作霖的性命。从此她成为备受日本特务机关青睐的“谍报新星”,参与了东北乃至中国的一系列事变。然而,川岛芳子也不完全支持日本的主张,更像她生父善耆一样顽固坚持“满蒙独立”的主张,希图恢复旧日的清帝国,这就使日本军方对她持有戒心,一段时间将其闲置起来,不让其发挥作用。不久,肃亲王善耆抱憾而死,川岛芳子的“理想”更为渺茫。

但是由于长期大量接受所谓“满蒙独立必须以日本为中心来操作才能成功”,“满蒙是日本的弟弟,兄弟合作,建立亲和的大家庭,才能立于不败之地”的教育,川岛芳子脑子里已经植根殖民思想,与日本军方更加“密切”,成为日本军方的得力助手。她回到中国后,在日军特务机关长田中隆吉的指导下,效力于日方。二人互相激励支持，要干一番轰轰烈烈的“大事业”，成为日本军方在中国的得力“武器”。

为应付中国反日活动，日军建立了由一批狂热的日本青年和卖国汉奸组成的所谓“满洲青年联盟”。川岛芳子作为骨干被派往大连负责调度运动，在她的指挥和影响下，这个组织逐渐发展成专门窃取中国情报的团体，为关东军提供了大量东北军情报，为九一八事变爆发做了大量谍报工作。

九一八事变后，关东军为稳定人心，将川岛芳子派往沈阳，受关东军高级参谋板垣征四郎指挥。川岛芳子纯熟地运用中、日两国语言，又能讲一口不错的英语，再加上清王室公主的金字招牌，四处游走说服，为关东军做了大量争取人心与理顺各方面关系的协调性工作，得到了关东军的认可。

沈阳特务机关长土肥原贤二将溥仪从天津静园秘密接到旅顺大和旅馆后，为了安抚溥仪，尽快建立伪满洲国，急需有人将溥仪的家眷也接到东北。日本军方想起了川岛芳子，认为她是不二人选，立刻派川岛芳子作为密使，去天津迎接婉容。出发前，明令川岛芳子，此事不宜声张，必须做得神不知鬼不觉，不引起外人注意。川岛芳子费尽心思，最终以偷梁换柱之计，用一口棺材将婉容偷运出天津，送达东北。日本关东军对川岛芳子的工作十分满意，特别授予她陆军少佐军衔，川岛芳子成为日本军中军阶最高的女子，红极一时。川岛芳子借此机会广泛结交一些旧财阀和前清遗老，募集了大量的钱财，以此充作军饷，用来招兵买马，组建“定国军骑兵团”。

三

由于川岛芳子有功于日本人和前清贵族，伪满洲国成立后，即被任命为伪满洲国女官长，主要承担伪满洲国皇室的护卫工作，但她并不甘于寂寞。当时，国际上对日本挑起九一八事变和建立伪满洲国十分关注，舆论谴责之声不断。日本欲分散国际上对“满洲独立”的注意力，经板垣征四郎和田中隆吉等人策划，决定由川岛芳子在上海挑起事端。1932 年 1 月 18 日，川岛芳子收买的一些不明真相的工人和 5 名日本僧侣及信徒发生冲突，致使 3 名日本人受伤，其中水上秀雄因伤势过重医治无效于1月24日死亡。

为激化日中双方矛盾，事发后，川岛芳子又收买由侨居上海的日本人组成的“支那义勇军团”，鼓动他们进行报复。“支那义勇军团”本来就蠢蠢欲动，经川岛芳子的唆使，立即开始袭击三友实业公司的工人，并烧毁了该公司的厂房，引起双方争斗，导致双方各有死伤。为了扩大事态，1月24日，川岛芳子又奉命派人纵火焚烧了日本驻华公使重光葵的公馆，引起在上海的日本人的骚动，然后反诬是中国人所为，使事态进一步恶化。由于英、法、俄、美等国在上海均有租界，各国更关心自身的利益，国际目光因此由东北转移到了上海，上海成为世界的关注地。

1932年1月28日夜，日军以没有得到满意答复和保护侨民为借口，不顾中方反对，悍然向上海闸北发动进攻。中国守军——蔡廷锴、蒋光鼐指挥的第19路军拒不屈服，与其展开激烈战斗，日军损失惨重。为了配合日军的进攻，川岛芳子临危受命，只身潜入吴淞炮台，调查炮台的火力配置和兵力部署，为日军提供情报。

此后，川岛芳子改扮成富家公子，混迹于上海的军政各界，经常出入各大舞场，且出手大方，一掷千金，受到上流社会的关注。她先后结识了国民政府政治会议秘书长唐有壬和行政院院长孙科等，收集了大量的情报，抢先刺探到蒋介石即将下野的消息。日本获知这些情报后，及时研究了对策，重新调整了对华政策，制定了新的战略部署。

随着伪满洲国的建立和发展，川岛芳子看到新“国家”并不是日本帮助下的清朝复辟，对日本殖民统治下的傀儡政权感到失望。1934年开始，川岛芳子不时流露出对日方和伪满洲国的不满，有时公开批评日军的“大陆政策”，甚至利用个人权力释放了一些被逮捕的中国人。日军绝不允许她有半点不满情绪存在，于是将她遣送回日本监视起来。1936年，日军在向华北渗透的过程中急需川岛芳子这样的清朝皇族出面笼络各方，川岛芳子东山再起，重回天津，表面上经营饭庄，暗中继续进行间谍活动，收集各方情报，奔走于日军高官和汉奸之间，继续为日方效鹰犬之力。

川岛芳子交际广泛，包括政治、军事、商业，她与台上台下各界名流均有往来，如甘珠尔扎布，日本陆军联队旗手山家亨、极右翼分子岩田爱之助、投机家和巨富伊东阪二，国民党高官陈果夫、孙科，伪满最高顾问多田骏，汪伪政权的周佛海、陈公博等等。川岛芳子或巧言欺骗,或百般利诱,从他们口中得到大量的战略情报,同时也利用他们为日本军国主义的侵华总体战服务。她成功了,在日本她能影响“剃刀”首相东条英机,在中国能在孙科手里获取蒋介石下野的机密。日军对川岛芳子的谍报才能赞不绝口,称赞她“可抵一个精锐的装甲师团”。

四

1945 年,日本战败投降,中国人民取得了抗日战争的最后胜利。同年 10 月,川岛芳子在北平东四九条胡同私宅中被逮捕,并以汉奸罪被提起公诉。川岛芳子作为第一号女汉奸被捕,引起各方关注,成为街谈巷议的话题。当局也对她礼遇有加,在北平监狱中,不仅让她独居一室,而且也未给其戴手铐,但法庭并未放弃对川岛芳子犯罪事实的追诉。

生性机敏、善于言词的川岛芳子,也常常让法官哑口无言,无法应对。事实上也确实如此,川岛芳子既没有指挥权,又没有上战场,不可能直接指挥千军万马屠杀平民,也不可能真正参与制定日军的军机大事,所以法庭要找到具体的物证和人证十分困难。

经过反复审查,法庭认为唯一可以给她定罪的只有国籍问题:如果她被当成中国人,那么叛国罪将不可赦免,她必死无疑;如果当成日本人,以日本战犯审判的案例来看,除少数十恶不赦的高级官员以及直接杀害中国平民的下级军官被判刑之外,其他的日本军人基本上都被放回国。但是由于川岛芳子的背景复杂,法官费了很大周折,终于取得一致意见。经两年审判,1947 年 10 月 5 日,北平高等法院正式以中国名字金碧辉对她进行判决,判定金碧辉是叛国者,并处以死刑。1948 年 3 月 25 日,金碧辉被执行枪决。

川岛芳子被枪决后,曾与其往来较多的日本新闻记者原田伴彦对其评价说:“她所具有的武器是绝代的美貌、爱新觉罗王朝的高贵血统、金钱和势力以及才华横溢与头脑敏锐,但她的悲剧的孽根亦在于此。她平生既无理想,亦无信念,更缺乏现代人的性格。”

川岛芳子的一生可恨可耻,却也可悲可怜。她在“国仇家恨”中出生成长,并接受日本军国主义教育。与此同时,当清朝被国民政府推翻之际,日本却伸出“援手”帮助溥仪复辟,进而在东北建立傀儡政权伪满洲国,皇族重新走上了前台。川岛芳子就在这样的大背景下成长与生存,背负着家族的遗命,渴望恢复前朝的荣光,只好认贼作父,希图大业,结果是助纣为虐,成为民族的败类。